INSTITUTIONS

RÉPUBLICAINES

OU

RÉFORMES ÉCONOMIQUES, ADMINISTRATIVES ET POLITIQUES.

INSTITUTIONS
RÉPUBLICAINES

OU

RÉFORMES ÉCONOMIQUES, ADMINISTRATIVES ET POLITIQUES.

(DEUXIÈME ÉDITION)

PRÉCÉDÉE D'UN

COUP D'ŒIL SUR LA SITUATION

au commencement de 1849,

PAR

LE Dr JULES GUYOT,

Décoré de Juillet,
élu en 1830 membre de la Commission des récompenses nationales, par l'Ecole-de-Médecine,
élu en 1848 premier candidat à l'Assemblée nationale, par le corps médical
du département de la Seine.

PARIS

IMPRIMERIE CENTRALE DE NAPOLÉON CHAIX ET Cie.,

Rue Bergère, 20, près le boulevart Montmartre.

1849

PRÉFACE.

La première édition de ce livre a été distribuée aux neuf cents représentants, et à plusieurs autres personnes versées dans les spéculations ou les applications économiques et politiques, tant en France qu'en Angleterre, en Italie et en Allemagne.

J'expliquai les motifs de cette distribution dans la lettre suivante mise en tête de l'ouvrage.

« Citoyens représentants,

» J'avais l'intention de publier ce travail : il
» était imprimé avant l'évolution des cruels évé-
» nements qui viennent d'affliger la France. Je
» ne veux plus aujourd'hui jeter dans le public
» des idées qui pourraient agiter les esprits. C'est
» à vos lumières, à votre patriotisme que je les
» confie ; mon travail ne sera ni mis en vente, ni
» annoncé, c'est à vous seuls que je l'adresse.
» Lisez-le, Citoyens représentants, lisez-le

» sans tenir compte des expressions énergiques,
» violentes, peut-être, qui me sont échappées
» contre des institutions ou des formes que je
» crois mauvaises, contre votre origine électo-
» rale elle-même.

» Si j'en crois mes propres sentiments, vous
» êtes bien au-dessus de préoccupations per-
» sonnelles, et les mots n'ont rien qui puisse
» vous arrêter dans la recherche de la justice
» et de la vérité. Vous voulez l'ordre dans le
» progrès, vous voulez améliorer sans boulever-
» ser, vous voulez régénérer sans détruire, mais
» non pas sans changer le mal pour le bien,
» l'injustice pour l'équité, le faux pour le vrai.
» Je crois fermement avoir suivi cette voie.

» Depuis dix-huit ans j'étudie, je médite et
» j'écris dans ce même but, pour moi seul, en
» dehors de tout intérêt personnel et de toute
» vue ambitieuse. Il n'a fallu rien moins que
» la révolution de février, et l'anarchie des
» idées qu'elle a enfantée jusqu'ici pour me
» déterminer à faire connaître sommairement
» les miennes. Elles sont devenues à peu près
» celles de tout le monde; elles n'ont aucune
» valeur que je chercherais à m'attribuer ni à
» maintenir contre toute raison et contre toute
» évidence. Ma seule prétention est de les con-

» cevoir clairement, de les réunir dans un cercle complet; et de les présenter sous une forme pratique. Je n'admets d'autre théorie, en révolution, que celle qui mène droit à l'action.

» Loin de moi l'idée présomptueuse de rien ajouter à ce que vous savez beaucoup mieux que moi, et dont, beaucoup plus que moi, vous avez la mission et le droit de vous préoccuper; mon seul but, en cette circonstance, est d'attirer votre attention sur un point de vue d'ensemble dont les effets paraissent à mes yeux plus en harmonie avec les bases de notre état social, que la plupart des théories socialistes.

» Vous en jugerez si vous voulez bien me lire avec attention, et surtout avec patience. En aurez-vous le courage?...

» Argenteuil, 27 juin 1848. »

Je ne regrette point la réserve que j'ai apportée dans cette circonstance : mon travail a été lu et étudié; il a fourni des projets aux gouvernants, des questions et des discours aux représentants; des articles à la Constitution; des programmes à des partis, et des pages à des journaux.

La plupart de ces idées n'auraient pas eu peut-être les honneurs du grand jour, s'il avait fallu les souscrire du nom de leur véritable auteur : j'ai donc eu l'immense avantage d'écouter et de lire leur discussion sans passion et sans préoccupation personnelle.

L'impression la plus générale qui m'est restée de ces épreuves subies dans le silence et le recueillement, c'est que, malgré les mots et les phrases textuels révélant la paternité de certaines idées, elles ont été si malheureusement et si mal à propos présentées que je n'aurais pas hésité à les repousser, tout en les reconnaissant pour miennes. Depuis février les gouvernants et les hommes publics ont gâté tout ce qu'ils ont touché.

Aujourd'hui, M. Cobden, en Angleterre, fait de mes principes fondamentaux, la base d'une nouvelle agitation : *Abolition des impôts de toute nature sur les substances alimentaires, indigènes et exotiques ; remplacement de ces impôts par un prélèvement sur les donations et les successions ; réduction des dépenses publiques sur l'armée, la marine, les travaux et les autres charges abusives.* Tel est, en substance, le résumé de l'ouvrage que j'ai distribué à la Chambre et aux hommes politiques, il y a sept mois. C'est là aussi tout le programme de M. Cobden. C'est, d'ailleurs, ce même programme nettement exposé dans ma profession de foi du 3 avril 1848, qui m'a valu le suffrage unanime du corps médical du département de la Seine (*).

Quoi qu'il en soit, je souhaite que le grand vainqueur des lois sur les céréales triomphe également des autres taxes qui sont, dans son pays comme dans le nôtre, la cause immédiate et absolue de la misère; il a pour le soutenir le sens droit et positif du peuple anglais, qui ne se laissera pas égarer à la suite de rêveurs semblables à ceux qui, par le prestige d'une logique en apparence inattaquable et complétement fausse en réalité, ont détourné le peuple français de ses véritables intérêts.

Depuis sept mois, depuis la distribution de cet ouvrage, en dehors, comme toujours, de tous les partis, j'ai suivi avec assiduité, avec intérêt toutes les discussions, toutes les phases et tous les faits politiques; j'ai examiné toutes les propositions faites, toutes les théories qui se sont produites, et la plupart de mes convictions se sont fortifiées ; quelques-unes pourtant ont dû se modifier, soit au fond, soit dans la forme, soit dans l'opportunité.

(*) Cette profession de foi, publiée alors à 10,000 exemplaires, est reproduite à la fin du volume.

Chacun des chapitres de cette édition comporte en son lieu, soit en note, soit dans le texte, l'expression de ces modifications. Je me suis borné, dans cette *préface*, à jeter un coup d'œil général sur notre situation actuelle.

Les véritables causes de la Révolution de février ont été jusqu'à présent méconnues par les gouvernements qui se sont succédé ; ou du moins ces gouvernements ont agi comme s'ils les méconnaissaient complétement.

La marche de la France en 1848 est restée, moralement et matériellement, ce qu'elle était en 1847, en 1846, en 1845 : elle est celle d'une nation engagée dans une voie fatale et ruineuse. Elle devient de plus en plus embarrassée par la fatigue, l'épuisement et la terreur, à mesure qu'elle approche du précipice qui en est le terme évident.

Depuis huit années, la France dépensait en moyenne cinq cents millions de plus par an que ses budgets moyens ordinaires pendant les vingt-cinq années précédentes.

A la septième année, elle était sur le seuil de la ruine, à la huitième elle l'a franchi.

Le 1er janvier 1848, la théorie des gros

budgets était jugée par tous les bons esprits : l'expérience était complète, l'utopie était évidente ; à cette époque, le travail, la propriété, l'agriculture, l'industrie, le commerce, toute la vie sociale, en un mot, était haletante et exténuée. Le travail ne suffisait ou ne s'offrait plus à l'ouvrier, le propriétaire s'obérait par les hypothèques, le commerçant émettait et renouvelait des masses de billets sans valeur ; l'industrie, la grande industrie surtout, roulait sur des actions sans capital ; le gouvernement lui-même, malgré la main mise sur 400 millions de dépôts, malgré l'émission de bons du Trésor pour une somme de 325 millions, malgré l'emprunt de 250 millions au taux le plus onéreux, malgré les vexations et les exactions de toute espèce pour faire rendre à l'impôt plus qu'il ne pouvait, plus qu'il ne devait rendre, le gouvernement lui-même était démoralisé devant l'abîme ouvert sous ses pieds.

Excepté quelques rares courtisans du budget, excepté les grands entrepreneurs et les grands financiers, excepté les *satisfaits*, si connus et si peu nombreux, la France en masse demandait la réforme ! La réforme pour le peuple, pour la nation tout entière, ce n'était point la forme, c'était le fond ; c'était le changement de systèm économique et financier. La réforme était le cri de guerre, la formule opposée aux abus et à la misère, la protestation contre l'imminence de la ruine.

Il ne s'agissait pas plus de la République en février 1848, qu'il ne s'agissait de Louis-Philippe en juillet 1830. La République a été acceptée en février comme une espérance, comme un moyen d'échapper enfin aux catastrophes périodiques que les monarchies étaient inhabiles à conjurer.

A ce moment, la société, depuis la base jusqu'au sommet, ne se soutenait plus que par l'abus du crédit fondé sur un équilibre menaçant : la révolution a rompu ce reste d'équilibre, et la misère s'est nécessairement montrée dans toute sa nudité!

La nation tout entière a d'abord bravement subi l'épreuve : riches et pauvres, propriétaires et prolétaires, tout le monde était prêt aux plus grands sacrifices, aux efforts les plus généreux, pour faire face aux embarras et aux charges du moment. Mais par l'inintelligence et l'impéritie de nos gouvernants révolutionnaires, la misère s'est accrue de jour en jour avec les dépenses publiques, et le budget de 1800 millions est venu prouver à la France, mieux que tous les raisonnements possibles, que les théories désastreuses des derniers ministres de Louis-Philippe étaient encore les seules que les républicains de la *forme* aient su mettre en pratique. Ils les ont aggravées en frappant des impôts, en en instituant de nouveaux sans en réformer aucun, et les 300 millions qu'ils ont dépensés de plus que le gouvernement déchu les ont fait descendre à 300 millions au-dessous dans l'estime du peuple.

Ces hommes se sont dits républicains, ils ont appelé leur gouvernement *la République!* La République, la plus noble, la plus juste et la plus économique des formes gouvernementales, est frappée au cœur, grâce à leur vertigieuse incapacité. Sous son drapeau qu'ils élevaient avec amour, je veux le croire, ils ont continué l'œuvre Thiers-Guizot-Duchâtel, et parachevé la ruine si bien amenée par cette fatale trinité.

Avec la ruine matérielle devait se continuer et s'accomplir définitivement aussi la ruine morale; car un gouvernement sur le point de manquer à tous ses engagements, préoccupé de ses besoins journaliers, absorbé par la recherche d'expédients et de ressources pécuniaires, ne peut avoir ni indépendance, ni dignité, ni noblesse de cœur, ni élévation d'esprit; il devient incapable de résoudre les questions de justice et d'humanité; il est défaillant à l'intérieur et à l'extérieur. C'est ce que nos huit dernières années ont prouvé.

La question financière prime et domine toutes les autres questions : c'est celle-là seule qu'il importe de résoudre.

Entre un budget de 1,800 millions et un budget d'un milliard, il y a toute la distance de la détresse la plus profonde à la prospérité la plus désirable.

Il s'agit en effet de laisser ou d'enlever à la France 800 millions de bénéfices flottants, c'est-à-dire une somme qui représente l'aisance et la prime du travail, de la propriété, de l'agriculture, de l'industrie et du commerce.

La richesse nationale, le trop plein des produits et du numéraire qui les représente, s'appliquent à deux fonctions également importantes: une part subvient aux nécessités de l'État et constitue le budget, une autre alimente le travail, entretient la propriété, soutient l'agriculture, l'industrie, les affaires: si le budget prend tout, la vie sociale manque de stimulant, elle s'affaisse, elle n'est plus.

La richesse de la France, c'est son revenu net: c'est son bénéfice tous frais faits, c'est-à-dire le travail et le capital des particuliers payés.

La France ne peut pas plus produire des revenus indéfinis, qu'une ferme, une propriété quelconque. Elle peut rendre un milliard net en conservant l'aisance générale ; elle se ruine si on lui demande 1,500,000,000, à plus forte raison si on lui demande 1,800,000,000.

La ruine économique absolue d'une nation n'implique pas la ruine absolue des particuliers : elle la précède. Elle en est séparée de toute la résistance des particuliers à l'extorsion. La vie privée souffre de la ruine nationale ; elle est attaquée dans son travail et dans sa richesse, dans le nécessaire et dans le superflu ; mais elle se défend avec énergie, et le plus souvent elle se maintient, tout en recevant de graves atteintes.

La confusion de la richesse publique avec la fortune privée égare un grand nombre d'esprits : prenant la fortune des particuliers pour celle de la nation, ils s'imaginent que le seul retour de la confiance rétablira l'aisance et la prospérité générales. C'est là une erreur funeste, sur laquelle on fonde de vaines espérances. La confiance revînt-elle tout entière et sans arrière-pensée, sous quelque gouvernement que ce soit, la richesse publique n'en sera pas moins ce qu'elle est, c'est-à-dire complétement anéantie par les 4 à 5 milliards dépensés depuis huit années en dehors et au-dessus des budgets ordinaires. Pour obtenir cette confiance, on chasserait successivement tous les pouvoirs et tous les hommes, qu'on n'obtiendrait rien que de factice et d'éphémère.

M. Lacave-Laplagne et, après lui, M. Vitet ont essayé de défendre les budgets et le système financier de Louis-Philippe. Ils ont en effet démontré qu'en évoquant le ban et l'arrière-ban de leurs ressources et de leur crédit, et en obtenant des attermoiements et des renouvellements, la banqueroute n'eût point eu lieu en **1848**, comme le prétendait M. Garnier-Pagès; mais c'est là tout ce qu'ils ont pu prouver. Ils ont cependant encore établi que les énormes dépenses du dernier règne avaient été employées pour le mieux, selon leur intelligence, c'est-à-dire en grandes et belles constructions, en routes, canaux, chemins de fer, etc., etc. Enfin, ils font voir que la dette s'est accrue sous le gouvernement de Louis-Philippe dans une proportion bien moindre que sous les règnes précédents.

Cette dernière circonstance prouve contre la cause qu'ils défendent; car, en demandant à l'emprunt leurs dépenses extraordinaires, les gouvernements témoignent de leur sollicitude pour les contribuables. 500 millions empruntés grèvent le budget annuel de 25 millions; 500 millions demandés à l'impôt prélèvent 20 fois plus sur la production et la consommation annuelles. Cette surcharge de 500 millions dans les impôts, maintenue pendant 8 années de suite, enlève 4 milliards à la richesse d'une nation, et 4 milliards demandés à l'emprunt ne lui enlèvent que 200 millions par an. Empruntés annuellement par 500 millions, les 4 milliards n'ont enlevé au bout de 8 ans, en calculant les intérêts des intérêts, qu'une somme moindre de 1 milliard; il reste donc 3 milliards de richesse flottante, si cette richesse totale est en effet de 4 milliards. On va donc moins vite à la ruine et à la banqueroute par l'emprunt que par l'impôt. On y arrive aussi sans doute, mais par un chemin plus long : nous avons pris le chemin le plus court.

Les défenseurs des gros budgets avouent qu'on a trop dépensé. M. d'Audiffret le proclame aussi sans réserve; mais M. Lacave-Laplagne cherche à se justifier par les avantages et les revenus considérables que les travaux exécutés promettent à l'avenir de la France. M. Lacave-Laplagne se fait illusion : les canaux, les chemins de fer ne rapportent et ne rapporteront rien à l'État ; ils ne rapporteront même rien à l'industrie, qui en payera largement l'usage, comme c'est son devoir ; ils rapporteront à leurs compagnies fermières, et c'était à ces compagnies fermières qu'il appartenait d'en faire les frais. L'industrie privée n'aurait point fait défaut aux besoins de nos communications, si l'industrie officielle n'avait mis à cet égard l'interdit sur elle. Les ateliers nationaux, qu'on appelle corps national des ponts et chaussées, sont la ruine de nos finances et la mort du génie civil. Mais si l'ancien ministre des finances peut tourner la question des routes, canaux et chemins de fer, selon ses vues ; s'il peut croire à leur produit net au profit du Trésor, que dira-t-il des monuments, des forts et fortifications ? Que pense-t-il des dépenses de l'Algérie, portées de 40 à 107 millions par an, dans les six dernières années ? Que pense-t-il de l'augmentation de 376 millions de dépenses seulement sur les services ordinaires des budgets ? Comment explique-t-il que la marine et les colonies, parfaitement entretenues pendant vingt ans avec un budget de 65 millions, aient eu besoin de 138 millions sous son administration ? Comment la guerre a-t-elle su dépenser également

135 millions de plus que son budget ordinaire ? Comment, à côté de ces accroissements effroyables, le système financier qu'il défend ajoutait-il une dépense moyenne extraordinaire de plus de 150 millions chaque année après 1840 ?

Vous dites que vous n'avez pas créé de nouveaux impôts ; que vous en avez diminué quelques-uns : au début du règne de Louis-Philippe, oui, cela est vrai ; mais, j'en appelle à tous les contribuables directs ou indirects, en est-il un seul dont les taxes n'aient pas été augmentées ? J'en appelle à vos propres chiffres : 340 millions ont été perçus de plus en 1846 qu'en 1829 ! On a fait rendre à l'impôt, dans les dix dernières années, par une âpreté excessive toujours, injuste souvent, plus qu'il ne pouvait rendre, et vous appeliez le fruit des instructions les plus impitoyables données à vos agents le signe de l'augmentation de la prospérité nationale ! Vous pouvez aujourd'hui juger cette prospérité. Je vais vous donner un document de plus pour éclairer votre conscience : il se consommera en France, cette année, un tiers de vins de luxe de plus que les années précédentes. Savez-vous pourquoi ? Eh bien, c'est que le commerce aux abois les livre à moitié du prix de revient. Vous percevrez donc un tiers de droits en sus des autres années : voilà comment l'augmentation du rendement de vos impôts est un signe d'accroissement de la prospérité. Depuis plusieurs années, l'industrie et le commerce étaient obligés de produire et de mettre en mouvement deux fois plus de produits pour se soutenir : vous perceviez deux fois plus de droits, et vous preniez ainsi le signe du malaise pour le signe de la richesse.

Je compare la France à un gros propriétaire qui, sans ruiner ses fermiers, sans devancer ses coupes de forêts, sans laisser changer ses prairies en marais, pourrait avoir couramment un million de revenu par an, et qui, d'accord avec ses intendants, dépenserait 1,500,000 francs. Cet homme ruinerait ses fermes et ses bois ; il emprunterait à ses tenanciers, à ses ouvriers, à ses domestiques, et il arriverait bientôt à la ruine complète. Il changerait vainement ses intendants ; s'il ne changeait pas ses dépenses, et à plus forte raison s'il les augmentait, sa perte serait certaine. Il importe peu que ses dépenses soient folles ou raisonnables, qu'il paye ou ne paye pas ses créanciers, qu'il fasse des routes romaines, des chemins de fer et des monuments, que ses travaux doivent lui rapporter, dans 10, 15 ou 20 ans, 3 ou 4 0/0 de ses avances; il dépense plus qu'il ne peut : il périra nécessairement dans un nombre d'années calculable. La dernière année de son existence sera celle où son crédit sera épuisé ; celle où il aura atteint la limite des gages qu'il peut offrir, c'est-à-dire lorsqu'il aura dévoré son capital avec ses revenus. Si, par la confiance qu'il inspire, frauduleusement il s'est fait prêter au delà des garanties qu'il peut offrir, il fera banqueroute. L'abus de la confiance et du crédit conduit un gouvernement aussi bien qu'un particulier au déshonneur. La confiance ne doit se donner ni sur des noms propres ni sur des discours : elle ne doit s'appuyer que sur des faits et sur des gages.

Quand un grand seigneur écrasait autrefois ses vassaux d'impôts et de taxes de toute espèce, la misère et le désespoir habitaient sa province ; pourtant il faisait bâtir des châteaux et des forteresses ; il établissait des moulins et des fours banaux ; il déployait un luxe qui faisait honneur aux manants ; il entretenait des bardes et des baladins ; il équipait et soldait un grand nombre de gens d'armes ; en un mot, il encourageait à sa manière les arts, l'industrie, le luxe ; il ne manquait pas de dire aussi qu'il se tenait prêt à défendre la contrée contre l'invasion et la spoliation; il expliquait ou faisait expliquer aussi comment la consommation du blé, des bestiaux, des fourrages, par ses gens de toute sorte, comment les équipages, les vêtements, l'entretien de ces mêmes gens, rendaient à la province autant et plus qu'il ne lui prenait en subsides; les vassaux gémissaient, épuisés par son gouvernement avide et menteur; leur bon sens ne pouvait prendre le change, et d'ailleurs, les huissiers, recors et gendarmes, emportant leurs dernières ressources, les dispensaient de tout raisonnement; l'illusion n'était plus possible; le fait évident, la ruine et la faim, laissaient au sophisme toute sa nudité.

Comment supposer raisonnablement qu'un gouvernement central, après avoir épuisé par toute sorte d'impôts directs et indirects chacune des dernières ramifications de la production, après avoir pressuré chaque individu valide et invalide, comment supposer qu'un tel gouvernement, composé de huit ou neuf têtes plus ou moins variables, plus ou moins honnêtes, plus ou moins sensées, saura rendre à la société et à chacun de ses éléments la vie qu'il leur a enlevée, et la leur rendre dans la juste limite de leurs besoins et de leur droit? Cela est impossible ; il ruinera toujours la production et la consommation pour enrichir par ses établissements, ses travaux, ses primes, ses encouragements, ses prêts et dons, des fractions, des groupes, des corporations, des compagnies, des individus; la richesse publique sera toujours appliquée, par ses mains, à un parasitisme improductif.

Mais je laisse de côté cette discussion : j'accorde toutes les justifications des défenseurs des gros budgets, je ne les accuse plus, je ne les blâme même plus ; il s'agit d'ailleurs là d'une théorie, d'un point de vue, d'une utopie comme les théories, les points de vue, les utopies de M. Louis Blanc, de M. Proudhon, de M. Victor Considérant. Seulement, la théorie Thiers, Guizot et Duchâtel a malheureusement été mise en pratique et poussée jusqu'à sa dernière limite. Mais une idée fausse n'est pas un crime, et je dis que s'il y a lieu de profiter d'une expérience négative, il n'y a point lieu à proscription. Je prends donc les faits tels qu'ils sont, et je constate seulement, ce que personne ne conteste, que les dépenses publiques ont été portées à 400, 600, et même 800 millions de plus qu'un milliard, et j'affirme que ce régime, appliqué plus particulièrement depuis huit années, avec une progression ascendante proportionnelle à peu près au nombre d'années écoulées, est la cause unique et absolue de la révolution de Février; j'affirme qu'aucun gouvernement, qu'il s'appelle *république*, *empire*, ou *monarchie*, ne pourra résister au bon sens national pendant plus d'un an désormais, si l'application de ce système continue.

Que les socialistes, que les républicains, que les monarchistes en soient bien convaincus, leur avenir à tous, le salut du pays, a pour première base le rétablissement de la richesse flottante par l'abaissement des dépenses publiques à un milliard; c'est encore là un taux de prélèvement considérable sur la fortune nationale au profit de l'administration. Pendant plus de vingt ans, ce budget a été considéré avec raison comme un menaçant maximum; mais l'expérience a montré que le travail, la propriété, l'industrie et le commerce pouvaient prospérer avec un tel budget. La prudence exige qu'on s'arrête aux limites certaines posées par des faits incontestables.

Oui, si les contribuables sont nettement, franchement déchargés du surplus, à partir de cette année même, il restera en moyenne, sur les huit dernières années, 500 millions de richesse, 500 millions d'encouragements et de primes pour le mouvement et la vie sociale.

Ces 500 millions ne coûteront rien à percevoir, puisqu'ils ne seront pas perçus; ils ne coûteront rien à répartir, puisqu'ils resteront dans les mains des producteurs et des consommateurs. Cette répartition n'est pas sujette à erreur; elle existe dans la limite précise du droit de chacun. Les secours donnés au commerce, aux ouvriers, aux entrepreneurs, peuvent-ils jamais avoir ce caractère d'universalité, d'exactitude et d'équité? Un secours de 500 millions donnés par les mains du gouvernement, en France, c'est la ruine, c'est la mort du pays; c'est une énorme prime à la haute fourberie, à la grande mendicité; c'est un vol fait à trente-six millions d'habitants, au profit de quelques milliers; un abaissement de 500 millions dans les taxes, c'est la vie laissée à la société tout entière; c'est la base la plus large du rétablissement de la richesse publique.

Ce n'est pas seulement ces 500 millions d'une année qui constitueront la richesse publique; mais 500 millions de l'année suivante viendront s'y ajouter, puis 500 autres millions après, cinq milliards en dix années (*)! Mais n'exagérons rien : puisque les recettes ne se sont jamais élevées en France qu'à un milliard 360 millions (le surplus a été demandé à l'emprunt ou à des expédients), admettons que la fortune publique ne s'enflera annuellement que de ces 360 millions; en dix années, notre richesse flottante sera revenue incontestablement à 3 milliards 600 millions, si la somme demandée annuellement aux contribuables ne dépasse pas un milliard. C'est déjà un fort beau chiffre en sus de l'acquittement des dépenses annuelles de l'État. — Une portion de cette richesse, la plus importante, s'applique à la production immédiate, au travail local; l'autre cherche les grandes entreprises dans les justes limites de l'excédant et dans la véritable mesure de l'utilité constatée par le rendement ou péage. Dans ce système, jamais un État ne peut se ruiner, et l'État s'est ruiné dans le système opposé. La preuve, la voici :

La richesse flottante n'existe plus, puisque les dépenses dépassent les recettes et qu'on ne peut plus augmenter l'impôt ; la richesse privée est

(*) La diminution de la dépense de ces 500 millions rend 360 millions à la fortune publique, et laisse par l'absence d'emprunt 140 millions flottants à la fortune privée qui s'ajoutent à l'activité générale.

épuisée, puisqu'elle ne veut plus et qu'elle ne peut plus prêter à l'État; elle n'a donc plus d'excédant disponible. Tout le monde sait que ce ne sont pas les banquiers qui prêtent à l'État : l'État donne aux banquiers des coupons de rente que ces derniers vendent aux particuliers. Si les banquiers n'ont pas la certitude de vendre ces coupons, ils ne s'engagent pas envers l'État. Les banquiers sont des agents, des courtiers du gouvernement; le véritable prêteur, c'est le pays. Aujourd'hui le pays n'est pas en état de prêter; les banquiers ne s'engageront pas pour les sommes énormes dont nous avons besoin cette année, et je crois qu'ils auront raison; ils sont dans le droit commun en refusant leur concours; ils font usage, comme tout le monde, de leur bon sens et de leur liberté : aussi le gouvernement doit-il se passer d'eux. Un seul établissement de banque se trouve dans une position exceptionnelle vis-à-vis de l'État, c'est la Banque de France : la Banque de France est un établissement national qui doit s'associer à toutes les mesures de salut public.

En résumé, la véritable situation financière du pays à l'entrée de 1849 est celle-ci : la *richesse publique* est non-seulement absorbée par les dépenses, mais elle est dépassée d'une somme de 560 millions qu'il faut couvrir en 1849. La *richesse privée* a été tellement pressurée, tellement épuisée que le travail, l'agriculture, l'industrie et le commerce sont dans un état de maladie voisin de la mort; il est donc urgent, indispensable de diminuer les taxes qui l'écrasent depuis trop longtemps, c'est-à-dire d'abaisser les recettes à un milliard et de créer ainsi un second déficit d'environ 360 millions. En somme, il faut pourvoir à un découvert total de 920 millions pour replacer la France dans une voie de prospérité. La première condition du maintien d'un gouvernement, quel qu'il soit, est à ce prix.

En effet, une somme de 560 millions, réalisés par de larges économies ou par des ressourcee quelconques étrangères aux contribuables, ne servira qu'à couvrir le déficit et ne sera d'aucune aide aux individus; la vie sociale n'en sera pas moins expirante : il en sera tout-à-fait de même la deuxième, la troisième et la dixième année. Si les contribuables payent toujours le maximum des recettes, 1 milliard 360 millions, vous ne changez rien à la misère du pays, puisque le pays s'est ruiné en payant chaque année 100, 200, enfin 360 millions de plus qu'il ne pouvait payer; s'il les paye toujours, vous n'avez rien fait pour lui.

Qu'importe que vous mettiez vos budgets en équilibre, si vous enlevez toujours à la partie militante de la société son salaire, ses bénéfices, ses primes, ses encouragements? Je vous en avertis d'avance, an que vous ne vous fassiez pas illusion, afin que vous ne tiriez pas vanité d'avoir diminué quelque peu les dépenses et payé quelques millions sur le découvert : en équilibrant les dépenses et les recettes, vous n'aurez encore rien fait, absolument rien contre la misère publique, contre la stagnation des affaires, vous n'aurez point sauvé le pays.

Lorsque les dépenses publiques se seront équilibrées avec un budget annuel d'un milliard, et qu'ainsi la richesse flottante aura recouvré sa base et son aliment périodique de 360 millions laissés aux contribuables, le moment sera venu de changer l'assiette des impôts, et de leur donner une origine logique et équitable. Mais jusque-là toute transformation dans les taxes, toute création, toute addition d'impôt nouveau est une cause de perturbation. Les diverses sources des impôts, aujourd'hui, sont tellement arbitraires, et leur perception si judaïque, que l'établissement des contributions les plus justifiables et les plus nécessaires est impossible et profondément injuste par les doubles emplois et contradictions. Un seul droit, le prélèvement proportionnel sur les successions, peut être établi, parce que ce n'est point un impôt, il ne frappe ni la production, ni la consommation. Mais pour qu'il ait quelque importance et quelque valeur, il faut qu'il soit tel que je l'ai proposé, selon les principes de la commission de l'Assemblée nationale, il est vrai, mais sur une base beaucoup plus large. L'impôt sur le revenu et sur les salaires est inique de tous points. Il frappe toujours deux fois la même valeur s'il s'adresse à l'intérêt perçu par un propriétaire ; il impose le travail et doit s'étendre à la journée de l'ouvrier s'il s'applique au traitement des employés, des militaires, des magistrats. Cet impôt est illogique, ruineux et rétrograde; il ne sera pas admis par l'Assemblée, ou bien il sera bientôt aboli.

Aucun nouvel impôt ne peut donc être établi sans une refonte générale des taxes, même après l'abaissement du chiffre total des recettes; à plus forte raison serait-ce une absurdité d'essayer d'en établir en surcharge, et pour couvrir le déficit des budgets. Ce serait le dernier coup porté aux derniers étais, déjà si chancelants, de l'édifice social.

Quant à la diminution des taxes, il est évident qu'elle doit porter sur les substances alimentaires, le sel, les boissons, les viandes et poissons salés, les sucres, cafés, bestiaux, céréales, etc. qui supportent ensemble et en totalité une charge de 270 millions ; et les 90 millions restant pour compléter les 360 millions doivent servir à dégrever l'impôt foncier. Toutes ces charges s'ajoutant aux prix des aliments, constituent la capitation la plus onéreuse, et par conséquent celle qu'il importe de faire disparaître le plus immédiatement.

Ainsi pour couvrir le déficit de 920 millions, produit des découverts successifs et de la diminution des taxes qui grèvent particulièrement les substances alimentaires, *pas d'impôts nouveaux,* et j'ajouterai, *pas d'emprunts.*

Je l'ai déjà dit, l'emprunt est à peu près impossible : s'il pouvait se réaliser, ce serait à un taux tellement onéreux, qu'une inscription de 60 millions de rentes nouvelles ne suffirait pas à obtenir une somme de 600 millions. Une telle aggravation de la dette publique écraserait les budgets à venir et déterminerait infailliblement la banqueroute.

On allègue vainement l'exemple de l'Angleterre et de sa dette, plus que double de la nôtre.

L'Angleterre est à la France ce qu'un grand négociant est à un grand propriétaire, ce qu'un banquier qui loue l'argent est à un fermier qui loue des terres. Le roulement des affaires d'Angleterre est décuple du nôtre; sa dette pourrait être beaucoup plus élevée encore, qu'elle en serait beaucoup moins affectée que nous. Ses principales valeurs sont mobiles et réalisées dans une industrie et un commerce universels. Nos valeurs principales sont immobilisées et peu réalisables. La France est entravée par une dette de propriétaire, que l'Angleterre considérerait comme très-légère dans un compte courant de négociant.

L'emprunt ne serait pas seulement intolérable pour les budgets futurs, il ajouterait immédiatement à la misère privée. L'impôt, ai-je dit, épuise les ressources flottantes, la richesse publique; l'emprunt est un recours à la fortune privée qui se transporte à l'État; les caisses d'épargne, les inscriptions au grand-livre indiquent par leur ensemble le nombre et le taux des ressources privées qui sont venues au secours de la dépense publique : il attaque une des bases essentielles de la vie d'un peuple, comme l'impôt attaque l'autre. Le gouvernement doit s'arrêter aujourd'hui devant ces deux gouffres, sur le bord desquels nous sommes enfin arrivés. Un pas de plus dans l'augmentation des impôts et dans l'augmentation des emprunts, et le vieil édifice social s'écroule.

Cette éventualité n'a rien qui m'effraie : une société jeune et robuste naîtra des ruines d'une société décrépite, je n'en doute pas; mais à combien de douloureuses épreuves sommes-nous destinés; combien d'années de malheurs et de misère nous sont-elles réservées avant d'arriver à cette résurrection? Je n'aime pas l'inconnu, et je déplore l'aveuglement des gouvernements qui s'y précipitent.

Rien n'est plus facile aujourd'hui que de diminuer les impôts et de combler le déficit sans engager l'avenir ; il ne faut pour cela qu'un peu de fermeté, soutenue par un peu de raison.

Le gouvernement doit faire rentrer, dans un délai d'un an, les dépenses publiques, y compris la dette, dans les limites de 1 milliard à 1,100 millions; une fois le déficit comblé par de larges économies, le surplus des impôts profitera chaque année aux contribuables.

En 1829, les recettes ne s'élevaient pas à 994 millions, et les dépenses, y compris un excédant de 25 millions pour les dotations et la liste civile, n'atteignaient pas 1 milliard 15 millions, et à cette époque même, on demandait à juste titre de grandes économies. Pendant quinze ans, après tous nos désastres de 1814 et de 1815, avec l'indemnité payée à nos ennemis; avec l'indemnité payée aux émigrés; avec la guerre d'Espagne, l'affranchissement de la Grèce, la conquête de l'Algérie, un budget des recettes et des dépenses, constamment en moyenne au-dessous d'un milliard, a pourvu à toutes les éventualités, à toutes les dépenses ordinaires et extraordinaires. Une telle expérience est décisive : la France peut s'administrer, se gouverner, se défendre, et même attaquer, avec un budget d'un milliard. Équitablement perçu et honnêtement appliqué, un pareil budget peut encore laisser à de grandes entreprises 1,750 millions, puisque nous n'avons plus d'émigrés ni d'ennemis à indemniser.

A la rigueur, nous n'aurions donc pas besoin de ressources extraordinaires; il ne faudrait point d'autre moyen que l'économie largement appliquée aux dépenses utopiques et abusives, pour combler le déficit entre le budget d'un millliard et celui de 1,800 millions, si la réforme pouvait s'opérer par enchantement et à l'instant même : mais il ne peut en être ainsi. Il s'agit, dans une situation des plus graves, d'opérer une double liquidation : la liquidation d'un passé imprévoyant et celle d'un présent compliqué par les prétentions des nombreuses parties prenantes, et par l'agitation impatiente des populations et des partis.

L'abolition des impôts indirects et la diminution des impôts directs qui pèsent plus particulièrement sur les substances alimentaires et sur l'agriculture (l'augmentation sur les impôts directs est précisément de 90 millions, et celle sur les impôts indirects est de 250 millions depuis 1829) calmeront cette juste impatience des populations, exciteront légitimement leur enthousiasme, et imposeront silence à la colère des partis. Mais pour justifier cette noble audace de la diminution des recettes en présence d'un déficit énorme, pour utiliser la force morale qu'elle prêtera au gouvernement, il faut liquider rapidement le présent et le passé.

A cet effet, il faut une année de temps et (au-dessus d'un milliard à 1,100 millions de recettes) une somme de 600 millions en argent comptant.

La réalisation des économies se croisera, chemin faisant, avec cette avance, et l'année 1849 se clora en équilibre avec un budget d'un milliard à 1,100 millions pour 1850, ayant fait honneur à tous les engagements de l'État et payé fidèlement toutes les dettes courantes en principal et intérêts.

La solution du problème de la situation ainsi ramenée à son expression la plus générale, ne présente plus à dégager que deux *inconnues* :

1° Trouver un gouvernement *désintéressé*, *courageux*, *inflexible*, qui *comprenne*, qui *veuille*, et qui *puisse*;

2° Trouver 600 millions disponibles, sans impôt et sans emprunt.

Cette dernière partie de la solution définitive est entièrement résolue pour moi. Le gouvernement peut avoir en un mois 600 millions de valeurs à lui appartenant, dans ses caisses, toutes prêtes à payer ses services; valeurs réelles et plus recherchées qu'aucune des valeurs actuelles. Je connais une compagnie, la plus puissante et la plus riche de l'Europe, qui prendra au comptant tout le restant des forêts de l'État : elle remboursera immédiatement la Banque de France du montant de ses hypothèques sur ces forêts, et versera au Trésor, pour subvenir aux besoins de la liquidation, le surplus de la valeur convenue, surplus jugé approximativement égal à 600 millions. Cette négociation sera réalisée, quelle que soit la gravité des circonstances présentes ou futures, guerre ou paix (*).

Mais il est évident que cette solution définitive n'a d'importance et ne doit être réalisée que par un gouvernement qui *comprenne*, qui *veuille* et qui *puisse*. Dans toute autre condition, une somme de 600 millions n'est qu'un moyen donné à l'incapacité de traîner un peu plus loin son existence au milieu de la misère et de la

(*) L'aménagement forestier de la France comprend aujourd'hui en totalité 6,840,000 hectares, dont 3,667,000 aux particuliers, et 3,173,000 aux communes, au domaine et à l'État. Ces 3,173,000 hectares se divisent encore ainsi : 1,956,000 hectares appartenant à 11,000 communes; 173,000 hectares propriétés particulières de princes; 57,000 hectares apanages de princes; 66,000 hectares appartenant à l'ancien domaine de la couronne, et 357,000 hectares appartenant à l'État proprement dit.

Il est établi par l'autorité des conservateurs les plus habiles que 200,000 hectares aménagés à toute futaie suffiraient et au-delà à tous les besoins des constructions militaires, civiles et de la marine. En choisissant 200,000 hectares les plus propres aux futaies, dans lesquels on ferait entrer les 66,000 hectares de l'ancien domaine de la couronne et les 57,000 hectares apanagers, il resterait 880,000 hectares disponibles pour la vente; j'admets encore 800,000 hectares pour les ajouter à la réserve, et c'est de ces 800,000 hectares restants que l'État peut obtenir de 700 à 720 millions. En 1830, l'hectare de forêt valait en moyenne 750 francs; depuis cette époque, le développement donné aux usines, aux constructions et aux chemins de fer, a élevé le prix des bois de façon à porter la valeur moyenne de l'hectare à 900 francs; à ce taux il y a encore avantage à acheter.

La question du droit qu'aurait l'État de vendre ses forêts est depuis longtemps jugée : le gage des créanciers de l'État est tout entier dans la confiance, et ce n'est pas une hypothèque de 720 millions qui peut garantir une dette de 5 milliards. Si l'État se liquide et se place dans une voie régulière, au moyen de ces 720 millions le service de la rente est bien autrement assuré que s'il approche de plus en plus de la banqueroute. D'un autre côté, les forêts de l'État rapportent en moyenne 2 1/2 0/0 au Trésor, ruine publiques : ce n'est qu'un moyen de prolonger les dilapidations et les abus. Quelques indemnités payées à des exploiteurs d'hommes *noirs* ou *blancs* (*) auraient bientôt absorbé la somme : les contribuables ne seraient pas dégrevés, la société ne serait pas liquidée, et nous n'aurions fait qu'un pas de plus vers la banqueroute et le chaos.

C'est ainsi que depuis février tous les moyens proposés pour remplacer des impôts ruineux par

tandis que l'impôt qui sera payé par les propriétaires lui rendra à peu près 1 1/2 0/0. C'est donc là un emprunt contracté au taux de 1 0/0, c'est donc une opération des plus avantageuses pour tout le monde, si elle est praticable. L'administration des forêts elle-même n'y trouverait aucun dérangement, ni dans son personnel ni dans ses appointements. Pendant quatre à cinq années, au contraire, elle prendrait une activité et une importance nouvelles. Je prends sous ma garantie la plus affirmative tout ce que j'avance ici.

Quant aux défrichements et aux reboisements, l'expérience a prouvé que depuis vingt-cinq ans l'industrie privée les compense pour le moins, puisque la somme de l'aménagement forestier augmente au lieu de diminuer.

(*) On parle de donner 120 millions d'indemnité aux colons pour l'affranchissement des nègres. Cette intention accuse dans notre époque un esprit de vertige qui nous pousse irrésistiblement aux abîmes ; le même esprit de prodigalité insensée a engendré depuis longtemps une foule de propositions analogues, qui n'ont pas peu contribué à la ruine actuelle. Si, dans l'état où elle est réduite, la mère-patrie doit 120 millions aux colonies, elle doit au moins 3 milliards à l'industrie et à la propriété métropolitaines, car la révolution de février leur a causé un dommage réel plus que double de cette somme. Une société raisonnable doit subir les cataclysmes et les grands événements sociaux comme les cataclysmes et les bouleversements de la nature ; il n'est pas plus en son pouvoir de réparer les uns que les autres. L'affranchissement des nègres était d'ailleurs un événement prévu et calculé pour un avenir très-prochain. Depuis la loi de 1845 surtout, le prix des

des impôts rationnels et faciles à supporter, ont été exploités et proposés en sus des impôts existants. Jamais les hommes dévoués à l'humanité n'ont vu travestir plus grossièrement, jamais ils n'ont vu appliquer plus brutalement leurs projets d'amélioration ! Ils offraient un pilier neuf pour remplacer un pilier pourri, on mettait le pilier neuf sur le toit de l'édifice prêt à crouler !

Après de pareils traits de démence, qui oserait découvrir un trésor caché sur le bon ou le mauvais emploi duquel reposerait le salut ou la perte définitive du pays ? Quand un propriétaire vend sa dernière propriété pour se libérer, il

nègres baissait en proportion des chances plus prochaines d'affranchissement, et leur prix de location augmentait en sens inverse de la diminution d'achat. Un nègre coûtant 2,000 francs devait rendre 500 francs par an, et un nègre charpentier, forgeron, chef d'atelier, coûtant 5,000 francs, rapportait par an 12 à 1300 francs nets à son propriétaire. La plupart des nègres ont amorti leur valeur, un grand nombre l'a en outre rachetée ; chaque nègre a payé en moyenne cinq à six fois son prix; il en est un grand nombre parmi ceux qu'on loue qui ont gagné 40,000 francs nets à leur maître. S'il était dû une indemnité, ce serait à peine à ceux qui ont acheté leur esclave depuis un an ou deux, mais en réalité il n'en est dû à personne autrement que par des institutions réparatrices. La France doit indemniser les colonies, comme elle s'indemnisera elle-même, par l'affranchissement, les dégrèvements, les économies et la sagesse de son administration. Tout le reste n'est que mensonge, dilapidation, misère. Le dégrèvement des denrées coloniales coûtera moins qu'une indemnité; il profitera à la mère-patrie, par le bon marché des sucres, cafés, etc.; il augmentera la consommation, encouragera la marine marchande, et ouvrira aux colonies un long avenir de prospérité et de richesse par l'écoulement de leur production, portée au double et même au triple de ce qu'elle était sous l'empire des droits exorbitants dont elle est frappée.

faut qu'il se libère cette fois ou jamais. La valeur d'un expédient suprême est tout entière dans l'application : le même argent peut être appliqué à des nécessités factices ou à des besoins urgents. Le sophisme aujourd'hui marche de pair avec la raison ; il se charge d'imposer silence au sens commun et de légitimer tous les abus.

Il est parfaitement certain et très-évident, je crois, pour tout le monde, que la question financière est entièrement primée par la question de cabinet, par la question de personnes, par les intentions, les vues, le plan du gouvernement.

La France tout entière, la majorité de l'Assemblée nationale, la majorité de la presse, demandent à grands cris de larges économies ; elles appellent du fond du cœur et à haute voix aussi des dégrèvements importants ; elles veulent sortir sans retard d'une position désormais intolérable. La France a raison ! l'Assemblée nationale a raison ! la presse a raison ! Il ne s'agit plus d'intrigues dynastiques, il ne s'agit ni de république rouge ni de socialisme, il s'agit de liquider la situation. Le pouvoir exécutif le comprend-il, le veut-il, le peut-il ?

Pour liquider la situation, il faudrait pour ainsi dire une dictature financière.

La marche d'un pays en révolution est tout entière dans une tête, dans une pensée, dans un homme : deux têtes, deux pensées, deux hommes sont un conflit, un retard, un arrêt ; dix hommes, cent hommes, mille hommes, sont autant de pensées, de systèmes, de conflits : c'est la paralysie, l'immobilité complète.

En février, nous avons eu la dictature, mais elle était multiple. Elle n'était ni Lycurgue, ni Solon ; elle était impuissante à fonder un système. Plus tard, l'Assemblée nationale, dictateur à son tour, a fait une constitution. Nous sommes en république, mais nous n'avons pas de lois, pas de système ; le pays n'est point encore dans une voie certaine : il oscille, dans sa détresse, entre Carybde et Scylla, entre une restauration rétrograde et une seconde révolution de février.

Dans une situation analogue, Napoléon a sauvé la France de deux extrémités pareilles, en lui imprimant une marche qui s'éloignait également de l'ancien régime et des excès de la démagogie ; il a créé une voie nouvelle dans laquelle la France s'est avancée pendant quatorze ans avec gloire ; c'était une pensée, une tête, un homme qui donnait l'impulsion.

L'idée constitutionnelle nous a fourni quinze autres années de mouvement, que la pensée de Louis-Philippe a su prolonger encore pendant dix-huit ans.

L'idée constitutionnelle n'était qu'une forme, comme l'idée républicaine. Le fond de la pensée, le système vivace a été de gouverner par une oligarchie disposant des budgets, pour désintéresser toutes les capacités et toutes les ambitions tracassières, tant du clergé, de la noblesse que du tiers-état, pendant que le peuple cicatriserait ses plaies par l'agriculture, l'industrie et le commerce. L'idée de Louis-Philippe a été d'exploiter la richesse nationale ainsi développée par un budget modéré, en l'appliquant à la création d'une énorme quantité d'intérêts liés au maintien de son gouvernement. L'Algérie, les colonies, la guerre, la marine, les travaux publics, les administrations, les grandes opérations d'agio, la combinaison des caisses d'épargne, les secours, primes, faveurs, tout était conçu pour associer à son gouvernement une foule de parties prenantes ou co-intéressées qui consolidassent son trône et sa dynastie.

On a appelé ce système la corruption : c'était une pensée qui aurait eu un succès infaillible, si la ruine du pays n'en eût été la conséquence nécessaire. La corruption n'a eu pour frein et pour limites que l'indifférence et le mépris des citoyens ruinés. Quelques corrupteurs sont partis, les corrompus sont tous restés. Ils cherchent à rattraper et à recoudre les lambeaux du système qui leur convenait si bien; mais leurs efforts sont vains: là où il n'y a plus rien, la corruption doit faire place à l'honnêteté. Ils ne réussiront qu'à déchirer, pendant quelques années encore peut-être, le sein déjà meurtri de notre patrie.

Comment donc les gouvernants de février se sont-ils laissé entraîner à la suite et au-delà des excès de Louis-Philippe? Prodigalité, exclusion, coterie, cynisme[1], rien n'y a manqué. Il y avait cependant là quelques honnêtes gens au milieu, il est vrai, d'un grand nombre de bateleurs. L'incapacité, l'ignorance, voilà le mal. Ajoutons-y les théories les plus absurdes, et par conséquent les plus populaires, sur le travail, le crédit, l'intérêt, les banques, les capitaux, la propriété, et nous comprendrons qu'en l'absence d'un homme, l'anarchie et la confusion les plus complètes aient dû régner parmi nous.

Trois systèmes réformateurs se sont particulièrement disputé d'abord la direction du mouvement de Février; un quatrième, le retour à la monarchie, s'est montré plus tard et paraît aujourd'hui vouloir dominer tous les autres :

1° Les républicains de la forme ;

2° L'organisation du travail :

3° La destruction de l'appropriation ; l'abolition de l'intérêt et la gratuité du crédit.

De ces trois systèmes, un seul a jusqu'à présent gouverné la société, c'est celui des républicains de la forme. Nous avons déjà exprimé notre opinion générale sur leurs actes ; la France tout entière a constaté leur impuissance et la vanité de leurs prétentions.

L'organisation du travail par la loi était une théorie étroite née et propagée sous le règne de Louis-Philippe, s'accommodant de tout régime social et procédant brutalement par l'égalité et l'augmentation des salaires et par la diminution des heures du travail. *Les maîtres ne paient pas assez les ouvriers et les font travailler trop longtemps, voilà la théorie dans toute sa grossièreté.* Le remède à ce mal était, avant le départ de Louis-Philippe, l'augmentation des salaires, la diminution du temps du travail et l'association des ouvriers dans les bénéfices, le tout *de par la loi.* Sous la République, les prétentions ont grandi ; l'État devait s'emparer des mines, des canaux, des chemins de fer d'abord, de toutes les industries ensuite pour en faire de vastes ateliers nationaux. Les ponts et chaussées, MM. Thiers et Guizot avaient depuis longtemps appliqué cet absurde et ruineux système en ce qui concerne les travaux publics ; ils avaient également indiqué la route au communisme par la loi de 1841 sur l'expropriation et par celle de 1845 sur les servitudes de la grande voirie, appliquée au profit des chemins de fer.

Cette théorie avait ses deux pôles opposés dans les ouvriers qui demandaient derrière le Luxembourg l'application de sa première partie, et dans quelques ministres de la République qui poussaient vigoureusement l'application de la seconde. La liberté et la possession étaient ainsi attaquées, outragées, en haut et en bas, par leurs plus zélés défenseurs, égarés par une illusion d'optique.

La destruction de l'appropriation, l'abolition de l'intérêt et la gratuité du crédit, présentées par des hommes de talent et d'une infatigable faconde, embarrassaient aussi la situation d'un sophisme évident pour les habiles, mais offrant toutes les apparences et toute l'énergie de la vérité pour les simples : aussi les habiles s'en firent-ils une arme terrible, un épouvantail pour pousser à la réaction. Parmi les simples, quelques-uns suivaient leur prophète avec enthousiasme, mais le plus grand nombre le regardait s'avancer, frappé de terreur à l'idée de leurs champs, de leurs maisons, de leurs revenus enlevés à leur travail, à leur vieillesse, à leurs enfants.

Profitant du chaos et de l'impuissance engendrés par les clameurs les plus discordantes, par les agitations les plus divergentes, fatigués peut-être eux-mêmes, comme la nation tout entière, d'un bruit si effroyable, d'une rotation si stérile, les utopistes de l'ancien régime ont parfaitement compris que tout le monde désirait se reposer et échapper aux douleurs intolérables d'une transition en apparence impossible; en conséquence, ils se sont mis à inviter doucement les brebis égarées à rentrer au bercail, puis ils les ont pressées avec impatience; bientôt ils les pousseront avec violence, et quand la porte sera fermée sur le troupeau, le peu de laine qui lui reste sera arrachée par ces innocents bergers, et sa chair, au besoin, les nourrira eux et leurs chiens. Mais ce reste d'aliment ne serait pas de longue durée; une sixième révolution, plus terrible que toutes les autres, ne tarderait pas à éclater, et je crois que ce pressentiment les inquiète assez pour arrêter leur enthousiasme réactionnaire. Ils sentent que la nation ne les suit pas sur ce terrain épuisé ; ils comprennent qu'elle n'est distraite, incertaine, agitée, que par la difficulté de trouver les hommes qu'elle cherche pour réaliser ses vœux, qui n'ont rien d'incertain.

La liquidation de la situation, la diminution des taxes, la réduction des budgets, la réduction du personnel sans diminution de traitement, la décentralisation économique, le retour des travaux publics à l'industrie civile, telle est l'expression la plus générale et la plus vraie des vœux et des besoins actuels du pays. Ajoutons-y la conciliation par l'amnistie, et nous pouvons affirmer que cette expression serait sanctionnée par six millions de suffrages.

Jamais situation politique plus favorable à la réalisation de ce programme que la situation actuelle ne se sera présentée.

Le président de la République a reçu de la presqu'unanimité des suffrages une puissance qui n'aura jamais eu d'égale pour faire le bien et sauver le pays.

L'Assemblée nationale, élue sous l'impression des réformes à opérer et des besoins à satisfaire, n'est point formée d'un seul parti ; elle les renferme tous ; elle est l'expression la plus parfaite de la révolution de février. Pour qu'elle fît jaillir de son sein les résolutions les plus salutaires, pour qu'elle formulât les institutions les plus désirées et les plus nécessaires, il ne lui a manqué que l'unité, l'indépendance et l'impulsion de la force exécutive. Une assemblée nationale est le cerveau, la tête d'une nation, mais le pouvoir exécutif en est le cœur : si le cœur ne bat pas, le cerveau est impuissant. Le pouvoir exécutif entretient la vie organique, et la tête pense et délibère, inspirée par les besoins de la vie organique.

Le principe de la vie nationale réside dans le président de la République, et l'importance de ses applications dans son accord avec l'Assemblée nationale.

L'Assemblée nationale actuelle est éprouvée par neuf mois de lutte ; elle est formée par neuf mois d'études ; elle est calmée par neuf mois de discussions ; elle désire accomplir sa mission qui n'est point accomplie, quoi qu'on en puisse dire ; elle redoute, avec raison, une pression factice et, d'ailleurs, illégale, qui la force à se dissoudre, avant d'avoir satisfait à son désir le plus ardent et le plus légitime, celui d'assurer les pas chancelants de la République, en s'associant à des mesures réparatrices, étudiées et signalées par elle.

Le Pouvoir exécutif, en présence d'une telle assemblée qu'il saurait couvrir et défendre contre les agitations et les menées réactionnaires, se trouverait pour ainsi dire investi d'une dictature morale; car l'Assemblée n'hésiterait pas à le suivre franchement dans la voie de la justice et de la raison. Économies, dégrèvements, mesures financières, décentralisation, réformes administratives, il pourrait tout oser, tout obtenir, et tout faire.

Loin de trouver un pareil accord, un concours semblable dans une assemblée nouvelle, trop tôt convoquée, le Pouvoir exécutif n'y trouvera que l'hostilité, la répulsion et la mort!.... Les nouveaux représentants, sûrs et fiers de leurs récents mandats, ardents et indisciplinés dans leurs partis, exclusifs dans leur point de vue, incertains du sentiment de la majorité, exigeront que le président de la République s'engage dans leur sens; ils prétendront tous qu'il doit sa nomination à leur influence; et s'il résiste, ils ne tarderont pas à le renverser.

En attendant ce conflit et cette révolution inévitables, dans quelque sens que ce soit, la France, dans une sombre tristesse, verra se consommer l'œuvre de sa ruine.

Je souhaite ardemment que l'avenir donne un

solennel démenti à ces cruels pressentiments; car tout changement, tout bouleversement est une perte de temps et d'argent; chaque guerre de personnes, chaque conflit du pouvoir est un pas de plus vers la misère et la honte.

On parle de propagande, on ose proclamer la nécessité de pousser ou de soutenir les peuples dans le sens de notre révolution!

Qu'avons-nous donc à leur offrir qui soit si digne de leur envie? Est-ce la détresse des particuliers? est-ce la ruine de l'État? est-ce l'oubli et le mépris des nécessités morales et matérielles des populations que nous voulons leur faire partager? est-ce le honteux spectacle des partis, sans autre drapeau que des noms propres, luttant pour et par des individualités sans principes et sans cœur que nous voulons contempler chez eux, comme ils peuvent le voir chez nous?

Non! jusqu'ici nous n'avons point acquis le droit de faire de la propagande : nous ne sommes point fondés à offrir l'appui de nos armes. Ne tendons pas la main aux peuples nos voisins, tant qu'elle portera les traces d'une maladie : nous nous exposerions à l'humiliation d'un refus ou bien aux amers regrets des maux que nous leur aurions transmis.

Quand la France aura cicatrisé ses plaies, quand elle pourra s'offrir aux peuples comme un modèle de sagesse et de prospérité : alors, mais seulement alors, elle pourra les engager à suivre son exemple et leur prêter, au besoin, le concours de son expérience et de sa force.

Si nous n'avons point à porter la guerre chez nos voisins pour les engager dans une voie douteuse à nos propres yeux, nous n'avons point non plus à redouter leurs attaques : si les rois nous menacent, les peuples nous attendent; vingt années de victoires, toutes les couronnes ébranlées et saisies par la main puissante de la France, sont des souvenirs trop récents pour être effacés de la mémoire des rois. Les rois ne nous attaqueront pas, même au plus fort de nos dissensions intestines.

Cessons donc de nous épuiser à entretenir des forces inutiles ; diminuons nos armées et réformons hardiment nos dépenses pour la marine ; refrénons la passion ruineuse des constructions monumentales, et subordonnons l'administration aux nécessités de la nation, et non la nation aux nécessités de l'administration.

C'est là le terrain véritable, le terrain sérieux de la lutte. C'est sur ce terrain que le pouvoir législatif et le pouvoir exécutif doivent se donner franchement la main pour triompher du mal qui, depuis dix années surtout, dévore le pays.

---

25 janvier 1849.

Dans le travail qu'on va lire, les questions ne sont pas réduites à l'expression simple que j'ai cherché à leur donner dans ce court exposé; elles sembleront quelquefois très-compliquées, souvent mal posées et mal résolues. Le cercle que j'ai voulu parcourir en entier est trop vaste pour que son tracé ne soit pas défectueux en un grand nombre de points. Je prie donc le lecteur de considérer les problèmes posés comme une simple gymnastique offerte à son propre esprit. Je ne serai ni surpris, ni scandalisé qu'il n'admette pas toutes les solutions que je propose; je m'estimerai fort heureux s'il s'en trouve quelques-unes que tout le monde accepte et dont l'application puisse concourir à fonder des institutions utiles à l'humanité.

INTRODUCTION.

En politique comme dans les sciences, quand les principes sur lesquels un système repose sont épuisés, incomplets ou faux, il arrive nécessairement un jour où le progrès s'arrête.

Malgré la tendance des hommes vers le bien, malgré leur sincère ardeur à chercher les voies de la justice et de la vérité, s'il n'apparaît un principe nouveau qui saisisse tous les esprits, éclaire toutes les consciences, entraîne tous les cœurs, la civilisation s'énerve et se consume en vaines théories : elle reflue pour ainsi dire sur elle-même ; et la société, en proie au sophisme, à la controverse, à la guerre civile, tourne fatalement dans un cercle vicieux, jusqu'à ce qu'elle tombe en dissolution.

A Dieu ne plaise que la nation française soit déjà parvenue à l'une de ces terribles époques de doute et d'hésitation qui touchent de si près à la décadence ! Le plus grand peuple du monde, le peuple le plus élevé entre tous les peuples par le cœur et par l'intelligence, serait-il arrêté dans sa marche par une poignée d'hommes avides soutenus par quelques sophistes intéressés ? ou bien succomberait-il sous la confusion ou la stérilité de ses propres idées au milieu du bon vouloir et de la fraternité de tous ?

Déjà nous avons commis une faute grave, nous avons fait un pas rétrograde, en mettant une seconde fois à l'épreuve le gouvernement constitutionnel monarchique : nous aurions pu nous épargner dix-huit ans d'abaissement, de corruption et de ruine. La Restauration nous avait suffisamment édifiés sur la valeur de cette forme de gouvernement, ou plutôt sur la valeur des principes sociaux que ce gouvernement s'est appliqué à conserver; car la forme d'un gouvernement n'est qu'un moyen : le but est le progrès; si la forme républicaine résistait au progrès, la République n'aurait pas plus de stabilité et probablement moins de durée que le règne de Louis-Philippe.

En nous débarrassant d'une forme jugée mauvaise par une première épreuve de quinze ans et par une seconde de dix-huit, sommes-nous assurés du moins que la forme nouvelle que nous allons bientôt déterminer, sous le nom sacré de République, ne sera pas elle-même détournée du but que nous nous proposons d'atteindre? Le roi Louis-Philippe avait-il seul intérêt à suivre la marche fatale qu'il avait adoptée? Qui nous avait imposé Louis-Philippe en 1830? Qui l'a soutenu pendant dix-huit ans? Qui soutenait la Restauration? La Restauration n'a-t-elle pas été servie par les hommes de l'Empire? La dynastie de 1830 n'a-t-elle pas été servie par les hommes de l'Empire et par ceux de la Restauration? L'opposition si brillante et si populaire de la Restauration n'a-t-elle pas pris nos affaires en main pendant dix-huit ans? Ces hommes de l'Empire, de la Restauration, de Louis-Philippe, n'avaient-ils pas un parti puissant? Ce parti, composé de la majorité, bien ou mal acquise, du corps électoral, ne représentait-il pas des idées et des intérêts? Ces idées et ces intérêts ne sont-ils pas, à peu de choses près, les mêmes qui s'imposaient à la Restauration, qui nous imposaient Louis-Philippe, et qui s'opposaient à tout progrès depuis dix-huit ans? Ces idées sont-elles mortes? ces intérêts sont-ils anéantis ? Non certainement. Qui donc oserait nous garantir qu'ils ne s'imposeront pas à la République ? Qui nous assure que la forme républicaine résistera au sophisme, à la corruption, à la dilapidation, à la domination du sabre ou de l'argent ? La République n'a-t-elle pas déjà succombé une fois ? N'en sommes-nous pas à la seconde épreuve ?

A tous ces doutes je réponds :

Si la République nouvelle copie notre ancienne République, elle succombera.

Si elle traite les questions de forme avant de régler les questions de fond, elle succombera.

Qu'on ne vienne pas nous dire que dans les actes de la Constituante et de la Convention se trouvent proclamés tous les principes, toutes les vérités applicables à notre époque ; qu'il ne s'agit plus que de les reprendre et de les faire triompher ! Cela n'est pas vrai.

La constitution du 24 juin 1793 dit :

Art. 123. La République française honore la loyauté, le courage, la vieillesse, la piété filiale, le malheur.....

Le travail n'est même pas désigné..... Ce n'est donc pas là notre République !

La République de 93 n'est pas plus la République de 1848 que les républiques de Sparte ou de Rome n'étaient celle de 93. La différence sera plus grande encore ; car nos devanciers révolutionnaires s'étudiaient à ressembler aux Grecs et aux Romains, et certes ce n'est point en cela qu'ils ont su mériter notre estime et notre admiration.

En civilisation, les souvenirs et l'imitation ne sont jamais heureux. Libre à ceux qui ne vivent que d'histoire, qui ne parlent que par elle, qui, par stérilité ou paresse d'esprit, aiment mieux vivre dans le passé qu'observer le présent pour fonder l'avenir ; libre à ceux qui ne jurent que sur la parole des livres et des maîtres, de soutenir que notre République est toute faite ; que nous en avons vingt modèles entre lesquels il s'agit seulement de choisir : leur aveuglement, s'il était partagé par la peuple, nous conduirait aux abîmes où se sont engloutiesles républiques qu'ils nous proposent. Mais si les vrais amis du peuple veulent marcher en avant et préparer à la France une ère de grandeur et de prospérité, ils doivent se soustraire au despotisme de l'histoire, et, quittant le rôle de sectaires, ils doivent chercher dans les malheurs du jour les moyens de les faire disparaître à tout jamais.

La philosophie du dix-huitième siècle, dont Jean-Jacques Rousseau a été l'expression la plus saillante, faisait considérer les droits politiques, religieux et moraux, comme les seuls éléments importants de toute constitution républicaine; les moyens d'assurer par des lois équitables l'accession facile aux premiers besoins de la vie, la rémunération légitime du travail et de la capacité active, la rédemption du travail intelligent et économe par l'acquisition possible de la propriété, étaient regardés par elle comme secondaires ou comme des conséquences nécessaires des principes d'égalité et de liberté. C'était là une erreur bien funeste.

La liberté et l'égalité doivent être des conséquences et non des principes, des effets et non des causes; et cette distinction n'est pas une subtilité vaine, car elle explique toutes les bonnes intentions de l'ancienne République française et tous ses malheurs; elle nous fait comprendre l'Empire après la République, la Restauration après l'Empire, le règne de Louis-Philippe après la Restauration, et la chute de Louis-Philippe même. Elle nous montre comment la démocratie, le despotisme militaire, l'administration nobiliaire et bourgeoise, l'aristocratie financière, ont présidé successivement aux destinées de la France, sans que le peuple puisse rien obtenir des avantages auxquels il a droit, et qui sont les premiers éléments, les éléments indispensables de son bonheur, de sa liberté et de l'égalité.

Proclamer la liberté, l'égalité et la fraternité comme existant de fait et de droit, c'est proclamer une fausseté ; les ériger en principes en tête d'une constitution, c'est déclarer que ces précieux éléments du bien-être et de la dignité humaine sont acquis, c'est protester contre tout effort ultérieur pour les acquérir, c'est élever un écriteau trompeur autour duquel l'espérance rallie tous les hommes, et dont la plupart des hommes s'éloigneront bientôt avec le désespoir dans le cœur.

Ces trois mots magiques n'ont-ils pas été tracés sur tous nos monuments il y a soixante ans? Soixante ans d'inégalité, d'hostilité et d'esclavage n'ont-ils pas suivi leur apothéose? En présence de pareilles expériences, cessons donc de nous faire illusion. L'organisation sociale est le sacrifice d'une portion de la liberté de chaque individu : la liberté absolue est incompatible avec l'ordre, la paix et la justice ; l'égalité n'est pas dans la nature de l'homme : les hommes sont inégaux en tout ; l'équilibre entre les hommes, c'est-à-dire l'ordre et la paix, suppose une inégalité correspondante dans leur rôle ou dans leur position réciproque : la fraternité est un sentiment naturel aux bons, inconnu des méchants. La religion chrétienne prêche cette admirable vertu depuis dix-huit siècles ; obtiendrons-nous en quelques mois ce que les siècles n'ont pu réaliser?

La liberté, l'égalité et la fraternité sont trois points encore bien loin de nous, vers lesquels doivent tendre directement toutes nos institutions nouvelles, et non, comme on semble le croire, une trinité centrale dont nos institutions doivent partir. Au premier point de vue nous nous en approcherons toujours; au second, au contraire, nous ne pouvons que nous en éloigner.

Les souvenirs des républiques grecques et romaines, dont les citoyens, riches pour la plupart, étaient d'ailleurs entretenus soit par le trésor public, soit par les travaux de nombreux esclaves, ont servi de base à notre ancienne révolution. Mais, après l'avoir appuyée dans son mouvement, ils n'ont pas tardé à l'égarer dans ses institutions. Les souvenirs de notre ancienne république nous serviront de même comme point d'appui; nous profiterons de la liberté morale, religieuse et politique qu'elle nous a léguée; nous accepterons avec reconnaissance le principe de l'égalité devant la loi; nous nous associerons au vœu de fraternité qu'elle a fait entendre; nous ajouterons à ses bienfaits les institutions civiles acceptées et perfectionnées par l'Empire, par la Restauration, par le dernier règne même; mais nous reconnaîtrons en même temps que son gouvernement et chacune des phases de gouvernement qui l'ont suivi portaient en eux-mêmes un principe de révolution que notre république nouvelle doit faire disparaître.

Ce germe de bouleversement, cette cause énergique de nos quatre révolutions depuis soixante ans, réside entièrement dans la position déprimée faite au travail physique et intellectuel par une législation protectrice des choses au détriment des individus.

Une nation se compose exclusivement des individualités réunies pour vivre sous une même loi. Le courage, la force et l'intelligence de chaque individu constituent toute la puissance de cette nation; le travail et la capacité active des personnes constituent toute sa richesse; le surplus n'est qu'accidentel et local (1).

(1) Je ne prétends pas attribuer à toutes les individualités le génie qui organise le courage, la force, l'intelligence, pour en former une puissance logique et collective; je prétends encore moins leur attribuer le talent de grouper, d'harmoniser le travail et la capacité pour créer la richesse nationale. Ce génie, ce talent, sont le rare privilége de quelques hommes d'élite: je ne parle des individus que relativement aux choses matérielles; je dis qu'une terre, par exemple, ne peut conférer aucun privilége; que de vieux parchemins ou de grandes fortunes ne doivent entrer pour rien dans l'estime des hommes et dans les principes de la loi.

C'est donc des individualités seules que la loi doit partir pour régler le droit aux choses ; elle ne doit plus partir des choses pour conférer les droits aux individus.

Si nos représentants se placent à ce point de vue général pour procéder à la réforme des lois et fonder notre constitution, la nation française entrera dans une voie de puissance et de prospérité qui n'aura pas de bornes, à l'abri désormais de toute révolution.

Napoléon a longtemps appliqué ce principe aux armées, et ses armées ont ébranlé le monde.

L'émulation du courage, l'émulation du travail, associés à l'intelligence et au génie dans la proportion de la capacité de chacun, telle est la base la plus solide de la puissance et de la richesse d'une nation ; l'accession aux éléments essentiels de la vie, à l'aisance, au bien-être, à la propriété, à la fortune, en proportion du travail et de la capacité de chacun, telle est la répartition la plus féconde et la plus juste des richesses nationales.

Mais cette appréciation du travail et de la capacité, l'appréciation de la rémunération légitime qui doit leur être dévolue, n'appartient ni aux particuliers, ni à l'État. Les institutions doivent être conçues dans un esprit de répartition équitable des avantages et des charges de la société, et c'est aux individualités à développer librement, au milieu de telles institutions, leurs facultés physiques et intellectuelles ; c'est à ces individualités seules qu'il appartient d'obtenir, en échange de leur travail, une rémunération proportionnée par une transaction libre entre l'offre et la demande.

Je n'entends faire ici la critique ni du saint-simonisme, ni du fouriérisme, ni du communisme, ni de l'organisation légale du travail, ni du crédit gratuit, ni de l'abolition du revenu net, ni de leurs adhérents orthodoxes ou schismatiques : je n'admets aucun de ces systèmes, et je suis parfaitement convaincu que, pour son bonheur, la France les laissera longtemps encore à l'état d'étude et de discussion ; mais leur existence même, soutenue par de nombreux adeptes parmi les hommes de travail et d'intelligence, ne vient-elle pas prouver qu'elles correspondent à des souffrance réelles parfaitement senties, et que des lois réparatrices sont impérieusement réclamées ? Ne prouve-t-elle pas aussi que la liberté, l'égalité et la fraternité, compagnes de la faim, de l'épuisement et du désespoir, sont moins prisées par la généralité des hommes qu'une liberté plus restreinte, avec un peu plus de sécurité, d'aisance et de bien-être individuel ? Et ces hommes n'ont-ils pas raison dans leur préférence ? Car s'il est si difficile d'acquérir ses moyens d'existence, qu'il faille se soumettre à toutes les privations, solliciter le travail, et soumettre tout son temps, toute sa vie, à la merci des autres, la liberté et l'égalité ne sont-elles pas une amère dérision ?

Le premier besoin, le premier devoir de notre République nouvelle sera donc d'ajouter à l'égalité devant la loi, à la liberté politique, l'indépendance matérielle; non par l'organisation du travail, qui enchaîne le maître à l'ouvrier, qui distingue des classes de citoyens, qui entrave toutes les opérations du commerce, de l'industrie, de l'agriculture même ; non par l'égalité des salaires, qui détruit tout esprit de justice et d'émulation ; non par l'association monacale, incompatible avec la dignité et la liberté de l'homme, mais par des institutions et des réformes financières qui trouveront facilement leur place dans notre organisation sociale, sans en ébranler les bases, qui sont bonnes, sans violer la propriété, qui doit être respectée comme la vie de l'homme, sans troubler la famille, qui mérite tous les respects.

PREMIÈRE PARTIE.

RÉFORMES ÉCONOMIQUES.

SOMMAIRE.

La transition entre l'état social actuel et l'état social futur, au point de vue de l'affranchissement matériel dû au travail physique et intellectuel, est plus simple et plus facile à opérer qu'on ne semble le croire généralement.

Donner à toute *force*, à toute *intelligence*, mises en action dans une voie d'utilité, la faculté de pourvoir aux besoins matériels de la vie par une fraction raisonnable de leur travail ;

Donner à ces mêmes forces, à ces mêmes intelligences actives la faculté d'acquérir, par le surplus de leur travail, le champ du repos et de la liberté, la terre, la propriété;

Telles sont les deux conditions indispensables pour que le travail trouve parmi nous la justice et la réparation matérielles qui lui sont dues.

Pour atteindre ce double but, il faut, 1° que la nourriture soit aussi abondante et à aussi bas prix que possible ; 2° que le prix de la terre descende aux limites les plus extrêmes où les institutions pourront le faire arriver (*).

Pour ramener les substances alimentaires et la valeur vénale du sol à leur taux naturel, il s'agit moins de faire des lois nouvelles que d'abolir les lois prohibitives et fiscales qui, depuis vingt-cinq ans surtout, ont élevé les prix des aliments et la valeur du capital foncier au-delà de toute proportion avec la valeur ou plutôt avec le salaire du travail, lois dont tous les économistes amis du peuple ont réclamé avec énergie l'abolition, et dont tous les sophistes amis des pouvoirs déchus ont prôné le maintien.

La suppression radicale, complète, immédiate, des impôts indirects sur les substances alimentaires ; la suppression des octrois et des entrées sur ces mêmes substances ; la suppression des droits de douane sur les céréales étrangères, sur les bestiaux étrangers, sur les sucres, les cafés, poissons et viandes salés, etc. : telle est la réparation nécessaire que doivent réclamer les classes laborieuses, et que les représentants honnêtes et désintéressés doivent s'empresser d'accorder.

(*) L'abaissement du prix de la terre cultivable, la facilité que le prolétaire peut avoir de l'acquérir pour y appliquer son travail, est le contrepoids naturel, la concurrence légitime à l'abaissement des salaires : plus le prix du sol est élevé, plus il faut de travail et d'économie pour l'acquérir : aujourd'hui, vingt années d'un bon ouvrier des campagnes ne peuvent lui donner le moyen d'acheter un hectare de terre de première et même de deuxième qualité. Il ne sait donc où placer ses économies, il ne voit point de terme ni de but à son affranchissement, il dépose son pécule où il peut pour se faire des rentes : il est sans espoir et sans avenir.

Si ce grand acte de justice n'est pas accompli d'urgence et avant tout, il ne s'accomplira qu'après une autre révolution; nous en avons la triste expérience. En 1830 nous émettions les mêmes vœux; mais, en peu de jours, les intérêts s'étaient rassurés, les droits du peuple étaient méconnus, et l'exploitation du travail s'installait bientôt plus avide et plus audacieuse que jamais. Ce n'était point assez pour ces privilégiés; il leur fallait encore les monopoles de tous les grands travaux, il leur fallait puiser à pleines mains dans le trésor public, pour consommer la ruine et la honte de la nation tout entière. Dieu veuille qu'ils soient repentants! Dieu veuille qu'ils n'étouffent pas encore une fois notre nouveau gouvernement dans leurs embrassements hypocrites!

Espérons donc que les lois fiscales les plus odieuses, puisqu'elles attentent à la vie du peuple, seront enfin rayées de nos budgets.

Mais il ne suffit pas que la valeur du sol s'abaisse par l'introduction de blés et de bestiaux étrangers; il faut encore que, par un moyen légal et régulier, le sol soit offert sans cesse, et par fractions, aux économies de l'homme de travail.

Les prélèvements en nature sur les transmissions gratuites de la propriété par donation, legs ou succession, prélèvements importants sur les successions collatérales surtout, devront combler à la fois le déficit causé au Trésor par le dégrèvement des substances alimentaires, et rejeter en même temps, tous les ans et sur tous les points de la France, une fraction de la propriété dans les mains du travailleur économe et intelligent.

Abolition des impôts de toute nature sur les substances alimentaires indigènes et exotiques; recouvrement par les mains de l'Etat d'une portion de la propriété donnée par les vivants ou délaissée par les morts : voilà les deux réformes capitales, les seules qui puissent assurer à la République, tranquillité et durée; aux classes déshéritées, un accès égal aux nécessités et au repos de la vie; au travail et à la capacité, leur prime et leur rang; à tous, la justice et la liberté aussi complètes que l'état de la société puisse le comporter.

Après cette justice et cet affanchissement matériel, la liberté, l'égalité et la fraternité pourront devenir des vérités.

DISCUSSION GÉNÉRALE

DES RÉFORMES ÉCONOMIQUES.

Rapports du Producteur au Capitaliste et aux Improducteurs; — rapports du Travail au Capital, du Salaire à la Propriété et à l'Impôt.

Le premier bien des hommes est l'*existence;* leur premier besoin est sa conservation : la nécessité de *vivre* précède toutes les conventions sociales et toutes les formes possibles de gouvernement.

Vivre, c'est consommer; et, dans la relation actuelle de la population à l'étendue du territoire, pour consommer il faut produire ou vivre du produit des autres.

Tous les individus sont consommateurs, mais tous ne sont pas producteurs.

Les producteurs peuvent se diviser en trois catégories : 1° les producteurs des éléments indispensables de la vie; 2° les producteurs des choses utiles; 3° les producteurs des superfluités. Ces trois catégories réunissent tous les genres de travail et de service matériels et intellectuels; elles comprennent l'agriculture, l'industrie, le commerce, la banque, l'administration, l'armée, la religion, la littérature, les sciences et les arts; elles représentent, en un mot, toute la force, tout le mouvement, toute la richesse, tout le génie et tout le luxe d'une nation.

Les improducteurs se divisent en trois classes : 1° les improducteurs forcés : les enfants, les vieillards, les malades et les infirmes de corps ou d'esprit ; 2° les improducteurs acceptés : ceux qui tirent leur existence et leurs ressources d'un fonds, valeur ou capital étrangers à leur travail propre et en dehors de leurs services sociaux actuels ; 3° les improducteurs égarés : les fainéants, les débauchés, les voleurs, etc. On pourrait ajouter à cette dernière catégorie une masse énorme d'intrigants qui sollicitent et occupent des sinécures, qui, sans mérite aucun, cumulent un grand nombre de places, qui, sans argent, montent des maisons d'industrie ou de commerce en créant des valeurs factices ou en absorbant l'argent des travailleurs.

Plus les classes d'improducteurs sont nombreuses et puissantes, plus les classes laborieuses sont faibles et misérables : c'est là une de ces vérités qui n'ont pas besoin de démonstration. Il est évident qu'un producteur chargé d'entretenir dix consommateurs fainéants est plus malheureux que celui qui n'a que deux individus à sa charge.

Il est donc indispensable de rechercher les causes de cet injuste déplacement des produits, et de réparer au plus tôt la spoliation dont les producteurs sont victimes, en diminuant autant que possible le nombre et la puissance des improducteurs.

Les produits du travail sont enlevés des mains

du producteur et transportés aux improducteurs : 1° par le capital immobilisé; 2° par le capital fictif; 3° par les impôts.

J'appelle capital immobilisé celui qui n'est pas constitué par des espèces monnayées ou par des valeurs appliquées immédiatement à la production, en fournissant au travail ses moyens d'existence et sa rémunération quotidienne. Le capital immobilisé comprend tout ce qui donne un revenu net et régulier sans travail.

Le capital immobilisé, loin de représenter une aide, un secours quelconque à la production, représente, au contraire, le taux du prélèvement à faire par un tiers sur les produits du travail : il constitue la base du revenu. C'est principalement de ce capital que la seconde catégorie des improducteurs tire ses ressources et sa puissance. S'il est contenu dans des limites modérées, le capital immobilisé a une existence légitime : il représente la propriété, et la propriété représente ou est censée représenter les produits accumulés d'un travail ou d'une série de services quelconques (*).

Aujourd'hui, la propriété, la fortune ou le revenu ne sont pas toujours la représentation de services ou travaux donnés en échange à la société par le détenteur ou par ses auteurs; mais on peut dire qu'ils

(*) M. Thiers a très-élégamment paraphrasé dans un demi-volume ce que je dis de l'origine de la propriété, et confirmé trois mois plus tard le baptême que je lui donne ici.

présentent cette origine sacrée dans la grande majorité des cas, et qu'avant peu d'années les fortunes faites ou conservées en dehors d'un travail légitime et d'une capacité correspondante seront une rare exception. En attendant ce bienfait de nos institutions nouvelles, c'est un devoir pour tous les bons citoyens, par une fiction de tolérance et de paix, d'accorder à toutes les propriétés, à toutes les fortunes, à tous les revenus, le baptême du mérite personnel de leurs détenteurs ou de leurs auteurs, et d'assurer ainsi leur droit d'inviolabilité. Qui donc d'ailleurs pourrait s'en emparer autrement que par le travail et les efforts de l'activité et de l'intelligence?

Mais s'il est juste et nécessaire que la société fasse un crime de toute attaque directe, de toute violence exercée par un particulier, par une corporation, ou même par l'État, contre la propriété, il n'est pas moins juste ni moins nécessaire que la propriété reconnaisse à la société le droit de procéder au libre et légitime développement de ses institutions en ce qui concerne l'existence et le bonheur des individualités, et le maintien de la justice et de l'ordre dans son sein.

Le travail physique et intellectuel, ai-je dit, constitue la force et la richesse d'une nation. Il se divise en deux parts, il forme deux cas bien distincts : le *travail présent*, le *travail militant*, le *travail vivant*, en un mot, d'un côté; de l'autre côté, le travail passé, le *travail se reposant*, le *travail mort*. Le premier est l'actif de la société, le second en est le passif.

Quelle doit être la part de celui qui travaille actuellement de son corps ou de son âme ?

Quelle sera la part de celui qui a travaillé et produit au-delà de sa consommation ? En d'autres termes, quelle sera la part du propriétaire, du capitaliste, du détenteur légitime du travail accumulé ? Quel sera le bénéfice de cette accumulation, quelle sera sa durée, quelle sera sa limite ?

Il appartient essentiellement à l'État de poser les conditions de la lutte entre le travail présent et le travail passé ; de fixer les attributions et le mérite respectifs du travail vivant et du travail mort. De la bonne ou de la mauvaise solution de ce problème sortiront la paix ou la guerre, le bonheur ou le malheur de la nation. Les propriétaires doivent donc accepter le libre examen des droits de chacun, et reconnaître que si la violation de la propriété est un crime, la violation des droits imprescriptibles de l'homme à l'existence et à ses attributs est un crime plus grand encore.

Le capital immobilisé donne droit à un prélèvement immédiat sur les produits du travail, et ce prélèvement est proportionnel à l'élévation de son chiffre : plus le capital immobilisé est considérable dans une nation, plus les travailleurs ont d'improducteurs à leur charge, et la somme des consommateurs qu'ils doivent alimenter s'augmente, avec le chiffre de ce capital, dans une progression d'autant plus effrayante, que cette progression se compose de trois termes, savoir : 1° du nombre des rentiers et de leur famille; 2° du nombre des travailleurs ou producteurs de superfluités qu'ils entretiennent de l'excès de leurs revenus : les domestiques, les ouvriers de luxe, etc.; 3° de la diminution du personnel des travailleurs ou producteurs des choses nécessaires ou utiles à la vie par l'augmentation du personnel des superfluités (1).

Il est évident que si le capital immobilisé atteignait un chiffre tel que le travail actif pût à peine suffire à en fournir le revenu, quelque justes qu'en soient l'origine et la perpétuation, il arriverait un moment où le travailleur désespéré se

(1) Pour être impartial envers le capital et la propriété, je m'empresse de reconnaître ici que leur rôle, loin d'être renfermé dans un prélèvement sur le travail militant, se manifeste au contraire plus souvent par un secours énergique, efficace, apporté à ce même travail. Les économistes les ont à juste titre appelés les instruments du travail; ils auraient pu les appeler plus justement encore les *leviers du travail*. Un travailleur qui prête à un autre un levier de deux, de cinq, dix jours de travail accumulé, double, quintuple, décuple la force de production de son camarade. S'il lui demande pour cette avance 5 0/0 d'intérêt par an, c'est une fraction très-minime et très-légitime des avantages qu'il lui a procurés. Je suppose qu'au moyen d'une avance de 5 francs un homme puisse acheter les instruments qui lui permettront d'accomplir pendant un an un travail qui lui sera payé 5 francs par jour : il aura gagné à la fin de l'année 1825 francs, et il aura à rendre au prêteur 5 francs 25 centimes, c'est-à-dire la somme prêtée, plus la sept mille deux cent quatre-vingtième partie du produit qu'elle a permis de réaliser. Si le crédit était gratuit, le prêt n'aurait pas lieu, le travail manquerait du levier pour accroître sa puissance ou même pour s'exécuter

refuserait à subir un esclavage sans avenir et une existence odieuse au profit de consommateurs d'ailleurs fort légitimes et fort respectables. Mais si ce capital n'avait atteint ce chiffre exorbitant que par des lois fiscales ou de perpétuation sans justice et sans limites, l'abolition des lois injustes, la réforme des lois imprévoyantes, donneraient une solution pacifique à la difficulté, et prépareraient un avenir de justice et de réparation aux forces actives de la société.

J'expliquerai ma pensée par une hypothèse :

Cent hommes sont débarqués dans une petite île cultivable : ils sont tous dans la force de l'âge ; ils ont chacun un instrument de culture et chacun une somme de blé. Tous se mettent à défricher, cultiver et semer une étendue de terrain proportionnée à leur force et à leur activité. Le nettoyage du sol, l'apprêt du terrain, la semaille faite avec plus ou moins de discernement, le choix plus ou moins heureux du temps, représenteront le travail de l'intelligence de chacun. L'abondance et l'étendue de

dans toute sa simplicité. Si le capital ne rapportait pas d'intérêt, le travail ne devrait pas donner de bénéfice, car intérêt et bénéfice sont une même chose : un individu fait une hache dans sa journée, il la vend avec bénéfice; un individu gagne une pièce de cinq francs, il a le droit de la vendre avec benéfice ; s'il ne la vend pas, il la loue, tout comme celui qui a fabriqué la hache pourrait en louer l'usage. Si nous exprimons par H la valeur de l'instrument et qu'il soit vendu avec bénéfice, nous aurions $H < H$, ce qui serait absurde ; mais si nous admettons que le bénéfice est légitime et que nous l'exprimions par b, nous aurons $H < Hb$, formule très-exacte, et aussi bonne pour l'argent que pour l'instrument.

la moisson répondront à peu près à la capacité agricole de chaque individualité.

Quel sera le prix du travail ?

A chacun sa récolte tout entière, car il n'y a pas de capital ni par conséquent de revenu à payer à des tiers : le sol ne vaut que par le travail, le travail recueille tous ses produits.

Cent autres hommes sont débarqués dans la même île : tout le terrain est occupé et cultivé par les cent premiers venus. Les derniers demandent aux premiers de leur laisser cultiver leurs terres; les premiers acceptent, mais ils demandent moitié de la récolte pour prix de leur cession : voilà le capital, voilà le revenu qui commence. Le travail reste le même, le prix du travail n'est plus que la moitié de ses produits. Chaque producteur a désormais un improducteur à sa charge.

Cent autres hommes surviennent et remplacent les derniers producteurs en faisant avec eux le même marché que ceux-ci avaient fait avec les premiers. Ils traitent du droit au travail pour la moitié de la moitié de la récolte, c'est-à-dire qu'ils payent un revenu égal aux trois quarts des produits : le travail reste toujours le même, son prix devient un quart. Par contre, le capital immobilisé s'élève, et le revenu qui le représente est triple du salaire. Le dernier travailleur a deux improducteurs à sa charge.

En suivant cette hypothèse jusqu'à ses limites

extrêmes, limites auxquelles notre état social est arrivé, on sera forcément conduit à une classe de travailleurs qui n'obtiendra plus qu'une chétive nourriture pour la même somme de travail à laquelle toute la récolte appartenait avant la naissance du capital. Au contraire, à ce même moment, toute la récolte, moins la nourriture de l'ouvrier, passe en revenu, et le capital est aussi élevé que possible ; ce qui revient à dire que le travailleur est chargé d'entretenir cinq, dix, quinze consommateurs improducteurs, et qu'il lui faut en outre dix, douze ou quinze fois plus d'économie pour acquérir le capital. Les difficultés de la vie s'augmentent par la double progression inverse dans l'élévation du capital et dans l'abaissement des salaires.

Toutes ces transactions paraissent au premier coup d'œil inévitables, puisqu'elles sont librement consenties et qu'elles conduisent fatalement à l'exaltation du capital et à la dépression du travail. On pourrait donc affirmer d'abord, que si le capital avait un caractère légal de perpétuité et que la circonscription du sol d'une nation fût légalement fermée aux ressources de première nécessité provenant des autres parties de la terre, on pourrait affirmer, dis-je, que les hommes de travail et de capacité active ne pouvant supporter, après une certaine durée de la société, un état pire que l'esclavage reconnu, se verraient réduits à anéantir violemment le capital, à rompre avec l'accumulation du travail passé et à recommencer une nouvelle période sociale qui succomberait nécessairement comme l'ancienne sous le poids des capitaux réformés et des forces vives comprimées de nouveau.

Ces révolutions périodiques dont nous avons eu le douloureux spectacle quatre fois en moins de soixante ans, ne sont point dans la nature des hommes ni des choses ; les remèdes à de tels maux sont, au contraire, indiqués dans les lois les plus solennelles qui régissent le monde. Le législateur qui saura s'élever au-dessus des considérations vulgaires, reconnaîtra que si la nature a refusé aux hommes eux-mêmes le don de l'immortalité, à plus forte raison n'a-t-elle pas voulu permettre que les produits de leur travail destinés à pourvoir à l'entretien de la vie se perpétuassent après leur mort au-delà du terme assigné par elle aux sentiments et aux besoins des survivants de leur famille. La mort des générations passées doit laisser le moyen de vivre aux générations présentes, et les générations présentes n'ont pas le droit de léguer aux générations future une succession écrasée de dettes.

C'est donc en rendant à l'activité et à l'industrie des vivants, dans de justes limites, le travail accumulé sous le nom de fortune ou propriété abandonnée par les morts, que le travail et le capital immobilisé trouveront le régulateur pacifique de leur antagonisme, et la société une stabilité complète.

Toutefois, et avant tout, si le capital immobilisé, profitant d'une organisation sociale qui lui aurait conféré la puissance législative à l'exclusion du travail et de l'intelligence militante, s'était élevé artificiellement au-delà de ses mérites, au-delà de ses rapports naturels avec le travail, en excluant par des lois prohibitives ou restrictives la concurrence des produits étrangers de première nécessité ; si, en se débarrassant ainsi de cette concurrence naturelle et nécessaire, le capital avait laissé subsister la concurrence intérieure entre les travailleurs qui sont à sa merci : ces lois d'iniquité devraient être brisées comme d'odieuses machinations réduisant le travail et la capacité au plus affreux asservissement par un acte d'égoïsme et de despotisme évident.

On a osé proclamer ces lois protectrices de l'agriculture et du travail national, ces lois qui ne protégent que le revenu, n'augmentent le capital et le nombre des improducteurs que les travailleurs doivent entretenir. Sous leur influence désastreuse, la terre a triplé de valeur ; l'ouvrier ne saurait espérer de l'acquérir : il déserte les campagnes, et va chercher dans les villes et dans les industries quelque chance de trouver, par l'adresse de ses mains, le travail de son esprit ou la force de son corps, un salaire plus en rapport que le salaire des champs avec sa capacité : mais là il trouve dans la concurrence des travailleurs, militant comme lui, une réduction forcée et une nourriture rendue inaccessible à son salaire par les entrées, les octrois ajoutés à la cherté générale des aliments, imposée par les douanes à 36 millions d'habitants !

En quoi donc le revenu qu'un tiers prélève sur la moisson encourage-t-il l'agriculture? Si ce revenu ou ce prélèvement absorbe les trois quarts de la moisson au lieu du quart, en quoi ce prélèvement encourage-t-il le fermier? Si la valeur du sol est si élevée et la rétribution du travailleur si petite que vingt ans de travail ne puissent équivaloir à la valeur d'un hectare de bonne terre, comment ce travail sans but et sans espoir invitera-t-il le travailleur à appliquer son esprit et ses forces à l'agriculture ? Qu'importe à la prospérité d'un peuple qu'un hectare de terre vaille 10,000 francs au lieu de 1,000 ? Ce qui lui importe, c'est que l'hectare de terre donne une bonne récolte et que l'ouvrier qui la cultive y trouve une large rémunération : voilà l'abondance et la justice satisfaite. Moins le taux du prélèvement entre le travail et le produit sera élevé, plus la nation sera riche et prospère, car elle aura d'autant moins d'improducteurs à entretenir ; moins le capital foncier sera élevé, plus il sera accessible aux économies du travailleur.

Ce qui est vrai pour l'agriculture demeure vrai pour la plupart des industries : la protection qu'elles se sont donnée n'a d'autre résultat que d'élever les prélèvements à faire sur le travail ; le travail reste dans sa dépression, et 36 millions d'habitants payent des contributions énormes à quelques privilégiés.

Si l'élévation du capital immobilisé est une cause de ruine et de misère pour le travail productif, le travail fictif n'est pas moins désastreux.

Le capital fictif est composé de valeurs nominales qui n'ont jamais existé que sur le papier où leur leur chiffre est indiqué. Ce capital ne répond ni à un travail passé ni à un travail présent; c'est une fraude, une fausse monnaie que la ruse ou le mensonge fait accepter en échange d'un travail réel ou des produits de ce travail que les inproducteurs de la troisième catégorie appliquent audacieusement aux besoins, aux agréments et même au luxe de leur existence. C'est particulièrement dans les opérations industrielles et commerciales que ce faux capital se produit : on estime à plus de dix fois le capital commercial réel le chiffre de ce faux capital représenté par des billets dont la liquidation amène nécessairement des faillites. La somme énorme de bons du Trésor émis dans les dernières années du règne de Louis-Philippe doit être rangée en grande partie dans cette vaste émission de fausse monnaie. Jamais, sous aucun règne, le capital fictif, tant du gouvernement que des grandes compagnies, des banquiers et des particuliers, n'a entretenu plus d'improducteurs à la charge des travailleurs sérieux et productifs. Aussi n'a-t-on jamais vu le travail et la capacité plus malheureux et plus insultés par la foule des fainéants et des chevaliers d'industrie associés par bandes, ou retranchés dans les places du gouvernement.

Ce capital fictif porte un nom bien adoré, quoiqu'il mérite bien mal la réputation que les intéressés lui ont faite ; il s'appelle *crédit.*

Le crédit est une avance de numéraire ou d'objets à employer et à consommer dans le présent, sous promesse qu'un travail et une production futures combleront le déficit causé par cette avance : or, les promesses d'un travail et d'une production futurs peuvent être faites par tout le monde, elles sont tenues par peu de personnes : les individus qui ne travailleront pas ou dont le travail sera stérile auront donc vécu, par le crédit, du travail et des produits des travailleurs actuels et sérieux, c'est-à-dire qu'ils auront commis un vol à leur égard et ajouté à leur misère tous les frais de leur existence plus ou moins opulente.

Autrefois un homme, une famille, un État, qui vivaient à crédit ou du crédit, étaient justement méprisés comme un fardeau certain pour les autres : comme vivant sur la pitié plutôt que sur des promesses, inspirant à juste titre peu de confiance. C'est à ce point de vue de simplicité et de bon sens que le crédit commercial, industriel et financier, dégagé des sophismes dont on obscurcit sa théorie, peut être solidement et infailliblement jugé.

Si le crédit dépasse de dix ou douze fois la somme du numéraire ou de produits à consommer qu'il représente, il met à la charge du travail un capital de dix ou douze fois plus grand, dont les intérêts entretiennent un nombre proportionné d'improducteurs ou de travailleurs improductifs.

Ce capital fictif est le domaine des spéculateurs ; c'est par lui qu'ils se créent des richesses ou des moyens d'existence auxquels ils n'ont acquis aucune espèce de droit. Porter à trois millions le nombre des hommes qui, en France, tirent leur existence en totalité ou en partie de la spéculation basée sur le crédit ou le capital fictif, c'est rester au-dessous de la vérité (*).

Le crédit ou le capital fictif, garanti sur le capital immobilisé, n'échappe pas plus que tout autre crédit à cette odieuse fonction du déplacement les moyens d'existence. Le travail, accumulé sous forme de

(*) Il y a deux espèces de crédit bien distinctes : l'une très-respectable, qui consiste à confier à l'intelligence et à la probité d'un tiers les valeurs réelles qu'on possède soi-même : ce genre de confiance et de crédit ne saurait trop être encouragé, puisqu'il met aux mains d'un homme actif un levier puissant dont le proprietaire ne peut plus ou ne veut plus se servir ; l'autre consiste dans la création spontanée de valeurs qui n'existent pas actuellement, qui n'existeront que dans l'avenir sous condition de succès, ou qui n'existeront pas du tout ; ces valeurs sont échangées contre des valeurs réelles au moyen de promesses trompeuses ou d'une confiance frauduleusement inspirée ; c'est ce crédit, dont on a fait et dont on fait tous les jours un si déplorable abus, que j'appelle *capital fictif*. Ce crédit est l'objet d'un culte fanatique pour tous les habiles et les grands faiseurs qui n'ont rien, et pour tous ceux qui veulent se procurer un levier triple, quadruple, décuple de celui qu'ils possèdent ou qu'on pourrait leur prêter légitimement. Ils se servent de ce levier volé à la société pour détruire toutes les petites ressources, tous les petits capitaux qui les avoisinent. Ce crédit est la ruine des États et des particuliers ; c'est le vol audacieusement organisé.

propriété, perçoit des intérêts légitimes; mais, s'il sert de base à une émission active de valeurs représentatives des moyens d'existence actuelle, il fait consommer au delà de son droit, il appauvrit le producteur par un double mécanisme. Vous ne pouvez ni boire ni manger la terre, comment voulez-vous la transformer en valeurs à consommer sans engager le travail et les produits futurs? La terre ne vaut que par ses produits et par le travail : elle ne vaut rien par le papier. Si l'on veut dire que le gage qu'elle offre détermine celui qui a des valeurs à consommer à les donner en échange, à la bonne heure! Mais qu'on ne vienne pas prétendre qu'elle peut créer des valeurs qui n'existeraient pas. La confiance, basée sur une législation honnête et sûre, vaut donc beaucoup mieux que l'hypothèque pour faire circuler les produits ou les valeurs réelles. Il ne faut pas confondre le crédit avec la circulation et l'échange : autant le premier est ruineux, autant les derniers sont fécondants. Malheureusement, on confond toujours l'échange avec le crédit, le numéraire avec le capital fictif.

Moins le crédit fictif sera étendu dans une nation, plus le travail producteur sera prospère; plus ses ressources seront élevées, plus la vie matérielle sera large et facile. Aussi de bonnes institutions, loin d'étendre la faculté de créer des capitaux fictifs, des valeurs nominales, des effets de commerce et des papiers, monnaie sans produits existants, doivent-elles restreindre au contraire cette faculté dans les limites du plus strict nécessaire. Cette restriction, sagement amenée, loin d'entraver les opérations industrielles et commerciales, leur donnera bientôt, par la confiance et la sécurité, une solidité et une extension inconnues jusqu'ici.

Ainsi la valeur de l'effet de commerce ne devrait être reconnue par la loi qu'entre celui qui livre le produit et celui qui le reçoit; la circulation de toute promesse de payer à une époque donnée une valeur ou marchandise quelconque, doit être interdite, ou du moins la loi ne doit lui fournir ni sanction ni garantie, si ce n'est entre les deux premiers contractants. L'escompte et la commission sont des opérations de banque utiles et licites; mais elles devraient entraîner la nécessité, de la part de l'escompteur, de garder le billet en portefeuille jusqu'à l'échéance en simple garantie d'une avance de numéraire. Le billet, la traite et la lettre de change ne devraient jamais pouvoir dépasser un cercle de trois ou quatre personnes se connaissant ou devant se connaître assez pour mesurer l'étendue de leurs risques réciproques, le bailleur, le débiteur et le banquier : deux banquiers, pour le change de place seulement, le tireur et le tiré. Il en serait de même pour la traite.

En stricte justice, et dans le grand intérêt de tous, les promesses de payer à une époque quelconque ne devraient pas sortir des mains du vendeur, car il a fait entrer le temps du payement dans l'appréciation de sa marchandise. Pourquoi veut-il se faire payer comptant par un moyen indirect, puisqu'il n'a pas exigé directement ce payement? C'est sans doute parce que l'acheteur n'aurait pu l'effectuer à ce moment. Dans ce cas, le vendeur court le risque que l'acheteur ne soit pas en mesure de le payer à l'échéance. Pourquoi transférer ce risque à un tiers qui le transmettra à un autre, puis celui-ci à un autre encore avec une série de signatures qui toutes peuvent devenir mauvaises ou surprises à l'improviste par le défaut de payement du premier souscripteur? Pourquoi la loi ouvre-t-elle, par une protection absurde, la porte à une série d'embarras et de ruines par contre-coup, alors que le vendeur et l'acheteur, qui se connaissent, auraient pu s'entendre et transiger sur des données très simples, sans engager des tiers dans une circonstance qui leur est étrangère? Qu'est-ce que les protêts? qu'est-ce que les faillites? qu'est-ce que les prises de corps? qu'est-ce que cette fureur mercantile qui bouleverse les notions du juste et de l'injuste, et va jusqu'à mesurer la dignité de l'homme à quelques écus, à quelques valeurs perdues souvent par des catastrophes au-dessus de la volonté et de la puissance humaine? Tout cela est l'œuvre de la généralisation du crédit, de l'extension du jeu sur les marchandises et sur l'argent avec les premiers venus. Pour n'avoir pas l'embarras de choisir ses relations, pour pouvoir vendre et acheter à tout prix, en tout temps, en tous lieux, sans prudence, sans sagacité, sans moralité, il ne faut rien moins que l'arsenal des lois les plus inexorables : les huissiers, les recors, la prison..... Si vous vouliez croire les spéculateurs, ô législateurs imprudents ! ils vous demanderaient les tortures et la mort pour protéger leurs agiotages et leurs déprédations !

Otez au commerce la circulation du papier-monnaie de sa fabrique, étendez les facilités du change de place par un papier-monnaie à vous, partant d'une banque centrale, ramifiée dans tous les départements, papier toujours et immédiatement remboursable en espèces métalliques ou en valeurs foncières ; étendez même votre change sur toutes les places du monde ; chargez, si vous voulez, vos agents des encaissements qui leur seront confiés, et vous aurez fait pour le commerce, l'industrie et l'agriculture, pour le capital et le travail, tout ce qu'un gouvernement prévoyant et sage peut et doit faire ; vous aurez détruit le faux crédit et ses abus, et vous aurez fondé l'échange des produits et du numéraire sur les bases les plus économiques et les plus solides.

Mais, en aucun cas, le numéraire ou le papier-monnaie estimés ensemble ne doivent dépasser la représentation de la somme des produits annuels d'une nation (produits écoulés ou consommés).

Tout produit qui dépasse les besoins et ne peut être consommé n'a pas de valeur.

Tout métal ou tout papier qui le représente est une fausse monnaie.

Toute émission de papier-monnaie ou d'espèces qui dépasse la somme des produits a pour résultat forcé la dépréciation de la monnaie, dont la valeur s'équilibre bientôt avec les produits. Si la monnaie est double, il faut en donner le double pour une même quantité de produits; si elle est triple, il en faut le triple.

Si la consommation en France est de six milliards, si le numéraire est de trois milliards, le maximum d'émission de papier-monnaie remboursable en valeurs foncières ne peut exéder trois milliards, et ces trois milliards de valeurs foncières donnés en garantie doivent être la propriété de la *banque-monnaie* nationale, par l'apport de ses actionnaires, donnant leurs fonds en toute propriété.

La banque hypothécaire qui donnerait à tous les propriétaires une valeur monétaire égale à la moitié de leur gage, leur conférerait deux bases de profit, deux instruments de travail à louer au lieu d'un; elle achèverait la dépression et la ruine du travailleur non propriétaire.

Quant à la banque d'échange, si elle se fonde sur les promesses de payer ou sur les marchandises non placées, elle ne peut vivre que sur la confiance et sur le crédit; elle n'offre donc aucune garantie nouvelle.

J'ai cherché à faire comprendre jusqu'ici comment le travail physique et intellectuel se trouvait écrasé par la durée et l'élévation excessives du capital immobilisé et par l'existence d'un monstrueux capital fictif; j'ai cherché à faire voir comment le nombre des improducteurs que chaque producteur devait avoir à sa charge, augmentait en proportion du chiffre de ces deux capitaux; je vais montrer la part que l'impôt ajoute à ces deux éléments de la dépression du travail et de la misère des producteurs utiles.

Pour se rendre compte de l'influence d'un budget sur le sort des travailleurs, indépendamment de la nature des contributions dont il est formé, il suffit de constater d'une manière générale qu'un budget des recettes se compose exclusivement de prélèvements faits sur la production ou sur la consommation annuelles, et que le budget des dépenses est appliqué à fournir aux besoins de la vie et à la rémunération d'un certain nombre de consommateurs, qui ne concourent qu'indirectement ou ne concourent pas du tout à la production.

Plus un budget est élevé, plus il met de consommateurs à la charge des producteurs; et cette charge s'accroît, comme pour les cas précédents, de l'augmentation des consommateurs, de l'augmentation du nombre des producteurs de superfluités et de la double diminution qui en résulte pour la masse des producteurs utiles et nécessaires.

Les sophistes ont coutume de dire que les revenus particuliers, comme les revenus publics, alimentent le travail et soutiennent la production : c'est là une erreur. Une très-faible portion de ces revenus retourne à la production; la plus grande partie subit un déplacement qui transporte à des services spéciaux, à des industries improductives ou étrangères à l'utilité de tous, les prélèvements faits sur les véritables producteurs. Combien un propriétaire parisien, qui touche 10,000 fr. de revenus sur sa terre de Beauce ou de Picardie, renvoie-t-il d'argent aux travailleurs de ses terres? Il n'en renvoie pas une obole, mais en revanche il nourrit trois domestiques, un cheval anglais et trois ou quatre chiens. Dans quelles proportions les revenus de l'État vont-ils aider la production? Si cette question était étudiée consciencieusement, la solution serait l'acte d'accusation le plus violent qu'on puisse dresser contre la période gouvernementale qui vient de finir, période dans laquelle le plus cynique et le plus effronté des ministres démontrait à la tribune que la prospérité d'une nation devait s'estimer par l'élévation de son budget, tandis qu'il mesurait avec effroi dans sa conscience la profondeur de l'abîme où cette énormité de prélèvements, appliqués à des dépenses improductives, allait précipiter la France.

Les budgets de Louis-Philippe enlevaient en moyenne, par département, 6 millions de plus que les budgets de la Restauration; or, 6 millions de plus ou de moins par 360,000 habitants font toute la différence d'une grande prospérité à une grande misère.

Quelles que soient les bonnes intentions de la République, quels que soient les prétextes ou les raisonnements plus ou moins spécieux sur lesquels elle s'appuie, si son budget n'est pas descendu au-dessous d'un milliard, guerre ou paix, son gouvernement pèsera sur le pays aussi lourdement, plus lourdement peut-être que les gouvernements déchus. Qui croirait que la République trouverait aujourd'hui son moyen le plus court et le plus sûr de rendre la nation prospère dans le fait de laisser de côté le budget de Louis-Philippe pour prendre le budget de Charles X en 1829? Ces deux budgets sont à notre disposition; qui nous empêche de prendre l'un plutôt que l'autre? Qui oserait dire que la société ne pourrait pas marcher en 1848 avec le budget de 1829? Ceux qui le diraient sont les hauts barons de l'industrie, qui ont ruiné la nation en pillant le Trésor, et qui veulent aujourd'hui faire racheter les mines, les canaux, les chemins de fer! Faites donc cette dernière folie, ministres de la République, vous aurez la gloire d'avoir tué définitivement la plus belle et la plus généreuse nation du monde! Votre budget s'élèvera à deux milliards, et vous donnerez des places à cent mille crétins de plus (*)!

Les devoirs d'une nation envers ses administrateurs et ses magistrats sont faciles à connaître et à préciser d'une manière générale; il n'est pas moins facile de connaître et de préciser les droits et les pouvoirs des administrateurs et des magistrats sur la nation, en ce qui concerne leurs nécessités matérielles

(*) Ce qui précède était publié en mai 1848.

réciproques. La nation ou, si l'on veut, les citoyens, s'obligent à soutenir le gouvernement de l'excès de leurs produits, et le gouvernement s'engage à respecter, à garantir même aux citoyens la jouissance des produits qui leur sont nécessaires; faute de quoi la nation doit périr ou laisser périr son gouvernement.

Jamais, dans aucune constitution, les hommes n'ont pu consentir de telles conditions que la cession du nécessaire particulier pût être imposée pour satisfaire aux dépenses et même aux nécessités générales; car avant tout il faut vivre, et la première condition à stipuler dans une constitution doit être de ne pas enlever aux individus leurs moyens d'existence.

Le prélèvement au profit du gouvernement, l'impôt, ne doit donc jamais s'appliquer au strict nécessaire, il ne doit atteindre que le superflu. Qu'est-ce que le nécessaire, qu'est-ce que le superflu?

Un homme jeté dans le monde sans propriété, sans argent, sans place, et qui trouve, à son arrivée, les propriétés occupées, l'argent serré, les places prises, ne reçoit de la société rien de ce qu'il lui faut pour entretenir et continuer sa vie. L'ordre qu'il doit respecter n'est point un aide de prime abord, c'est un obstacle. L'homme sans ressources trouve la sauvage nature plus généreuse envers lui que la nature occupée par la civilisation: c'est donc en lui-même, et malgré les obstacles, qu'il doit trouver toutes ses ressources; c'est de ses bras et de sa tête qu'il doit tout attendre.

Jusqu'à ce que son intelligence ou ses forces puissent pourvoir à son existence, à celle de sa femme et de ses enfants, cet homme ne doit rien à la société du fruit de son travail, car tout ce fruit est nécessaire pour le garantir des douleurs et de la mort.

Pour ne pas être taxé d'exagération en faveur du prolétaire ou de celui qui n'a rien que ses forces, nous prendrons les choses comme le hasard les aurait faites dans l'état sauvage, en dehors de toute convention, de tout gouvernement, en dehors de toute entrave ou de tout secours; nous regarderons tout individu comme doué d'une force, d'une intelligence et d'une activité suffisantes pour pourvoir à ses besoins, et nous regarderons comme possédant le nécessaire celui qui, libre de tout impôt direct ou indirect, peut disposer à son profit de tout son travail, sans posséder aucun moyen, aucune ressource qui lui soit extérieure, autre que ses vêtements et ses outils. A ce point d'indigence, il ne peut et ne doit payer aucun tribut à l'État.

Aussi l'Etat n'a-t-il osé jusqu'à présent lui demander rien directement : le collecteur des impôts directs reculerait devant l'odieuse fonction d'exiger de l'argent de qui manque du nécessaire, de l'ouvrier malade, de la femme en couches, de l'enfant débile, du vieillard invalide et agonisant, et de l'homme valide qui, sans autre ressource que sa tête et ses bras, doit soutenir, soulager, nourrir tout cela par le maigre salaire de son travail journalier. Mais c'est là que l'impôt indirect qui pèse sur les aliments montre toute son habileté; l'impôt que la pudeur n'aurait pas permis de percevoir et que le dénûment n'aurait pas permis d'acquitter directement, sera payé très-exactement; il constituera les ressources les plus claires et les plus abondantes du Trésor, sans faire rougir ceux qui le perçoivent, sans leur donner l'affreux spectacle de la misère, de la douleur et de la mort qu'il porte au sein de la famille de l'ouvrier; car il est extorqué par des voies détournées, par des machinations qui en dérobent le mécanisme et les effets: il est perçu *indirectement*. Il est caché dans le dernier morceau de pain du vieillard comme dans la première miette de l'enfant; il se mêle au sirop du malade comme à la viande, à la boisson, au sel que consomme le travailleur : tout ce qui vit et veut vivre, en un mot, est *forcé* de payer *indirectement* le droit d'exister, depuis le premier vagissement jusqu'au dernier soupir!

Les vautours du pays vous disent, en dévorant le cœur et le foie de leurs frères, que personne ne se plaint; que l'impôt indirect est le plus producteur et le plus facile à percevoir; qu'il se paye au jour le jour, par petites fractions imperceptibles, et que le besoin ne laisse pas le temps de marchander; tandis que celui qui possède voit très-bien le chiffre de l'impôt, qu'il a le temps et les moyens de se plaindre et de se défendre; que l'impôt direct présente toutes sortes de difficultés et de désagréments... Chose admirable, en vérité! Vous vous cachez! vous agissez indirectement! Sans entendre un avertissement, sans une menace qui le mette en garde, sans apercevoir le voleur, grâce à l'obscurité dont il s'est enveloppé, le malheureux est forcé de donner sa bourse pour sa vie; et s'il n'a plus rien, il consent à mourir! Et vous appelez cela un impôt commode à percevoir! un impôt charmant, par la facilité et l'exactitude avec lequel il est payé!

Eh bien! moi, je ne crains pas de le proclamer hautement : la conscience défend de faire indirectement ce qu'on ne doit pas, ce qu'on n'ose pas faire directement. Et la perceptionde l'impôt indirect sur les aliments est un acte de brigandage, auprès duquel le vol à main armée, la nuit, sur les grands chemins, est un crime de détail peu important. Là vous opérez en grand, en masse; sous le masque de la légalité, vous dépouillez, vous torturez, vous tuez pour avoir de l'argent des malheureux à qui vous n'oseriez pas le demander à la face du ciel; car au grand jour et devant témoins, vous seriez forcés de leur faire l'aumône!

Aussitôt qu'un homme a satisfait aux premières nécessités de sa vie, et que son travail dépasse ces nécessités, il achète un mobilier, une propriété, une maison; il place ses économies, c'est-à-dire qu'il accumule et met en réserve l'excédant de son travail. Nous mettons à ce point l'origine du superflu.

En effet, s'il est vrai que l'homme valide, exempt d'impôt direct ou indirect, trouve le nécessaire dans le libre exercice de sa force et de sa capacité, il est évident que, quelque minime que soit la propriété, elle ajoute à ce nécessaire une ressource qui le dépasse. De plus, celui qui possède jouit du bénéfice de la société qui lui garantit la possession de son mobilier, de son champ, de sa maison, de son argent. Plus l'avoir de chacun est considérable, plus il s'élève au-dessus du nécessaire, plus aussi celui qui possède a d'intérêt à être protégé et garanti.

C'est donc au superflu seulement, tel que nous l'avons défini, que le gouvernement devra s'adresser pour le faire contribuer directement aux frais de l'administration, du maintien de la justice, de l'ordre intérieur, et de la défense extérieure du pays. Plus l'avoir sera grand, plus il devra payer d'impôt, et cela dans la proportion exacte de sa valeur, et non suivant une progression croissante disproportionnée.

J'ai longtemps été partisan de l'impôt progressif; j'ai écrit bien des pages pour en étudier l'importance et les effets, et je suis arrivé à cette conséquence que l'impôt progressif était diamétralement opposé à la justice et l'intérêt du pays.

S'il est vrai que la propriété représente la somme des travaux, services et produits donnés en échange par le détenteur ou son auteur à la société, il sera vrai également que la représentation de ces valeurs indique le mérite, le travail, le génie; il sera vrai aussi que celui qui a donné à ses concitoyens une somme énorme de produits, peut user et abuser de la propriété qui les représente sans leur porter préjudice, puisqu'il l'a acquise par une somme de travail et de produits correspondants ; travail et produits qu'il leur a donnés en échange dans le même temps qu'un autre ne leur en aurait donné que la moitié, le quart, le dixième. Sur quel principe d'équité pourrait-on donc s'appuyer pour frapper les produits accumulés du producteur d'une grande somme de valeurs, dans une proportion différente de celle qui frapperait les produits du producteur moins énergique et moins capable? Le travail et ses produits ont une valeur égale pour la société ; plus un homme en fournit, plus il a droit à la reconnaissance publique; celui qui en fournit moins est moins utile, puisqu'il concourt moins à l'aisance générale ; c'est donc assez pour la justice et pour l'égalité que l'impôt soit prélevé en proportion du travail accumulé; que celui qui produit plus, paye plus; que celui qui produit moins, paye moins; et la société devra encore, en retour, de l'estime et de la reconnaissance pour le plus grand travailleur. Mais si pour un travail et une production décuples, l'État prélevait la moitié des produits, tandis qu'il ne percevrait qu'un dixième pour un travail simple, cette base d'impôt équivaudrait à la prohibition du travail et du génie, en faveur de la paresse et de l'incapacité.

Ce que je dis de l'impôt progressif s'applique également aux impôts sur le luxe. Celui qui a donné à la société des valeurs égales à celles qu'il possède peut en faire tel usage que bon lui semble, en se conformant à la morale et aux lois. Il peut les appliquer à satisfaire ses goûts, ses caprices, ses bizarreries même, sans que la société puisse s'en trouver lésée. Toute loi qui ordonnerait des limites autres que celles de la justice et de l'honnêteté à la satisfaction des goûts, des caprices et des bizarreries humaines, porterait l'atteinte la plus grave à la liberté; et d'ailleurs, une loi pour être bonne doit s'appliquer à tous les cas. Quels sont les cas de luxe? Celui qui mange avec ses doigs accusera le luxe de celui qui usera d'une fourchette de fer; celui-ci se plaindra de celui qui emploie une fourchette de Ruolz; enfin, la fourchette de Ruolz s'indignera contre l'argenterie! L'ouvrier qui n'aime pas les animaux se plaindra du luxe de celui nourrit un serin; celui-ci ne concevra pas qu'on dépense le produit du travail à nourrir un chien; ce dernier trouvera que l'entretien d'un cheval est un luxe effréné. Tout le monde aura raison; la loi somptuaire seule aura le tort d'exister et d'atteindre sans justice possible les goûts et les distractions des hommes.

Les seuls impôts que la raison et la justice admettent sont donc les impôts directs, assis sur l'avoir de chacun, en proportion simple et uniforme de cet avoir.

Tous les autres impôts directs ou indirects ne reposent sur aucun principe que la raison puisse défendre; il n'en est pas un seul que l'équité ne doive flétrir; je n'en excepte pas même l'impôt personnel. Celui qui n'a rien, ai-je dit, trouve les places prises, l'argent serré, la terre occupée; l'ordre qu'il trouve établi n'est point une aide pour lui sous le rapport de la satisfaction de ses besoins matériels, c'est un obstacle. Il est souverainement injuste de lui faire payer un tribut pour une difficulté de plus; quant à la protection de sa personne, quant aux soins et à l'éducation que la société lui doit et lui donnera, peut-il s'en montrer reconnaissant par un don matériel avant qu'il ait pu ou su faire servir ces avances de la civilisation à la production de son strict nécessaire ?

L'impôt personnel repose donc sur une mauvaise base; pourtant le mal qu'il cause, l'injustice qu'il commet, s'applique seulement à ceux qui jouissent de certains droits acquis, à ceux qui sont forts et dans l'âge de la production. Mais que pourrait-on dire, non pas pour légitimer, mais pour excuser une capitation qui porterait à la fois sur les enfants, les femmes, les invalides, les vieillards et les malades ? Que dirait-on si cette capitation était d'une valeur au moins égale au prix des éléments indispensables à l'entretien de leur vie ? C'est pourtant là l'effet immédiat des impôts indirects, des droits d'entrée et d'octroi et des droits de douane sur les substances alimentaires ! Le pain se paye deux et trois sous la livre au lieu d'un sou, un sou et demi; la viande se paye douze à quatorze sous au lieu de huit et neuf; le sucre se paye seize et dix-huit sous au lieu de sept et huit; la boisson fermentée revient au pauvre au double de sa valeur; le sel coûte le triple (*); le café, les épiceries, les médicaments également. Ce sont là des vérités constatées par notre propre expérience en 1821 et 1822, avant le rétablissement des prohibitions sur les substances alimentaires importées; c'est une expérience faite et dont l'exemple est sous nos yeux en Suisse et dans les pays où les prohibitions n'existent pas.

On n'osera pas répondre, je l'espère pour l'honneur de notre révolution, ce qu'on répondait auparavant, que le riche comme le pauvre achète son pain, sa viande, sa boisson, son sucre, son café, son sel, ses épiceries et ses médicaments: pour lui, c'est une question secondaire; pour le pauvre, c'est une question de vie ou de mort. Le contraste est trop frappant, l'assimilation est trop odieuse pour être proposée.

L'agriculture persistera-t-elle, parlons plus juste, les détenteurs du sol, car l'ouvrier et l'industriel agriculteurs sont étrangers à la question; les détenteurs du sol persisteront-ils à demander que 36 millions de consommateurs payent double leur pain et leur viande pour doubler et tripler leurs fermages, pour doubler et tripler leurs revenus territoriaux? Exigeront-ils encore ce tribut de 450 millions sur la viande (en supposant seulement 30 c. par kilog. de surcharge), et de 600 millions pour le pain (en sup-

(*) Le droit a été réduit des deux tiers par l'Assemblée constituante.

posant seulement 10 c. de surcroît par kilog.), plus d'un milliard par an ! pour les encourager à faire ce qu'il n'ont pas eu le temps de faire, je crois, à perfectionner leurs charrues, leurs assolements, à doubler ou tripler leur production?

Si, contre ma croyance, ils ont doublé et triplé leur production, ils n'ont plus besoin de protection; s'ils ne l'ont pas fait, ils ont prélevé depuis longues années une monstrueuse capitation sur leurs semblables en les leurrant d'un vain espoir. N'est-ce pas là, à peu de choses près, l'effet des promesses des grands seigneurs d'autrefois à leurs vassaux de les protéger, de les défendre, de leur rendre la justice moyennant la dîme? La dîme était perçue très-énergiquement, l'histoire dit comment les promesses étaient tenues. N'est-ce pas aussi là le cas d'ajouter une preuve à cette maxime, que la nécessité est la mère de l'industrie, et non le privilége, qui donne les moyens de vivre sans tracas ni soucis?

Peut-être s'appuiera-t-on, pour soutenir ces attentats contre l'humanité, sur cette assertion, que le salaire augmente en proportion du prix des aliments. Mais cette assertion fût-elle vraie (elle ne l'est pas, car la cherté des aliments et de la terre augmente l'âpreté de la concurrence des travailleurs, qui offrent leur travail à un rabais d'autant plus grand que la difficulté de vivre est plus grave), la misère des classes laborieuses et pauvres n'en serait pas moins la conséquence nécessaire de l'augmentation de ce prix. Le salaire est individuel, il est spécial à un ouvrier ; le travailleur qui a quatre, huit, dix consommateurs à sa charge aura à payer les aliments de quatre, huit et dix personnes, et jamais il ne verra son salaire ni décuplé, ni quadruplé, ni seulement doublé. L'augmentation du salaire sera toujours, en tout état de cause, une très-minime compensation à la cherté des vivres, par la raison qu'elle s'adresse à l'ouvrier seul, et non aux personnes qui sont à sa charge, sa femme, ses enfants et les invalides de sa famille. Par la même raison, la diminution du prix des vivres profitera toujours aux travailleurs plus que la diminution de leur salaire ne leur fera de tort, parce qu'elle s'applique à toutes les bouches inutiles qu'ils sont obligés de nourrir. Ainsi, l'ouvrier qui a sa femme et deux enfants, obligé de dépenser 3 fr. par jour pour nourrir ces quatre bouches, ne dépenserait que 1 fr. 50 c. si les vivres diminuaient de moitié. Son salaire ne diminuerait pas dans la même proportion ; car, si le prix des aliments était zéro, le travail aurait toujours son prix rémunératoire. Moins les nécessités alimentaires sont pressantes, plus cette rémunération du travail s'élève au-dessus du besoin : elle devient alors un stimulant, une récompense offerte par celui qui veut faire travailler, et non une transaction forcée par la misère et par la faim.

Un grand nombre d'objecteurs intéressés ou égarés par des spéculations métaphysiques déclarent hautement et démontrent avec plus ou moins de succès qu'en définitive, tous les impôts, directs ou indirects, ont un même principe, sortent des mêmes mains et produisent sur les masses les mêmes effets. A ce genre de démonstration j'oppose une réponse péremptoire : s'il vous importe peu que les impôts soient directs ou indirects, nous, nous préférons qu'ils soient directs : nous les verrons fonctionner plus clairement, et leur perception nous coûtera dix fois moins. Puisqu'à vos yeux la forme de l'impôt est indifférente, vous n'éprouverez aucune peine à céder à notre désir.

Vous dites que les impôts directs et indirects ne sont qu'une *avance* faite par ceux qui les payent, et que le remboursement en est assuré par le prix des objets de consommation, dans lequel ils se trouvent toujours comptés. Cela est parfaitement vrai, et de cette vérité découle une conséquence précisément contraire à celle que vous en tirez. Qui doit faire une *avance,* du pauvre ou du riche? Qui peut la faire des deux? Mais ce n'est pas tout ; il y a des circonstances où les avances ne sont pas faites, et d'autres circonstances où elles ne sont pas, où elles ne doivent pas être remboursées. Elles ne sont pas faites quand elles sont demandées *directement* à ceux qui en sentent l'énormité et qui en prévoient l'emploi abusif ; c'est là ce que redoutent les gouvernants qui veulent abuser, les administrations qui veulent s'enrichir : on les forcerait à administrer sagement, économiquement avec l'*avance* directe ; ils sont au contraire tout à fait à l'aise quand tout le monde paye *indirectement* sans prévoir la somme définitive, sans pouvoir compter. Les dilapidateurs adorent les impôts indirects ; ils aiment surtout qu'ils soient nombreux et variés ; ils y joignent même des industries, des commerces ; ils se font au besoin marchands d'eaux de Vichy, de bois, de porcelaine, etc. Pourquoi la nation se plaindrait-elle? On ne lui demande que 420 millions d'impôts directs et l'on en dépense de 12 à 1,800 ! Mais vous l'avez dit vous-même : En fin de compte, la France paye le tout, et je vous affirme qu'elle ne consentirait pas à le payer si vous le lui demandiez directement. Il y a donc là surprise, fraude, dilapidation des ressources publiques ; il y a donc extorsion et ruine assurée dans les dépenses fondées sur l'indirect. Je dis qu'il y a, en outre des dépenses qui ne seraient pas faites si on y pourvoyait directement, d'autres dépenses même directes qui ne seraient pas remboursées par les consommateurs : c'est le cas où la libre concurrence internationale ne permettrait pas d'ajouter, au prix des objets de consommation, les dépenses folles et abusives des administrations ou des particuliers, ou bien les augmentations de prix dus à l'ignorance ou à la paresse : ainsi on ne pourrait élever ni le pain, ni la viande, ni les boissons, ni les sucres, ni les fers, ni les bois, si les dépenses folles ou ignorantes des producteurs indigènes tendaient à les élever au-dessus du prix où l'activité, l'habileté, l'ordre et l'économie des producteurs exotiques pourraient nous les livrer. Ni les gouvernants, ni les particuliers ne pourraient ainsi faire porter aux consommateurs le poids de leur inintelligence ou de leur folie. L'impôt indirect est la misère des peuples et le despotisme des gouvernements ; l'impôt direct est le frein des administrations et la garantie de la richesse publique.

Les droits qui sont payés par les objets de première nécessité à la porte des villes, sous les noms d'entrée et d'octroi, font ressortir la double action des impôts indirects pour consommer la ruine du travailleur comme producteur et comme consommateur. En voyant les cités se bâtir des monuments, se planter des promenades et des jardins, se distribuer les eaux et la lumière, créer des théâtres et payer des danseurs avec l'argent des paysans qui viennent les nourrir, ne se croirait-on pas encore aux temps les plus odieux du moyen âge, où bon nombre de châtelains, sans foi ni vergogne, se faisaient un revenu des dépouilles des passants ? Qu'importent à l'habitant des campagnes les agréments et le luxe des villes ? S'il lui est commode de vendre ses produits à leurs habitants, n'est-il pas plus commode encore, n'est-il pas nécessaire pour les habitants des cités qu'ils viennent les leur vendre ? Peuvent-ils faire des places trop spacieuses et des marchés trop bien disposés pour les y recevoir ? Les paysans ne vendent pas moins, dites-vous ; ce sont les bourgeois qui payent plus cher. S'il en est ainsi vraiment, pourquoi

forcez-vous le paysan à faire l'avance d'un droit qu'il ne doit pas, et que n'imposez-vous directement les bourgeois pour entretenir leur luxe de cité? Vous ne le voulez pas, je le sais; et vous ne le voulez pas par une double raison : c'est d'abord parce qu'il reste toujours une bonne partie de la charge au producteur, obligé de baisser son salaire à cause de l'énormité du droit; en second lieu, c'est parce que si l'impôt était direct, il serait à peu près proportionnel à l'avoir des habitants de la ville. De cette façon, les ouvriers, les pauvres, qui viennent, comme des passereaux, se loger dans les trous de vos murailles pour servir la fortune, pour augmenter ses agréments par une foule d'industries frivoles, commodes ou utiles, ne paieraient pas l'impôt : puisqu'il n'ont rien, on n'oserait rien leur demander; les malades, les vieillards, les femmes, les enfants, tout cela ne payerait rien. *Où il n'y a rien, le roi perd ses droits,* disait-on autrefois avec justice; mais le fisc a su faire mentir cet axiome par l'admirable mécanisme des impôts indirects, en cachant l'impôt dans les substances ou objets de première nécessité. — Si tu veux vivre, si tu veux travailler pour vivre, toi qui n'as rien, tu payeras ou tu souffriras, et tu mourras au besoin. Par l'impôt indirect, les droits réunis, les douanes, les entrées et les octrois trouvent *là où il n'y a rien* environ deux milliards, dont 4 à 500 millions pour l'Etat, 5 à 600 millions pour les maîtres de forges, propriétaires de houillères et autres grands exploiteurs des objets de première nécessité, et plus d'un milliard pour les propriétaires du sol, à titre d'encouragement. On voit par là que les *rois*, qui ne savaient rien obtenir *là où il n'y avait rien*, étaient de pauvres *sires*.

Par l'impôt de consommation, puisque celui qui n'a rien est obligé de vivre, il se trouve qu'il paye autant que celui qui possède ; et comme ceux qui n'ont rien, ou du moins pas assez pour être rentiers, sont les plus nombreux, ils payent positivement la plus forte partie des budgets des villes, comme ils payent également la plus forte partie des budgets de l'Etat, et, en outre, une prime presque double des budgets à ceux qui font protéger leurs propriétés par les douanes et les autres impôts indirects.

Les douanes présentent le même caractère d'injustice et d'immoralité lorsqu'elles s'appliquent aux matières premières indispensables à la consommation et à l'entretien du travail, aux blés, aux bestiaux, aux sucres, aux fers, aux houilles, etc. Seulement les effets de ce genre d'impôt ou de prohibition sont beaucoup plus désastreux, puisqu'ils s'étendent sur toute la nation et grèvent tous les consommateurs, valides ou invalides, d'une capitation double au moins de la valeur intrinsèque de la consommation.

Les financiers, les riches industriels, les grands propriétaires et les gouvernants vantent les douanes comme une combinaison sublime, comme un chef-d'œuvre de politique et de diplomatie ; c'est un moyen d'équilibrer la production et la consommation, c'est un moyen de favoriser l'industrie nationale contre l'industrie étrangère, c'est une revanche prise contre une vexation extérieure, c'est un moyen de conserver l'argent de la nation, c'est, en cas de blocus, un moyen de préparer le pays à vivre de ses seules ressources ! Ils devraient ajouter, pendant qu'ils sont en verve : c'est un moyen de créer une branche importante de commerce, la contrebande.... Pourquoi pas ! Ceux qui jettent du pain par-dessus les murailles d'une ville assiégée sont-ils plus coupables que ceux qui la forcent à mourir de faim ?

En vérité ! vous voulez que le pays tire toutes ses ressources de son sein, quoi qu'il en coûte de misères et de privations ; vous voulez qu'il repousse l'abondance qui lui vient du dehors, parce que le dehors commet la faute de grever ou de repousser vos produits naturels ? Vous voulez qu'il vive seul sur la terre, en dépit de son sol, en dépit de ses limites, en dépit de la nature qui lui refuse la moitié des trésors qu'elle prodigue à un autre pays ? Eh ! que ne vous vient-il à l'idée de faire que chaque ville se passe de la campagne qui l'environne, et tire à grands frais, et par un travail surhumain, de ses jardins, de ses terrasses, juste ce qu'il faut pour que ses habitants ne meurent pas de faim, afin de pouvoir vivre seuls... afin de garder leur argent... afin de se préparer à subir un siége !... Pourquoi donc alors cherchez-vous à établir des relations de commerce avec toutes les nations de la terre? Pourquoi des traités, pourquoi des vaisseaux? Voulez-vous la fraternité entre les peuples, ou la guerre est-elle votre but? Êtes-vous seulement des inconséquents ou bien êtes-vous des déprédateurs, puisque vous frappez à la fois et vos nationaux et les étrangers?

Voyez où conduit le besoin de se créer des ressources sans s'embarrasser de les fonder sur la logique et l'équité. Ces prohibitions, ces taxes énormes font tout d'abord monter le prix des denrées qu'elles atteignent. L'argent que vous prélevez sur elles à la frontière n'est qu'une faible partie des charges que l'élévation de ce prix va faire peser sur 36 millions de consommateurs; car si quelques riches producteurs, quelques puissants industriels profitent d'abord du renchérissement des denrées pour amasser rapidement des fortunes plus grandes encore, bientôt une masse nouvelle d'industriels et d'exploitants, excités par l'appât du gain, s'évertuent à produire à l'envi ces denrées par l'appel de capitaux et par la réunion d'un grand nombre d'ouvriers ; la production ne tarde pas à dépasser la consommation; les magasins s'emplissent sans que les prix puissent baisser; le peuple se prive et souffre; le commerce languit, et les industries ainsi créées par un mécanisme imprudent se ruinent : elles luttent par tous les moyens que le crédit leur offre et créent de la fausse monnaie pour cacher leur détresse ; elles consomment en échange les valeurs sérieuses que l'économie et le travail leur confient; mais le jour de la faillite arrive fatalement, et la société se trouve épuisée et grevée d'un nombre considérable d'ouvriers déclassés, sans ressources et sans ouvrage. C'est là l'histoire des fers, des sucres, des papiers; c'est l'histoire de toutes les industries élevées, et multipliées au-delà des besoins réels par l'établissement des douanes.

Les taxes à l'importation, imposées d'abord comme ressources financières, ne tardent pas à entraîner les nations dans un cercle vicieux et fatal: à l'abri des taxes, des industries nouvelles se créent qui diminuent l'importation et la perception. Lorsque ces industries, par suite de l'abondance de leur production, ne gagnent plus assez, elles réclament comme un droit acquis l'élévation des taxes; le gouvernement cède à leurs sollicitations, et bientôt les surtaxes équivalent à une prohibition, et le Trésor, privé de ses ressources, se voit obligé de taxer à son tour les industries. C'est une lutte scandaleuse dont 36 millions de consommateurs payent les frais au profit des deux adversaires, sans autre raison que l'arbitraire du gouvernement et l'avidité des industriels.

Quoi qu'il en soit, les douanes nous attirent de la part des nations étrangères une réciprocité de prohibitions ou de taxes d'autant plus fâcheuses, qu'elles portent nécessairement et toujours sur les grands produits de notre sol et de notre industrie. En sorte que ceux qui s'attachent à la production naturelle et facile à notre pays, production nationale on peut dire, sont victimes des priviléges accordés à des aventuriers dont ils sont obligés de partager la gêne ou la ruine. Je citerai entre autres l'industrie des soies et celle des vins.

Le vin et les boissons fermentées semblent avoir attiré sur eux toutes les charges et toutes les vexations imaginées par la fiscalité, le vin surtout. Impôt sur la terre qui le donne, impôt sur la circulation, impôt sur le débit, impôt de consommation, impôt d'entrée et d'octroi, impôt sur l'exportation, le vin est traqué, poursuivi, saisi et taillé dans tous les instants et dans toutes les formes. Et pourtant ce produit est pour ainsi dire de première nécessité; son usage général, et les efforts faits dans toutes les parties du monde pour obtenir ses mêmes effets hygiéniques par des boissons fermentées le prouvent suffisamment : il demande plus de bras et d'industrie que tous les autres produits de l'agriculture ensemble; il devrait être pour la France une source de prospérité, une matière première d'échange avec les autres nations. Pourquoi se trouve-t-il ainsi frappé dans sa production, dans son commerce et dans sa consommation? Pourquoi ceux qui devraient consommer le plus de vin, ceux à qui le vin rendrait les forces qu'ils épuisent chaque jour pour les autres, les ouvriers des villes et des campagnes en sont-ils privés? Pourquoi la privation qui leur est imposée les porte-t-elle si souvent à transformer par l'abus d'un moment ou d'un jour une boisson salutaire en un élément de brutalité? Pourquoi les barrières sont-elles assignées à l'ouvrier des villes comme un rendez-vous forcé d'ivrognerie, de débauche et de corruption? Non-seulement vous frappez la consommation d'un impôt de 101 millions, mais vous organisez des écoles de scandale et de crimes.

De quel droit a-t-on donc osé créer de pareils subsides et avec de pareilles formes? Du droit de la nécessité! Mais qui donc vous refuse les impôts fondés sur la justice, sur la morale et sur la raison? Qui donc vous a dit : j'accepterai tel ou tel impôt plutôt que tel autre? Que ceux-là se lèvent et se montrent qui vous autorisent à jeter ainsi dans la société le trouble et la désorganisation!

Si quelqu'un pouvait douter encore que les impôts indirects se résolvent en une capitation qui se paye depuis l'enfance jusqu'à la mort, l'impôt sur le sel achèverait de le convaincre. L'usage personnel du sel n'est-il pas égal pour le riche comme pour le pauvre; n'est-il pas nécessaire à tous ceux qui vivent, valides et invalides? Nous avons donc à ajouter les 72 millions que le sel fournit au Trésor à l'énumération des charges que notre budget fait peser sur chaque tête à proportion égale (*).

(*) J'ai déjà dit que l'impôt sur le sel avait été diminué des deux tiers depuis la publication de ce travail. C'est trop peu ou trop. Il devait être conservé ou aboli tout entier.

Le monopole des tabacs, bien qu'il entrave une branche importante d'industrie et soumette une portion de cultivateurs à une surveillance incompatible avec la dignité et la liberté, pourrait être conservé encore pendant un certain temps comme ressource financière indispensable, parce qu'il ne touche pas à la consommation nécessaire et ne charge en rien la masse des travailleurs et moins encore celle des consommateurs, si ce n'est selon leur bon plaisir.

Le monopole des poudres n'est pas plus onéreux, et de plus sa conservation est une garantie qui touche à la défense et à la sécurité du pays.

Le service des postes doit évidemment rester dans les mains de l'Etat, et j'avoue que je ne partage pas l'enthousiasme de quelques hommes politiques pour le dégrèvement de la taxe des lettres. Une correspondance active suppose de nombreuses et lucratives relations, elle suppose aussi une position sociale qui permet d'en supporter facilement les charges : le produit des services rendus par la poste est un des impôts les plus légitimes et des moins onéreux pour les travailleurs et les consommateurs, et je ne range point au nombre des questions dont il faille s'occuper aujourd'hui, la réduction de la taxe des lettres, à moins que par une diminution sagement calculée elle ne doive rendre plus encore au Trésor (*).

(*) La taxe des lettres a été modifiée et réduite dans ces derniers temps ; ce résultat est dû aux efforts des industriels à qui seuls cette réduction profite ; elle n'est donc justifiable, dans les circonstances actuelles, que si elle a pour résultat l'augmentation des recettes.

Le timbre, pourvu toutefois qu'il ne s'applique point à l'expression et à la communication de la pensée, le timbre, ainsi que les droits de l'enregistrement, peuvent être aussi provisoirement conservés : ils atteignent souvent le numéraire et la fortune, mais ils ne remplissent toutefois que fort incomplétement leur objet. Les capitaux et la propriété échappent dans un grand nombre de cas à leur action, et lorsque le timbre et l'enregistrement les atteignent, c'est le plus souvent sans justice et sans raison. Ainsi le timbre qui s'applique aux effets de commerce perçoit un droit, non sur une valeur réelle, mais sur une simple promesse de payer, promesse qui n'acquerra sa valeur qu'à l'époque de sa réalisation. Si la promesse n'est pas remplie, un droit aura été perçu sur une fiction. L'enregistrement perçoit près de 100 millions sur les échanges de propriétés, à un capital de 2 milliards 240 millions. A quel titre l'échange entre une valeur et une autre donne-t-il droit à un prélèvement de 4 à 5 pour cent? D'après ce mode de prélèvement il pourrait arriver qu'un travail accumulé sous forme de propriété étant échangé vingt ou trente fois contre une pareille somme de travail, serait absorbé presque tout entier par les droits successifs de l'enregistrement. D'un autre côté, dans les transmissions à titre gratuit par donations, legs ou successions, là où celui qui abandonne n'a plus besoin de ce qu'il transmet, soit volontairement, soit par sa mort, là où celui qui reçoit ne fait aucune dépense et se trouve investi d'une propriété qui lui est étrangère, là où la société a tous droits et toute raison de représenter les déshérités et de réclamer une part en leur nom, l'enregistrement perçoit moins de 50 millions sur un capital de 2 milliards 470 millions ; sauf cette dernière perception, qu'il est nécessaire de porter à un chiffre beaucoup plus élevé, par la suppression des successions collatérales au quatrième degré et par un prélèvement sur les successions collatérales maintenues, le timbre et l'enregistrement devraient être provisoirement conservés dans toutes leurs dispositions, attendu l'urgence, parce qu'ils portent peu sur le travail et la consommation, et qu'ils s'adressent spécialement à l'aisance et à la fortune.

Donc, excepté l'enregistrement, le timbre, la poste, les poudres, les tabacs, tous les autres impôts pèsent forcément et de tout leur poids sur la production.

Mais j'ai hâte de le dire, pour ne pas égarer les esprits, toute la production ne vient pas du travail actuel et militant. La nature a une part énorme à la production la plus nécessaire, la plus importante ; souvent elle produit seule, plus souvent encore elle ne réclame que très-peu d'efforts physiques et intellectuels de la partie agissante de la société, pour donner des produits abondants. Les forêts fournissent leurs bois, les prairies leurs herbes, les pâturages leurs bestiaux, les étangs leurs poissons, sans que le travail ait autre chose à faire qu'à recueillir. Les terres labourées par les chevaux, cultivées même par la main des hommes, fournissent plus de richesses à consommer qu'il n'en faudrait pour satisfaire les besoins des forces appliquées à leur culture. Les mines, les carrières offrent souvent des éléments de travail ou de consommation d'une valeur réelle en dehors du travail. Les maisons, une fois bâties et le travail payé, produisent leurs loyers avec une simple surveillance, désormais peu coûteuse. Les machines, une fois construites et soldées, créent des produits que la main ou l'intelligence seule de l'homme ne donnerait ni en aussi grande abondance ni dans une égale perfection. Ces forces étrangères ou extérieures à l'activité et à la dépense actuelle des forces humaines ont été désignées sous le nom d'instruments de travail. Cette désignation donne, en effet, une idée juste du point de vue sous lequel on doit les considérer. Leur possession, leur édification, leur mise en valeur est le fruit d'un travail antérieur accumulé sous forme d'économie, et immobilisé par l'acquisition du sol, les travaux des mines, la construction des maisons, des machines, etc. Cette production naturelle ou artificielle, acquise ou édifiée par les économies accumulées d'un travailleur antérieur, a aussi ses droits comme elle a ses charges. Pour en discuter les limites, je lui rendrai son nom le plus général ; je l'appellerai comme elle s'est toujours appelée, *la propriété* (*). La propriété a donc sa part dans la production nécessaire ou utile, et cette part comprend au moins les deux tiers de la production totale; elle représente le travail accompli, le travail passé. Le travail présent qui s'accomplit sur elle ou autour d'elle doit la respecter comme la prime à laquelle il aura droit un jour lui-même. Mais, pour que le respect de la propriété soit légitime, il ne faut pas qu'elle se rende inaccessible, soit par un abus du pouvoir qui lui aurait été conféré pour établir l'impôt, soit par des prétentions à une perpétuité exagérée.

Il faut d'abord qu'elle accepte franchement, loyalement, la charge de pourvoir aux besoins de l'État, aux besoins du département, aux besoins de la commune, par l'impôt direct établi proportionnellement à sa valeur, tant en foncier qu'en numéraire et mobilier, et qu'elle décharge ainsi les travailleurs militants de l'avance des impôts indirects qui les chargent dans leurs personnes, dans celles de leurs familles et dans tous les improducteurs qu'ils doivent entretenir.

L'impôt direct et proportionnel sur l'avoir de chacun est un prélèvement sur le superflu, une diminu-

(*) Quatre mois après la distribution de ce travail aux représentants, et par conséquent à M. Thiers lui-même, M. Thiers délayait en 150 pages ce que je dis ici de la nature et de la respectabilité de la propriété. Bien entendu, M. Thiers, après avoir brillanté et sophistiqué ces idées, en tire des conséquences dépourvues de toute logique et de toute charité.

tion de revenu; il pèse entièrement sur le travail accumulé et capitalisé; il n'affecte en rien le nécessaire du travail militant. Loin d'augmenter au delà de toute justice le prix de la consommation, il tendrait plutôt à le diminuer, par la nécessité de vendre et de réaliser les produits auxquels le travail actif concourt peu ou pas du tout. Ceci, toutefois, n'est une vérité que si la concurrence de la production des autres pays de la terre vient mettre un frein légitime à l'élévation arbitraire et indéfinie du prix de vente des objets de consommation ou des éléments du travail. Dans ce cas, l'impôt direct, s'il est exagéré, se retranche du revenu ou de l'avoir; dans le cas contraire, celui où nous sommes aujourd'hui, il s'ajoute au prix de vente et retombe sur le travail militant par le mécanisme de la consommation et de l'acquisition des éléments du travail. Mais nous n'admettons pas que les prohibitions ou les taxes soient maintenues sur les objets de première nécessité venant de l'étranger; nous raisonnons maintenant dans l'hypothèse de leur abolition complète.

Sous le régime actuel, les impôts indirects pèsent sur la consommation seule; ils écrasent le travail militant d'une capitation qui se multiplie par le nombre des consommateurs qu'ils entretiennent de près ou de loin, tandis que la propriété ou le revenu n'en est atteint en aucune façon. Les propriétaires ou percepteurs de revenus paient aussi cette capitation; mais, comme nous l'avons dit en d'autres termes, une capitation de 50 francs par personne, c'est la mort pour une famille qui n'a rien, ce n'est rien pour une famille qui possède beaucoup.

Il n'est donc pas raisonnable de dire que tous les modes d'impôt partent du même point pour arriver au même résultat; tous sont un prélèvement sur la production, mais tous n'affectent pas également la consommation; ils peuvent agir, au contraire, de deux façons diamétralement opposées, savoir : en diminuant le revenu, le fermage, le loyer, l'intérêt, sans augmenter la valeur des produits, ou bien en augmentant la valeur des produits sans diminuer le revenu, le fermage, le loyer, l'intérêt.

Suivant que les impôts sont assis dans l'une ou l'autre de ces deux voies, ils maintiennent la propriété inaccessible au travail, ou bien ils ouvrent au travail un accès facile à la propriété. Faire porter le budget sur la production, c'est en mettre les deux tiers sur la propriété et le superflu; le faire porter sur la consommation, c'est en mettre les deux tiers sur le travail et le nécessaire.

Si les classes laborieuses ne comprennent pas ainsi le mécanisme de l'impôt, les classes propriétaires ne s'abusent point à cet égard : aussi, dans le débat qui s'agite entre le capital et le travail, le capital accepterait plus volontiers la discussion des utopies les plus impraticables qu'il n'accepterait la révision sérieuse des impôts, révision qui conduirait à l'abolition des impôts indirets et protectionnistes, pour les remplacer par l'impôt direct et protectionnel à l'avoir de chacun. Il préférerait le paupérisme, la philanthropie, l'aumône, le patronage, l'augmentation du salaire et l'établissement d'ateliers nationaux; toutes choses dont l'Angleterre a fait depuis longtemps l'expérience désastreuse pour toutes les classes.

Il n'est pas indifférent que l'impôt direct soit assis sur l'avoir ou sur le revenu. Le revenu n'est pas toujours le signe de l'avoir; souvent c'est un salaire d'un travail actuel qui ne comporte aucun avoir, aucune réserve, aucune économie possible ou réalisée. Les domestiques, les employés, les professeurs, les administrateurs, les officiers, les magistrats, etc., sont un exemple de cette différence. Prélever un impôt sur le salaire, c'est une pétition de principes, c'est donner d'une main et reprendre de l'autre, c'est taxer le travail, l'intelligence, le mérite! Le commerce offrirait des difficultés insolubles pour l'appréciation de son revenu, si éventuel, si variable; il n'en serait pas de même pour son avoir.

L'avoir est l'accumulation et la réalisation en rentes, maisons, usines, machines, mobilier, etc., d'un travail accompli et rémunéré, et non la rémunération d'un travail actuel non capitalisé. Jusqu'à ce que cette rémunération soit appliquée à l'acquisition de valeurs au delà des besoins annuels, elle est et doit être une valeur à consommer ou considérée comme telle. S'il en était autrement, l'ouvrier qui gagne 900 fr. par an devrait payer un impôt sur un revenu de 900 fr., ce qui serait contraire à la raison et à la justice, puisque ce salaire peut être insuffisant pour le nourir, pour nourrir sa femme, ses enfants, etc.

L'impôt doit donc être direct, proportionnel et assis sur l'avoir réel. Il doit être égal pour tous les éléments de l'avoir : il ne doit pas plus frapper l'argent que les terres, pas plus les terres que les maisons, etc., et surtout, dans aucun cas et sous aucun prétexte, il ne doit frapper deux fois sur un même avoir ; par exemple, sur l'objet hypothéqué et sur la somme prêtée sur cet objet.

Lorsqu'un individu a, par sa capacité physique ou intellectuelle, réalisé un avoir, une fortune quelconque, il est juste, indispensable pour le bonheur de l'humanité que la société lui en garantisse le libre usage et la propriété absolue pendant toute la durée de sa vie ; il est juste, il est indispensable qu'elle garantisse sa propriété comme sa personne contre tout envahissement, contre tout dommage, en échange des subsides proportionnés qu'il paye à l'État. Voilà le véritable respect dû à la propriété.

Cette propriété, cette épargne, cette conquête ou rémunération légitime des services ou opérations du corps, du cœur ou de l'esprit, attachée et garantie à chaque individu pendant tout le cours de sa vie, est le lien le plus essentiel et la base la plus féconde des sociétés ; elle constitue l'élément le plus puissant du progrès et de la civilisation, le stimulant le plus énergique de l'évolution et de l'application des facultés humaines.

Le travail actuel et isolé des individualités est faible et misérable s'il ne s'applique au moyen d'instruments multiplicateurs, s'il n'a recours à des forces antérieurement développées. Or, le travail accompli antérieurement est une force, et cette force est d'autant plus grande qu'elle se compose de plus d'unités de travail accumulées. Un homme avec une branche d'arbre (travail simple) ne pourrait cultiver qu'un are par jour; avec une bêche (travail appuyé sur un travail d'une à deux journées), il peut cultiver six ares; avec un cheval et une charrue (travail multiplié par une valeur accumulée de cent journées), il peut cultiver quarante ares par jour, etc. C'est donc du travail accumulé, du capital, de la propriété, que le travail individuel, journalier, tire sa puissance et sa fécondité. Celui qui confie son travail antérieur aux mains d'un autre lui rend un service immense : il a donc droit à une rémunération, à un intérêt, à un bénéfice, soit qu'il vende, soit qu'il prête. Je l'ai déjà dit dans une note antérieure, si l'intérêt du capital prêté n'est pas légitime, le bénéfice du négociant, du fabricant, de l'ouvrier, est illégitime au même titre. Pourquoi l'ouvrier demanderait-il une valeur plus grande que celle qu'il a personnellement dépensée, si le travail accompli hier n'a pas la faculté de bénéficier demain? Si l'unité de travail donne droit à un bénéfice auprès de celui à qui elle est consacrée, pourquoi ce droit cesserait-il ? J'ai cent journées de travail dans ma caisse, je vous les consacre, vous me devez un bénéfice égal à celui qui me serait dû si je travaillais cent journées pour vous.

Le prêt ou la vente des instruments du travail, du travail accumulé, ou de la propriété, donne un droit au bénéfice ou à l'intérêt, égal au droit du travail actuel à ce même intérêt ou à ce même bénéfice.

Je dis plus, la suppression de l'intérêt entraînerait nécessairement à la misère la plus profonde le travailleur du corps aussi bien que le travailleur de l'esprit.

La société ne progresse que par le travail matériel et par le travail intellectuel ; chacun reconnaît aujourd'hui que ce sont là les seuls éléments de l'affranchissement du prolétaire, les deux éléments les plus respectables de l'accession à la propriété. Examinons quel serait le sort des travailleurs si l'intérêt du capital était supprimé.

Vous avez gagné par un travail successif et accumulé 100,000 francs ; ces 100,000 francs sont bien à vous : vous pouvez en user ou en abuser ; ils sont également à vos héritiers si vous venez à mourir. Qu'ils soient en argent ou en terre, c'est bien là votre propriété, et je la reconnais, je la consacre, je la garantis sous cette forme, dit M. Proudhon. Si après avoir gagné et épargné cette valeur, vous voulez vivre désormais sans rien faire, vous dissiperez peu à peu ce qui vous appartient, 5,000 fr. par an je suppose; et 100,000 fr. vous donneront ainsi vingt ans de loisir et de repos : cela se conçoit, cela est juste. Mais si vous consommez 5,000 fr. par an sans rien faire et que vous conserviez vos 100,000 francs intacts, tout en faisant cette dépense, il faut bien que ces 5,000 fr. aient été produits par le travail d'autrui ; car l'argent ne se reproduit point par lui-même, pas plus que la terre ne produit de blé sans culture ; vous vivez donc ainsi d'un travail qui vous est étranger ; vous êtes un parasite et un voleur ! Vous répondez vainement que par votre propre labeur vous avez construit un levier, un cric, une machine d'une puissance égale à cinq mille journées de travail simple ; que vous avez prêté ce levier, ce cric, cette machine à un homme laborieux et intelligent, qui en tire par an une production beaucoup plus grande pour lui-même que la rétribution demandée, que le loyer de l'instrument, de la propriété que vous lui avez confié. M. Proudhon répond que quand elle sert de base à une pareille transaction, *la propriété, c'est le vol*. Il ne dit point cela par méchanceté ou mauvaise intention ; il le dit, au contraire, avec l'énergie que donne la conviction du juste et du bien. Dans son entraînement humanitaire, il ne voit pas qu'il réduit le prolétaire au travail simple et misérable, en interdisant le prêt et le loyer de la force accumulée ; il ne voit pas que les inventions de l'esprit, comme le travail des bras, seraient également frappés de stérilité par l'absence de secours ; il ne voit pas qu'il transforme tous les hommes en thésauriseurs grossiers, ou en dissipateurs inintelligents. Qui voudra confier sans intérêt son travail accumulé? Qui voudra risquer le pain de sa famille péniblement acquis aux risques d'une association le plus souvent sans bénéfices possibles, par la somme des défauts et des vices qui se rencontrent nécessairement dans un nombre quelconque d'individus? Qui oserait se reposer ou s'arrêter dans son travail, malgré l'âge et les infirmités, sachant qu'il faut calculer, selon l'épargne faite, le nombre d'années qu'elle vous permet de vivre? La société se chargerait-elle de pourvoir à tous les besoins des enfants, des vieillards, des femmes, des malades et des infirmes? Se chargerait-elle d'avancer des valeurs sur des promesses de travail? Mais des valeurs sont un travail accompli, un travail accumulé. Qui donc fournira ce travail gratuitement? Si la promesse de remboursement n'est pas tenue, la société sera en déficit! *La gratuité du crédit serait l'aumône toujours pour les invalides, le vol souvent par les valides.*

L'intérêt, le bénéfice, sont l'annexe nécessaire de l'appropriation : ce sont les principes essentiels de la vie industrielle, commerciale et agricole de la société ; ce sont les éléments indispensables de l'affranchissement du prolétaire et de sa prospérité. Plus ses épargnes lui rapporteront d'intérêt, plus les produits de son travail lui donneront de bénéfice, plus il travaillera avec ardeur et plus il atteindra rapidement le moment de l'aisance et du repos.

Les lois générales qui régissent la propriété, le capital et leur mode de rendement, leur acquisition, leur prêt, leur intérêt et leur loyer, sont l'œuvre des siècles, le produit de transactions libres, et non l'œuvre des gouvernements qui se sont succédé depuis 89. Il n'y a là rien à régler, rien à changer, rien à faire; il y a tout à admirer et à respecter.

Il n'en est pas tout à fait de même, si l'on considère la propriété au moment où la mort vient mettre un terme aux besoins et aux droits de celui qui la possède.

Avant la révolution de 89, dans les grandes familles, les seules qui comptassent alors pour quelque chose, la totalité des biens abandonnés par la mort du détenteur passait au fils aîné et devenait sa propriété à l'exclusion de ses frères et sœurs. Ce mode de transmission avait eu ses raisons d'être dans les premiers temps de notre monarchie. Chaque circonscription territoriale était un objet de convoitise et d'attaque continuelles de la part des propriétaires voisins; il fallait une certaine puissance pour échapper à l'envahissement et à la conquête, et toute division d'un territoire possédé par une famille eût entraîné la ruine de la famille entière. C'était donc dans un but nécessaire de défense et de conservation que la circonscription territoriale tout entière passait dans une seule et même main. Quand les lois générales du royaume ont pu assurer à chacun, si petit qu'il fût, une protection suffisante, ce mode de transmission, n'ayant plus de motif, parut une injustice, et la révolution de 89 la fit disparaître en partageant également l'héritage entre les frères et sœurs, ou bien entre parents au même degré. Mais, en consacrant par la loi ce grand acte de justice, la Révolution n'a pris en considération que l'intérêt étroit des familles, elle n'a point tenu compte des intérêts et des droits de la société.

Les droits de la société sont le maintien des principes sur lesquels reposent son existence et sa perpétuation dans les voies de la justice et de l'ordre, en réglant dans sa sagesse et dans sa toute-puissance les attributions du travail passé et celles du travail présent, c'est-à-dire en réglant les conditions et les limites de la transmission de la propriété. Ses devoirs résident dans le culte des sentiments que la nature a placés dans le cœur de tous les hommes : l'amour des parents pour leurs enfants, l'affection du frère pour le frère, de l'oncle pour le neveu, l'attachement des époux, en un mot, les sentiments de la famille. En dehors de la famille, l'homme, pendant sa vie, a pu contracter des liens de reconnaissance et d'attachement qu'il ait voulu consacrer par des souvenirs qui lui survivent : la société doit-elle avoir égard à ses vœux?

Si les hommes étaient réunis en une société dans laquelle la propriété eût été assignée au travail comme sa prime et sa récompense légitime, dans laquelle nul ne pourrait être propriétaire sans avoir émis, par ses forces ou son intelligence, une somme de valeurs égale à celles qui constitueraient son avoir, leur droit exercé dans toute sa rigneur serait le retour intégral de la propriété du défunt au profit de tous par les mains de l'Etat. Ils ne pourraient, toutefois, procéder équitablement avec cette rigueur qu'en prenant à leur charge la veuve, les orphelins et les invalides soutenus par le propriétaire et par sa propriété.

Cette convention, possible à la rigueur, du retour complet de l'avoir individuel à la grande communauté sociale, aurait un double vice au point de vue même de l'intérêt de la société : le premier serait d'ôter au travail un stimulant de premier ordre, le bonheur de produire pour sa famille ; le second serait d'offrir sans cesse, à toutes les générations, le même problème à résoudre, celui d'un avoir à fonder, d'une fortune à créer. Dans cette tâche, toujours la même, toujours à recommencer pour tous, bien des qualités du cœur et de l'esprit humain resteraient à l'état latent ; les sciences, les arts, l'industrie, la civilisation, en un mot, ne dépasserait jamais un certain niveau, bien inférieur aux élévations qu'elle peut atteindre. Les enfants nés dans l'aisance et la richesse, comme les plantes élevées dans un terrain sans cesse engraissé, développent certaines qualités qui n'auraient jamais apparu dans d'autres conditions. Il est vrai que dans un milieu moins favorable, l'espèce est plus nerveuse et plus robuste : aussi, je n'entends établir ici que l'utilité des fortunes toutes faites dans une certaine limite, et pour le service et l'exemple même du travail militant.

Mais, en dehors de ces considérations politiques et philosophiques, un principe naturel évident, incontestable, établit le droit absolu de la famille à la co-propriété pendant la vie et à la propriété de survivance après la mort, du moins en ligne directe.

Comme je l'établis plus loin dans mon projet de constitution, l'homme seul n'est qu'une moitié du genre humain, la femme en est la seconde moitié; l'union de l'homme et de la femme constitue l'unité génératrice de l'espèce; le père, la mère et les enfants qui en procèdent, sont un seul et même être collectif appelé *famille.* La famille possède légitimement en commun les fruits du travail accumulé provenant du chef du père ou de la mère, puisqu'elle n'est en réalité qu'une même souche végétant sur un sol commun.

Mais, pour continuer la métaphore, les jeunes rejetons ne tardent pas à s'isoler, cherchant un terrain neuf pour y fonder à leur tour une souche de famille nouvelle; ils ont moins besoin du foyer commun à mesure qu'ils s'en éloignent, et leur droit à son usage exclusif et perpétuel s'affaiblit en proportion.

Il ne faut pas oublier non plus qu'un nombre considérable de jeunes êtres faibles, isolés, sans ressources de famille, cherchent également avec beaucoup plus de peine, leur place au soleil et sur le sol, et qu'il appartient à la société de leur faciliter les moyens de vivre et de s'étendre à leur tour.

Aussi, s'il est vrai que l'essence même de la famille et l'attachement des parents pour les enfants légitiment pleinement la transmission directe de la propriété, il n'est pas moins vrai que, même dans la transmission directe, la société ne peut faire un abandon complet des droits de tous; elle ne peut oublier que celui qui hérite n'a point donné, en échange de la propriété dont elle va l'investir, une somme de travail correspondante, et, en prélevant un dixième de l'héritage au profit de la masse, elle aura laissé prédominer le respect de la famille sur le droit commun dans une proportion suffisante, surtout si elle considère que la famille a un membre de moins à sa charge.

En ligne collatérale, jusqu'au quatrième degré exclusivement, la transmission serait également maintenue; pourtant ici non-seulement le sentiment de la famille n'a plus la même autorité pour atténuer l'action du droit commun, mais encore le fait de l'héritage, dans le droit actuel, est une éventualité, un accident qui ne se produit qu'en l'absence d'héritiers directs; la règle naturelle supprime de fait l'héritage collatéral dans les cas les plus nombreux. En supprimant l'héritage collatéral tout entier, le législateur ne ferait que ramener l'exception à la règle générale : c'est une question à réserver. Dans le cas du maintien de l'héritage jusqu'au neveu inclusivement, un prélèvement de 25 0/0 devrait être considéré comme très-modéré.

Après le troisième degré, les liens de famille n'ont plus aucune valeur, ou du moins n'ont aucune valeur qui motive la transmission de la propriété ; les relevés annuels de l'enregistrement en fournissent la preuve matérielle. Les donations entre vifs dans les trois premiers degrés s'élèvent, par an, à 24 millions; entre les neuf degrés suivants, à 5 millions; entre étrangers, à 13 millions. Ainsi, les affinités établies par le hasard entre étrangers sont deux fois et demie plus fortes que les affinités entre les neuf derniers degrés de la parenté, et ces derniers sont près de cinq fois plus faibles que les affinités entre les trois premiers degrés de la parenté collatérale ; il est donc évident que la famille n'existe plus au-delà du troisième degré, en ce qui touche le désir de donner la propriété. Quant aux successions, elles sont de 263 millions pour les trois premiers degrés, de 56 millions pour les neuf degrés suivants, et de 51 millions pour les étrangers. Si l'on remarque que les 51 millions n'ont pu être légués à des étrangers que par testament, et que l'héritage sans testament est compris dans les 56 millions laissés aux neuf derniers degrés de la parenté, on reconnaîtra encore ici que les affinités entre étrangers sont plus fortes que celles établies entre les neuf derniers degrés de la parenté; il est donc contraire à la justice et à l'observation des faits de maintenir l'hérédité au-delà du troisième degré.

En dehors des appréciations des droits et des devoirs de la société envers la famille, il reste la question de la faculté que le propriétaire vivant devrait avoir de disposer de sa propriété soit par donation, soit par testament. Cette faculté lui serait laissée tout entière; seulement les actes de donation ou de testament seraient sujets aux mêmes prélèvements que la succession en famille. Mais si ces actes étaient faits au profit d'étrangers, le prélèvement devrait s'élever à 33 0/0; les placements fictifs à rentes viagères, et toutes les dispositions prises avant la mort pour priver la société de sa part légitime, devraient être sévèrement recherchés et réprimés.

J'avais d'abord pensé que les prélèvements devraient être opérés suivant une échelle progressive s'élevant avec le chiffre des successions (*); mais, en étudiant le chiffre des différentes successions, j'ai reconnu 1° que le nombre des successions élevées était si petit relativement aux successions peu considérables, qu'un prélèvement énorme sur les premières permettrait une réduction insignifiante pour les secondes, à peine d'abaisser à une somme peu

(*) J'avais commis cette erreur dans le projet de loi que j'ai remis au Gouvernement provisoire, et le Gouvernement avait conservé CETTE DISPOSITION VICIEUSE, QUE LA COMMISSION DE L'ASSEMBLÉE NATIONALE A FAIT DISPARAITRE.

importante le total des prélèvements; 2° j'ai reconnu en même temps que l'impôt progressif n'était pas plus rationnel et pas plus légitime en cette circonstance que dans l'application de l'impôt direct. Il prohibe la fortune au-delà d'un certain taux, et cette prohibition est contraire à tous les intérêts de la société, aussi bien dans l'ordre moral et intellectuel que dans l'ordre physique et matériel.

Les prélèvements sur les transmissions de la propriété à titre gratuit, par donations, legs ou successions, donnent à l'Etat ses ressources les plus légitimes et les plus puissantes pour encourager le travail et la production. Ils ne constituent pas, à proprement parler, un impôt, car ils ne s'adressent ni à la production ni à la consommation ; ils atteignent la propriété dans un moment de transition, alors qu'elle n'appartient plus à son créateur qui l'abandonne volontairement ou par la mort, et quand elle n'appartient pas encore à celui qui devra la posséder. Une part prélevée dans une forêt, dans une prairie, dans une terre, n'est point un droit assis ou perçu sur leurs fruits; le producteur ni le consommateur ne peuvent s'en ressentir. D'un autre côté, cette portion de l'héritage mise en vente à toutes les époques et dans toutes les parties de la France fournit sans cesse au travail l'occasion d'acquérir; l'offre de la propriété s'équilibre avec la demande à un taux modéré sur la place, et les économies du travailleur lui procurent facilement l'instrument ou la base du travail, et par suite l'affranchissement et la liberté.

Si les prélèvements sur les transmissions gratuites de la propriété pouvaient suffire aux besoins de l'État sans le secours d'aucun impôt, on pourrait affirmer que jamais budget n'aurait été moins onéreux et plus productif, et qu'aucune nation n'aurait été et ne serait plus prospère et plus stable que celle qui n'aurait jamais de taxes à demander et toujours des propriétés à vendre. Malheureusement, les chiffres des prélèvements que nous avons posés, et ce sont les plus élevés que la raison permette, ne donnent que 300 à 325 millions nets en les calculant sur les relevés de l'enregistrement.

Quoi qu'il en soit, ces ressources si précieuses remplacent, avec une plus-value de 25 à 50 millions, les produits désastreux des impôts assis sur les substances alimentaires et sur les matières premières indispensables au travail; par elles-mêmes et par ce nouveau bienfait elles partagent toutes les haines soulevées par la proposition d'abolir les impôts indirects et prohibitifs.

Depuis dix-huit ans je poursuis cette double conquête, et depuis dix-huit ans j'ai vu la colère et l'injure des conservateurs à tout prix répondre à l'exposé le plus timide et le plus calme de ma théorie; c'est à mes yeux une des meilleures preuves de sa bonté. En 1832, on me disait saint-simonien, plus tard je passais pour phalanstérien ; enfin depuis un an on m'a cent fois accusé d'être communiste! Je ne me sens point blessé de ces qualifications, qui sous leur nom renferment chacune, avec des erreurs très-graves, des idées ou des intentions d'humanité et de progrès ; mais la vérité est qu'en cherchant de mon côté les moyens d'améliorer le sort des déshérités, j'ai pris une tout autre route que les routes suivies par les chefs des doctrines saint-simonienne, phalanstérienne, communiste et proudhonienne, et j'arrive à des conséquences tout à fait opposées.

Je veux la société telle qu'elle est ;

Je veux la famille telle qu'elle est ;

Je veux la propriété telle qu'elle est ;

Je veux la liberté des transactions entre le travail et le capital telle qu'elle est ;

Je veux le revenu, le loyer, l'intérêt, tels qu'ils sont.

L'abolition des impôts indirects et prohibitifs sur les substances ou matières de première nécessité ; l'impôt direct et proportionnel sur l'avoir de chacun ; une faible part dans l'héritage par les mains de l'État en faveur du travail militant : voilà à peu près en quoi je fais consister toutes les améliorations socialistes possibles et désirables pour le présent et pour l'avenir. Ma vue ne s'étend pas plus loin sur ce point.

DÉCLARATIONS DE PRINCIPES ET PROJETS DE DÉCRETS SUR LES RÉFORMES ÉCONOMIQUES, EXTRAITES ET DÉDUITES DE L'EXPOSÉ PRÉCÉDENT.

Déclaration socialiste.

L'Assemblée nationale déclare :

ART. 1er. Que le *travail*, c'est-à-dire la capacité active et persévérante appliquée à l'utilité matérielle, intellectuelle ou morale de la société, le courage, le dévouement et les services rendus à la République, sont la base de tout salaire, de toute récompense, de tout honneur et l'origine de toute propriété.

ART. 2. Que l'inégalité dans l'intelligence, dans la force, dans l'adresse, dans l'activité, dans le courage, dans les penchants bons ou mauvais, correspond légitimement et naturellement à l'inégalité de salaire, de récompense et de considération.

ART. 3. Que chaque membre de la nation est libre, maître et responsable de son sort s'il est adulte et valide; qu'il doit subir les conséquences de ses vertus ou de ses vices.

ART. 4. Que nul citoyen adulte et valide n'a le droit de réclamer de l'État une aide, un salaire, une protection quelconques qui ne seraient pas également attribués à tous les autres citoyens.

ART. 5. Que nulle fraction de la société, nulle corporation, nulle commune, nul arrondissement, nul département, n'a droit à aucune délégation de la puissance, à aucune distribution de la fortune publique, confiées par tous au gouvernement.

ART. 6. Que le gouvernement administre; qu'il n'opprime et ne favorise personne; qu'il ne distingue ni maîtres, ni ouvriers, ni commerçants, ni banquiers, ni sociétés, ni compagnies, ni prolétaires, ni propriétaires; qu'il ne connaît que des citoyens libres et égaux, relevant d'une même loi, possédant les mêmes droits et soumis aux mêmes charges.

Art. 7. Que le gouvernement de la République n'est ni commerçant, ni industriel, ni propriétaire, ni agriculteur, ni spéculateur, ni financier; qu'il n'aura ni établissements de commerce, ni établissements d'industrie, ni établissements agricoles, ni ateliers nationaux, ni exploitations de canaux, de mines, ni de chemins de fer.

Art. 8. Que le gouvernement de la République gouvernera par lui-même et par des agents capables, essentiellement passifs, isolés, révocables, choisis parmi l'universalité des citoyens et non par des corporations administratives recrutées dans des écoles spéciales, dressées à vivre dans la routine et à perpétuer les abus, au milieu desquels et pour lesquels elles ont été élevées.

Projet de décret. — *Affranchissement du travail militant par l'abolition des impôts indirects, des droits d'entrée et d'octroi, des droits ou prohibitions de douanes sur les substances alimentaires, boissons, condiments et médicaments.*

La révolution de 1848 a eu pour objet principal l'amélioration des conditions d'existence et de rémunération des travailleurs.

Les engagements les plus formels ont été pris, les promesses les plus sacrées ont été faites à cet égard par le gouvernement sorti des barricades et sanctionnées par l'assentiment écrit et proclamé de l'universalité des citoyens.

Les demandes des travailleurs et les promesses et acclamations universelles qui les ont accueillies n'étaient d'ailleurs que la reconnaissance formelle d'un droit incontestable écrit dans toutes les consciences.

Il n'a manqué qu'une formule claire et pratique à ce droit pour être mis immédiatement en action.

Pour satisfaire à cette nécessité de justice et de réparation, la société n'a que deux moyens à sa disposition, savoir :

1° L'augmentation des salaires ;

2° La diminution des charges.

D'une part : la question du salaire touche à l'appréciation des capacités individuelles et à la liberté des citoyens dans l'usage qu'ils croient devoir faire de leurs facultés, soit en ce qui les concerne, soit en ce qui concerne leurs concitoyens.

Un gouvernement républicain, loin d'avoir le droit et le pouvoir de mettre en tutelle les citoyens valides et de régler les travaux et les salaires qui doivent pourvoir à l'existence des individualités, ne tire, au contraire, lui-même son pouvoir et ses subsides que des délégations et apports qui lui sont faits par le travail et la capacité de ces mêmes individualités.

Le règlement des salaires, l'emploi du temps, des forces et de l'esprit de chacun, l'établissement d'ateliers nationaux, seraient autant d'insultes faites à la dignité et d'atteintes portées à la liberté du citoyen, autant de détournements et de dilapidations de la fortune publique au profit d'une fraction valide de la société.

D'autre part, l'établissement, les changements, l'abolition des charges sociales bien ou mal réparties, bien ou mal assises sur les individualités ou groupes d'individualités, sont essentiellement dans le domaine de l'administration publique.

Les citoyens valides ne peuvent et ne doivent subvenir aux charges publiques qu'après avoir assuré les nécessités de leur existence propre et de celle des invalides à leur charge ; en d'autres termes, l'État ne peut exiger des citoyens le sacrifice du strict nécessaire.

Les impôts indirects, les entrées et les octrois, les droits ou prohibitions de douane qui frappent les aliments, les boissons, les condiments et médicaments, sont payés par tous les individus valides et invalides à part égale, par ceux qui manquent du nécessaire comme par ceux qui possèdent un superflu.

Ces impôts, perçus *indirectement*, c'est-à-dire par ruse et par sourde violence, ne pourraient être payés s'ils étaient demandés directement à ceux qui n'ont rien; s'ils sont payés depuis la naissance jusqu'à la mort, c'est parce qu'ils sont cachés dans les aliments, les boissons, les condiments et les médicaments, et que celui qui veut vivre est obligé de les acheter ainsi grevés.

Ces impôts ont pour effet général et commun à tous, non-seulement de donner à l'État et aux villes des ressources frauduleuses, mais encore de décharger le superflu au détriment du nécessaire : parce que le capital, protégé et sans concurrence étrangère, ajoute ces impôts, et l'impôt direct lui-même, à la somme de ses revenus, pour répartir le tout sur la tête des travailleurs.

En ce qui concerne les droits ou prohibitions de douanes à l'importation des céréales étrangères, des fourrages et bestiaux étrangers, des sucres, etc., ces droits mettent à la charge des consommateurs, outre l'impôt perçu par l'État, une prime, payée aux détenteurs du sol et des industries protégées, égale à la moitié de la valeur de la consommation totale en viande, pain, sucre, etc., prime qui s'élève au-dessus d'un milliard par an.

Cette prime écrase le travail militant en portant les aliments à une valeur double pour le travailleur et pour sa famille, et en élevant au double aussi la valeur du sol, dont l'acquisition est ainsi interdite à ses économies, si par hasard il peut en réaliser.

Cette protection et cette élévation artificielle du capital immobilisé contre l'accession légitime du travail et de l'économie lui donne un caractère de permanence et de pouvoir qui rend la condition du travailleur plus précaire encore, en ce qu'il sollicite le travail et met ses offres au rabais devant la toute-puissance de son antagoniste.

En ce qui concerne les octrois des villes, ils ont pour résultat de mettre à la charge du nécessaire tous les frais de cité qui ne profitent qu'au superflu; de faire partager aux producteurs environnants et éloignés les dépenses d'établissements aux agréments et aux bienfaits desquels ils sont parfaitement étrangers, et d'établir aux barrières des rendez-vous de débauche, de ruine et de corruption.

L'abaissement du prix des substances alimentaires et l'abaissement du capital immobilisé par l'abolition des impôts indirects, l'abolition des octrois et des droits de douanes, profite à tous les citoyens en général et en particulier à ceux qui n'ont que le nécessaire, dans une proportion double, triple, quadruple, suivant qu'ils ont deux, trois ou quatre bouches inutiles à nourrir. L'abaissement ou l'élévation du salaire est personnel au travailleur; l'abaissement ou l'élévation des vivres s'applique au contraire à lui et à toute sa famille. D'un autre côté le revenu, réglé par la concurrence étrangère, supportera les réductions et les impôts qui doivent atteindre le superflu.

Enfin, la santé, la force et la moralité publiques puiseront dans le bas prix et l'abondance des vivres, dans l'usage général et modéré des boissons salutaires, dans l'accession facile et certaine à l'affranchissement du travail par l'acquisition de la propriété, des éléments rénovateurs qui replaceront bientôt la nation française à la tête des autres nations.

Sur ces considérations et par ces motifs,

L'Assemblée nationale décrète :

Art. 1er. Tous les impôts indirects, tous les monopoles, tous les droits d'entrée et d'octroi, tous les droits et prohibitions de douanes, affectant les substances alimentaires, les boissons, les condiments et les médicaments, sont abolis.

Art. 2. Dans le présent et dans l'avenir, sous aucun prétexte, aucun impôt, prohibition ou empêchement ne pourra être établi à l'entrée en France, à la circulation, à l'entrée dans les villes ou au débit des substances alimentaires, des boissons, des condiments et des médicaments.

Ce décret supprime par les douanes, les impôts indirects et les octrois 300 millions de produits bruts, et retranche 30 millions de frais; il enlève 270 millions nets au Trésor. Les douanes et les impôts indirects conservés provisoirement et par urgence par les tabacs, les poudres à feu et des droits divers, rendent encore 227 millions. Si les cotons, les fers et les houilles étaient admis en franchise comme matières premières essentielles au travail, il faudrait encore retrancher 23 millions du produit des douanes et de la somme des produits restants, ce qui réduirait ce produit brut à 204 millions.

Nous porterons au budget des recettes pour les douanes et impôts indirects 204 millions au lieu de 527 millions, car des négociations ayant pour objet d'admettre en franchise les fers fondus, les houilles, les cotons et généralement toutes les matières premières qui servent de base ou d'instruments au travail national, seront immédiatement entamées, avec ordre à nos agents de les conduire à bonne fin, dans le plus bref délai, contre l'admission en franchise de nos vins, soieries et autres produits du sol et du travail nationaux.

Projet de décret remplaçant les impôts sur les aliments par des prélèvements sur les successions, et complétant l'affranchissement du travail en lui donnant accès à la propriété par les mains de l'État.

Il y a deux sortes de fortune ou propriété : la propriété acquise et la propriété transmise.

La propriété acquise peut résulter de la conquête du travail ou du génie. Quelle que soit son origine, elle représente toujours un fait identifié avec l'individu, une émanation de lui-même, une création de ses facultés.

Dans une société fondée sur la justice et sur l'égalité, la fortune ou la propriété acquise par un individu représente ou doit être censée représenter la somme des services, produits ou valeurs qu'il a donnés en échange à la société.

Considéré sous ce point de vue, non-seulement la propriété doit être consacrée comme inattaquable, mais elle doit encore être respectée comme un signe infaillible d'un certain mérite et comme le prix d'un travail proportionné.

Le travail matériel et intellectuel des hommes, leur activité et leur courage, soit qu'ils s'appliquent à la terre et à ses produits, soit qu'ils s'appliquent aux arts, aux sciences, aux lettres, à la morale, à la religion, à la politique, à l'administration ou à la défense de la nation, le travail, l'activité, le courage, sont les principes de toute richesse et de toute vertu nationale.

Si donc la fortune ou la propriété acquise, grande ou petite, est la prime ou la récompense légitime des vertus humaines mises en action, rien au monde ne doit être, après la vie des hommes, plus respecté que la propriété.

La société qui se constitue sur des bases d'égalité et de justice doit reconnaître et conférer, par les lois les plus sévères, le droit de propriété à celui qui l'a acquise ou qui est censé l'avoir acquise; mais il n'est pas également équitable que cette même société garantisse ou seulement permette la libre jouissance d'une fortune ou d'une propriété quelconque à celui qui n'a contribué en rien à la créer. Ce serait substituer une faveur capricieuse à un droit fondé sur la raison; ce serait décourager l'activité, la capacité, le dévoûment en leur enlevant à la fois l'honneur et le profit qui doivent leur être réservés.

La loi agraire ou le partage des propriétés serait à la fois une iniquité et un encouragement à la paresse, à l'incapacité et à la violence au détriment du travail. S'il existait aujourd'hui des biens inoccupés, l'État seul pourrait s'en emparer pour les vendre et pour en joindre le prix au Trésor public; mais, sous aucun prétexte, il n'aurait le droit d'en conférer la possession à ceux qui n'en représenteraient pas la valeur par des valeurs légitimement acquises.

Ce que l'État ne pourrait faire sans outrager la justice et la morale, sans enlever au travail sa prime légitime, les lois sur l'hérédité l'accomplissent depuis nombre de siècles.

Non-seulement la propriété ou la fortune est transmise en ligne directe dans les familles, de génération en génération, sans qu'elle soit l'expression d'un travail, d'un service ou d'une vertu quelconque de la part de ceux qui la reçoivent, mais sa transmission est tellement protégée qu'elle va se perdre dans les mains des collatéraux et des parents les plus éloignés.

Le travailleur est donc déshérité par la loi des successions, et jamais il n'arriverait à recevoir le prix légitime et l'affranchissement de son labeur, si la mauvaise administration, la paresse ou la débauche de ces usurpateurs de la propriété ne laissait échapper quelquefois les lambeaux de la fortune qu'ils ne méritaient pas même de garder, loin d'avoir aucun droit à l'obtenir.

Ce n'est pas par de telles voies que la juste récompense du travail et des services sociaux doit arriver aux mains laborieuses, aux intelligences actives, mais par une marche régulière tracée par des lois qui modifient équitablement le régime de la propriété transmise, en donnant aux travailleurs, représentés par l'État, une certaine place au banquet de l'hérédité.

Nous venons de poser les principes de l'équité la plus rigoureuse en matière de propriété. Il est impossible de nier que la propriété acquise ou créée par l'individu qui la possède soit sacrée comme la vie même de son auteur ; il n'est pas moins évident que celui qui reçoit une propriété qu'il n'a pas fondée, usurpe le prix ou la représentation de travaux ou services qui lui sont étrangers. Celui qui consomme les valeurs qu'il a produites ne peut jamais léser ou surcharger la société par l'usage ou même par l'abus de ces valeurs, puisqu'il a donné en échange à la société une somme égale de produits. Celui au contraire qui consomme sans avoir produit met à la charge de ses concitoyens une somme de travail égale aux valeurs qu'il absorbe ou fait absorber à d'autres consommateurs improductifs comme lui.

Mais si, d'un côté, la transmission de la propriété est radicalement condamnée par une logique inflexible, elle est, d'un autre côté, justifiée, dans une certaine limite, par les sentiments les plus profonds et les plus naturels. D'abord, comme je l'ai déjà dit, le père, la mère et les enfants forment un seul et même être collectif, un seul et même anneau de la grande chaîne humaine ; ensuite les liens du cœur qui attachent le père et la mère à leurs enfants ont une telle puissance, qu'un grand nombre de parents feraient le sacrifice de leur vie pour conserver celle de leurs enfants ; que presque tous s'imposeraient les plus grandes privations pour ménager à leur famille des moyens d'existence, des jouissances, du luxe même ! Ce sentiment de la famille est digne du plus profond respect ; la société, loin de l'étouffer, doit s'efforcer au contraire de l'exalter comme une des sources les plus fécondes des vertus et de l'émulation sociales ; elle doit donc assurer aux enfants l'héritage de leurs auteurs, et cette propriété transmise n'est pas moins sacrée pour elle que la propriété acquise.

Toutefois, les droits du travail, l'intérêt du peuple déshérité, ne peuvent être absolument méconnus, même dans cette circonstance ; le législateur ne peut oublier que pour un qui reçoit, dix millions attendent, et s'il ne réclame qu'un dixième de la succession directe, il aura laissé une large part aux sentiments de la famille.

Si le sentiment de la famille s'étend également à la ligne collatérale, il décroît rapidement et n'offre plus, dès le quatrième degré, aucune valeur qui puisse être opposée au droit commun, au droit absolu, qui fait de la propriété l'apanage exclusif des vertus humaines mises en action. L'héritage collatéral n'est pas un droit du succédant, c'est une satisfaction laissée à celui qui donne ou lègue; c'est en outre un accident de nature, une exception que la descendance directe fait disparaître le plus souvent. Le législateur fera donc preuve d'une grande condescendance pour la famille collatérale en permettant l'hérédité jusqu'au quatrième degré exclusivement; mais il ne pourrait le faire sans reprendre une portion de l'héritage plus grande, à mesure que le sentiment de la parenté décroît; un prélèvement de 25 0/0 sur la transmission collatérale est une reprise modérée et légitime.

Les dispositions adoptées pour la transmission de la propriété par l'hérédité pure et simple s'étendraient à toutes les dispositions testamentaires, à toutes les donations entre vifs, en fixant à 33 0/0 le prélèvement fait sur tous legs et donations en faveur d'étrangers ou de parents au-delà du troisième degré. Les donations ou legs entre époux seraient seuls exceptés et resteraient aux droits actuels, parce que les deux époux confondent leurs intérêts et doivent être considérés par la société comme une souche unique auteur de famille.

Cette intervention de la société, pour réclamer au nom de tous les travailleurs une part dans l'héritage, donne à l'État ses ressources les plus légitimes et les plus favorables au développement de la richesse nationale.

Celui qui meurt ou celui qui donne n'a pas ou n'a plus besoin de la fortune qu'il abandonne. Celui qui la reçoit n'en jouissait pas avant qu'elle lui fût transmise; il n'en jouit pas encore lorsque l'État réclame son droit : le droit prélevé, l'héritier ou le donataire entre en jouissance d'une valeur à laquelle il n'a qu'une accession tolérée ; c'est une aubaine qu'il pouvait ne pas obtenir, il n'est donc pas lésé. La participation de l'État à la succession ne trouble donc aucune possession, n'arrête aucune opération de la vie, ne frappe aucune existence. Ce n'est pas tout : la portion d'héritage public, mise en vente à toutes les époques et dans toutes les parties de la France, fournit sans cesse au travail l'occasion d'acquérir ; l'offre de la propriété devient sur la place égale à la demande, et les économies du travailleur lui procurent facilement l'instrument ou la base du travail, par conséquent l'affranchissement et la liberté.

Au surplus, en se plaçant au point de vue du droit absolu de propriété, plus généralement admis, quoique moins respectable que les principes précédemment exposés, on est conduit aux mêmes conséquences.

Personne ne conteste à la société le droit de prélever des impôts sur la propriété pour subvenir à ses besoins ; si donc la société, dans sa situation actuelle, reconnaît qu'un prélèvement sur les transmissions de la propriété, soit entre vifs, soit par décès, est l'impôt qui lui est le plus avantageux et le moins onéreux pour tous en même temps, elle a le droit de l'établir, pourvu qu'elle n'enlève au droit de propriété aucun de ses attributs d'usage et de transmission illimités. C'est en effet le résultat auquel nous arrivons : le propriétaire continue à pouvoir user et abuser, donner ou léguer ; la société n'intervient que pour opérer les prélèvements qu'elle a jugés légitimes dans les différents cas de transmission.

Soit donc qu'on parte de ces derniers principes, soit que l'on considère le peuple représenté par l'État comme héritier naturel pour une part dans toutes les successions, les bases posées plus haut, appliquées aux relevés officiels de l'enregistrement pour l'année 1844, donneraient au budget :

Par les transmissions entre vifs en ligne directe au droit de 1/10 sur	640,000,000 —	64,000,000
Par les transmissions en ligne collatérale au droit de 25 0/0	28,000,000 —	7,000,000
Par les transmissions entre personnes non parentes au droit de 33 0/0. . . .	14,000,000 —	4,660,000
Mutations par décès en ligne directe au droit de 1/10 sur.	1,251,000,000 —	125,000,000
Mutations par décès en ligne collatérale au droit de 25 0/0.	318,000,000 —	79,500,000
Mutations par décès entre parents depuis le 4e degré supprimées.	26,000,000 —	26,000,000
Mutations par décès entre personnes non parentes supprimées.	51,000,000 —	51,000,000
TOTAL sur. . . .	2,328,000,000 —	357,160,000

Ces 357,160,000 francs d'impôt ou de succession publique comprendraient les droits de l'enregistrement perçu aujourd'hui dans les mêmes conditions; le chiffre de cette perception est d'environ 45 millions. D'un autre côté, si toutes les successions au-delà du 3e degré ou entre personnes non parentes étaient remplacées par des legs, le prélèvement d'un tiers ne donnerait plus que 25 à 26 millions au lieu de 77. Mais toutes ces successions ne seraient pas l'objet de legs, et l'on peut raisonnablement fixer à 40 millions le produit certain de cette dernière section, resterait pour le produit total 320 millions, en en retranchant les 37 millions de déficit.

Si l'on considère que la plupart des valeurs mobilières sont faciles à dissimuler, et sont, en effet, dissimulées dans l'état actuel des choses, on concevra que le législateur puisse prendre des mesures énergiques pour assurer la sincérité des déclarations, et l'authenticité des actes qui régissent le numéraire et les valeurs immobilières, quelles qu'elles soient; et dans ce cas, la prévision de l'héritage social, portée à 75 millions en sus, ne serait point exagérée. Quand l'opinion sera bien éclairée sur ce point, que le peuple a droit à l'héritage, peu de personnes voudraient, et aucune personne ne pourrait frustrer un cohéritier aussi légitime, aussi respectable, et surtout aussi puissant par le nombre que par la clairvoyance. Mais d'un autre côté, les valeurs immobilières étant grevées d'hypothèques, nous supposons que ces hypothèques sont assez élevées pour faire disparaître les 75 millions ci-dessus par compensation.

Ainsi, 320 millions de propriétés seraient sans cesse offerts sur la place comme prime au travail et à l'intelligence, tandis que le Trésor public, suffisamment couvert par ces ressources, déchargerait le sel, les blés, les bestiaux, les boissons, les sucres, etc., de tous les droits qui élèvent les prix de consommation; les ouvriers, les travailleurs et les consommateurs, c'est-à-dire tous les habitants de la France profiteraient du dégrèvement et de l'influence bienfaisante de l'hérédité nationale. Enfin, un dernier bienfait de ces prélèvements serait un amortissement naturel et forcé de la dette publique.

Par ces considérations et sur ces principes, l'Assemblée nationale décrète :

ARTICLE 1er. Après le troisième degré de parenté, l'État succédera à l'héritage s'il n'est l'objet d'aucune disposition testamentaire.

Art. 2. L'État prélèvera un tiers sur toutes les donations, sur tous les legs entre personnes non parentes ou parentes à un degré non successible.

Art. 3. L'État prélèvera un quart sur toutes les successions, legs ou donations en ligne collatérale jusqu'au troisième degré inclusivement.

Art. 4. L'État prélèvera un dixième sur toutes les donations, legs et successions en ligne directe.

Art. 5. Sont exceptés des dispositions ci-dessus, les donations et legs entre époux, lesquels ne seront soumis à aucun prélèvement ni à aucun droit.

Art. 6. Les ventes fictives à rentes viagères, les ventes de nu-propriété, et généralement tous les actes ayant pour objet de dissimuler la succession ou la transmission de la propriété à titre gratuit, complet ou partiel, seront recherchés et forcés d'acquitter les droits dus à l'État; en cas de fraude démontrée, les prélèvements seront portés au double.

Par le décret qui précède, 320 millions de valeurs nettes viendraient s'ajouter au budget. L'enregistrement, qui subira des réformes importantes plus tard, devrait être provisoirement conservé tel qu'il est, à cause de la gravité des circonstances financières, et les 176 millions qu'il produit (retran-

---

Nota. L'exposé des motifs ci-dessus et le projet de décret ont été déposés par moi, dans les premiers jours de mars 1848, entre les mains du ministre de la justice, qui m'avait chargé de lui présenter un travail sur les prélèvements à faire sur les successions. Longtemps après ce dépôt, le ministre de l'intérieur, dans une circulaire, et le ministre des finances, dans son rapport à l'Assemblée constituante, ont indiqué l'intention de mettre ce projet ou un projet analogue à exécution. Mes idées, à cet égard, ont été publiées en 1840 par Eugène Buret, dans son ouvrage sur *la Misère des classes laborieuses en France et en Angleterre*, page 393 à 414, tome II ; chez Paulin, libraire, *33, rue de Seine*. Ce chapitre a été, comme le déclare l'auteur, tiré de mes manuscrits datant de 1831, et prêtés à plusieurs économistes depuis cette époque. Eugène Buret a également reproduit dans son ouvrage mes idées sur l'instruction publique, idées que je reproduis dans la suite de ce travail.

chement fait des 45 millions à déduire pour les successions) seraient augmentés de 320 millions de prélèvement sur les transmissions gratuites. La perception du prix de ces prélèvements serait dévolue au personnel et à l'administration de l'enregistrement ; le notaire de la localité, le juge de paix et un ou deux experts-jurés, commis à cet effet, procéderaient à tous les actes nécessaires à la conservation, à la constatation et à la liquidation des droits de l'État sur les donations et successions, par apposition de scellés, inventaires, estimations, ventes ou transactions, etc. Les résultats définitifs de ces actes ou opérations seraient transmis au receveur de l'enregistrement, lequel ferait procéder au recouvrement des sommes dues.

Par les mêmes raisons d'urgence, les 37 millions donnés par le timbre seraient conservés, et à ces sommes viendraient s'ajouter les 52 millions des postes, les 37 millions des forêts et de la pêche et les 5 à 6 millions des domaines. En somme, avec les 204 millions restants des douanes et impôts indirects par les tabacs, les poudres et autres droits, ces diverses ressources complètent encore la somme énorme de 832 millions(*) : presque le budget de la Restauration ! et pourtant, nous n'avons point encore parlé de l'impôt direct, le seul, avec les prélèvements sur les successions, que la République devra maintenir aussitôt qu'elle pourra procéder à ses réformes avec calme et sécurité.

A la rigueur, l'impôt direct lui-même pourrait être perçu provisoirement tel qu'il est établi, sans trop d'inconvénient, bien qu'il frappe le plus souvent sans justice et sans discernement les personnes qu'il ne devait pas atteindre, et qu'il n'atteigne pas le numéraire portant rente ou servant de base

(*) Tous les chiffres des impôts indirects sont empruntés au budget de 1849 présenté par le gouvernement de Louis-Philippe. En admettant sur leur ensemble un déficit de 232 millions, il resterait 600 millions qui, avec les 400 millions de l'impôt direct, donneraient 1 milliard de recette.

à des spéculations, numéraire ou capital qui est la partie la plus claire de l'avoir. Mais, dans l'état actuel des choses, le débiteur frappé d'hypothèque paye pour le numéraire, puisqu'on ne lui tient pas compte de sa dette pour le dégrever, et si les créances hypothécaires sont grevées d'un impôt nouveau, le fisc perçoit des deux mains sur la même valeur, et le débiteur sera forcé de payer deux fois une taxe qu'il ne doit pas du tout. Les portes et fenêtres, les patentes sont aussi des moyens défectueux d'atteindre l'avoir; mais, en somme, toutes ces formes bizarres de l'impôt direct, formes qui devront disparaître, portent sur l'avoir et non sur le dénûment; c'est là le point essentiel.

L'impôt direct donne au budget ordinaire de la monarchie, avec le ban et l'arrière-ban de ses centimes additionnels, frais d'avertissement, décime, etc., un peu plus de 400 millions, en personnel, portes et fenêtres, mobilier, foncier et patentes.

En ajoutant ces 400 millions aux 800 millions constatés plus haut, nous aurions encore un budget de 1,200 millions; or, j'ai déjà dit et je soutiens que si le budget de la République ne descend pas au-dessous d'un milliard, la République tombera. Nous sommes donc forcés d'économiser sur nos revenus 2 ou 300 millions, et cela n'est certainement pas difficile, j'espère du moins le démontrer, dans les réformes administratives qui feront l'objet de la seconde partie de ce travail. D'ailleurs, je répéterai encore ici ce que j'ai déjà dit plus haut, que le budget avec lequel marchait la Restauration nous donne ce résultat; la République doit pouvoir marcher avec le budget de la Restauration, ou bien elle n'est pas née viable.

Sur l'assiette de l'impôt direct.

Les citoyens doivent subvenir aux besoins de l'État dans la proportion de leurs ressources.

Celui qui n'a rien ne doit rien.

Celui qui a peu doit peu.

Celui qui a beaucoup doit davantage.

La République ne reconnaît pas d'autres principes de l'impôt.

La République applique ses principes au grand jour. Elle ne fait pas indirectement ce que la justice ne lui permettrait pas de faire directement. Elle n'emploie pas cent moyens et cent administrations diverses pour atteindre un seul et même but. Elle n'a aucun intérêt à compliquer ce qui est simple. Elle a tout intérêt à simplifier ce que la monarchie avait besoin de compliquer.

Elle a pour base l'universalité des citoyens; elle ne fonde pas sa force sur des armées de fonctionnaires et d'employés; elle ne mesure pas sa puissance au nombre des parties prenantes à son budget. Plus ce nombre sera grand, plus sa ruine est assurée.

La République ne reconnaîtra donc en principe qu'un seul impôt, l'impôt direct.

Les produits des successions ne sont pas un impôt, c'est un retour à l'État.

Hors ces deux sources de revenus qu'elle établit, qu'elle diminuera ou qu'elle augmentera selon les besoins, la République fera disparaître dans le plus bref délai toutes les autres perceptions. Elle n'en acceptera aucune autre aussitôt que la crise financière sera passée et que le travail aura repris son cours sur de meilleures bases. Si elle conserve plus tard les postes et les poudres, elle ne leur fera rendre que les frais de leur entretien. Il en sera de même pour sa *banque-monnaie*, dont elle ne tirera aucun intérêt, pas plus sur son papier que sur ses espèces métalliques. Le gouvernement n'est ni banquier, ni commerçant, ni industriel, ni propriétaire, ni entrepreneur, ni spéculateur; il consacre toute sa puissance et toute sa force à faire observer les lois au dedans, et à faire respecter la France et les Français au dehors. C'est assez, c'est tout. Les citoyens ne lui doivent secours et subsides que pour cette double fonction.

S'il s'arroge le droit de déplacer les capitaux, de les transporter à telle industrie plutôt qu'à telle autre, à tel département, à telles communes plutôt qu'à tel ou telles autres, à tels ou tels individus plutôt qu'à tels autres ; s'il prétend encourager telle branche d'industrie que les citoyens négligent pour frapper telle autre branche que les citoyens se plaisent à faire prospérer ; en un mot, s'il substitue son jugement et sa volonté au bon sens et aux tendances nationales, il est dilapidateur, monarque ou despote ; il ne gouverne pas, il abuse du gouvernement, il prépare une révolution.

Le véritable gouvernement républicain trouvera dans l'impôt direct toutes ses ressources ordinaires et extraordinaires, car il aura dans ses besoins et dans ses entraînements légitimes le concours et le dévouement de tous les citoyens. Le crédit ne peut être utile qu'aux gouvernements qui agissent en dehors des nécessités et des vœux des nations. Après la révolution de février, qui donc ne s'est pas efforcé de payer ses impôts? qui donc aujourd'hui ne les paie pas à regret? La marche ferme et probe d'un gouvernement républicain, voilà le vrai crédit ; sa marche incertaine et inexplicable, voilà sa ruine.

L'assiette et la perception de l'impôt direct sur l'avoir n'offrent aucune complication et aucune difficulté.

Chaque habitant sera tenu de faire, par écrit signé ou déclaration devant témoin, le bilan de son avoir, chez le notaire de la circonscription, élevé à cet effet à une véritable magistrature ; cette déclaration sera vérifiée et contrôlée par le notaire, le juge de paix et le percepteur, puis soumise contradictoirement à un jury spécial qui rendra l'appréciation définitive.

En cas de fraude ou de dissimulation volontaire, le double

droit sera perçu, non-seulement pour l'année de la découverte, mais encore, comme cela se pratique très-justement en Angleterre, pour toutes les années pendant lesquelles l'État aura été trompé.

Sur ces considérations, l'Assemblée nationale décrète :

Art. 1er. L'impôt direct est seul reconnu légitime.

Art. 2. Il sera établi sur l'avoir de chacun.

Art. 3. Il sera établi en proportion simple de cet avoir.

Art. 4. L'avoir imposable se compose du mobilier, des maisons, des usines, des terres, du numéraire ou valeurs portant rente, du numéraire ou valeurs servant de base à une industrie, à un commerce, à des spéculations ou opérations quelconques pouvant donner lieu à un revenu régulier ou éventuel.

Art. 5. Ne sont pas compris dans l'avoir imposable : les salaires, traitements, pensions viagères, honoraires annuels ou journaliers, le numéraire, valeurs, produits et approvisionnements destinés à la consommation des individus ou des familles et ne servant pas de base à des opérations de lucre.

Art. 6. L'ensemble des valeurs mobilières estimées à une somme totale est une base de l'impôt. Cette base s'obtient par une déclaration sommaire et authentique des objets estimés par le propriétaire, estimation jugée et contrôlée par le notaire, le juge de paix et le percepteur réunis en conseil, puis soumise, contradictoirement avec le propriétaire, à un jury spécial qui fixera la valeur définitive.

Art. 7. Les maisons, usines, terres, établissements, rentes sur prêts ou autres correspondant à un capital quelconque, sauf les exceptions indiquées en l'art. 5, seront déclarés et estimés de même à une somme servant de base à l'assiette de l'impôt.

Art. 8. Les valeurs en numéraire ou autres servant de base à l'industrie, au commerce, à des spéculations ou opérations lucratives quelconques, seront également déclarées authentiquement, estimées et fixées selon les formes prescrites pour les autres éléments de l'avoir.

Art. 9. De ces éléments de l'avoir déclarés, contrôlés et fixés, seront déduites les dettes hypothécaires grevées de rentes annuelles, ainsi que les autres charges authentiques. Les dettes non authentiques, les dettes courantes de l'approvisionnement et de la consommation annuelle ne seront point admises en déduction.

Art. 10. Une même valeur entrant dans le total de l'avoir ne pourra jamais, sous aucun prétexte, y être portée sous deux formes.

Art. 11. L'impôt direct sera établi selon l'avoir ainsi estimé, soit dans son ensemble, soit dans ses parties, à un taux régulier et égal pour tous de tant pour cent de la valeur selon les besoins de l'État fixés par la loi.

Art. 12. Le taux de l'impôt sur l'avoir ne peut être établi, augmenté ou diminué que par une loi.

Art. 13. Le maximum du taux de l'impôt ne peut dépasser 1 0/0. (Il suppose l'abolition absolue des centimes additionnels communaux et départementanx, l'abolition de l'impôt personnel, de la patente des portes et fenêtres, du décime, des frais d'avertissement, etc.)

Art. 14. Quel que soit le taux de l'impôt, 1/10 p. 0/0 sera prélevé pour les communes, deux dixièmes seront prélevés pour les départements. Les communes et les départements pourront, par leurs conseils communaux et départementaux, s'imposer extraordinairement selon leurs besoins; mais toujours directement et sur l'avoir, dans la même forme que l'impôt ordinaire.

Si l'avoir en France, en mobilier, foncier et numéraire en fonction est supposé s'élever à la somme de 120 milliards, le taux de 1 0/0 donnerait 1,200 millions, et le taux de

6/10 0/0 donnerait 720 millions ; chiffre très-modéré par la suppression de la plupart des autres impôts. Si l'avoir se réduisait à 80 milliards, 1 0/0 donnerait 800 millions, et 6/10 480 millions ; 60 millions de plus que l'impôt direct ne rend aujourd'hui.

Sur les effets de commerce et les actions industrielles.

Nous avons dit, dans la discussion générale des réformes économiques et sociales, que la fausse monnaie du commerce devait être supprimée ; que les facilités données à une foule d'improducteurs de renouveler indéfiniment un capital minime (*), ou de créer et de multiplier un capital fictif, donnaient lieu, soit à la réalisation de bénéfices illégitimes, soit à la perte de valeurs réelles appartenant à autrui ; que ces fraudes s'élevaient à des proportions telles qu'elles ébranlaient périodiquement la société par des crises commerciales d'autant plus graves qu'elles sont favorisées par des lois particulières au commerce, et suivies de liquidations et de transactions plus honteuses encore, s'il est possible, que les opérations insensées qui les amènent : des lois qui font peser toutes ces exactions, toutes ces débauches commerciales sur le travailleur, sur le producteur et sur le commerçant sérieux et honnête ne peuvent être maintenues plus longtemps.

Tous ces abus tomberaient pour ainsi dire d'eux-mêmes, si

(*) Je citerai un fait qui donne toute la théorie du crédit et de l'escompte commercial. Dans le fort de l'agiotage sur les actions de chemin de fer, un individu a pu opérer sur 100,000 fr. d'actions et réaliser des bénéfices proportionnés avec un billet de 1,000 fr. On payait alors 50 ou 100 fr. par action : il achetait donc dix ou vingt actions d'une compagnie, déposait ses dix ou vingt actions chez un banquier, qui, sur ce dépôt, lui rendait ses 1,000 fr il rachetait alors dix ou vingt autres actions : nouveau dépôt, nouveau remboursement, nouvel achat. Dans une semaine, avec son billet de 1,000 fr. il a réalisé 15 à 20,000 fr. de bénéfice.

le gouvernement pouvait remplacer les signes d'échange créés par les particuliers par des signes d'échange officiels et suffisamment garantis (*).

Projet de décret créant une banque-monnaie nationale.

L'émission d'une monnaie légale et solide en papier, tant pour faciliter les échanges que pour représenter suffisamment la somme des produits, est le meilleur moyen de faire disparaître la fausse monnaie du commerce et de l'industrie, et de diminuer la circulation de valeurs sans garantie. Toutefois, cette émission devrait être à peine le tiers de la somme des effets de commerce, parce que ces derniers présentent une valeur active énorme dépassant de trois fois environ la somme des produits, et que la valeur réelle d'une monnaie quelconque s'équilibre forcément avec la quantité de produits à représenter; cette égalité entre la valeur réelle des produits et la valeur nominale des monnaies est indispensable pour éviter la dépréciation.

Mais il ne faut pas seulement que le papier-monnaie conserve sa valeur nominale par la juste appréciation de la quan-

(*) On estime à environ 14 milliards les signes d'échange ou effets de commerce, à 2 milliards le numéraire, et à 400 millions le papier-monnaie de la Banque de France, en tout 16 milliards 400 millions; sur les 14 milliards d'effets de commerce ou de promesses de payer, il y en a cinq au moins qui ne sont pas soldés et qui constituent de la fausse monnaie; il y en a cinq autres qui sont payés, mais qui étaient créés sans valeurs correspondantes, et quatre milliards environ qui correspondent à des valeurs réelles fournies à la consommation. Les 10 milliards de valeurs fictives créent aux véritables valeurs une concurrence désastreuse, effrénée; cette concurrence enlève 5 milliards de bénéfices au commerce sérieux par compétition et usurpation, et vole 5 milliards à ceux qui livrent des valeurs réelles en échange de billets qui ne sont pas payés. Ne vaudrait-il pas mieux émettre des billets de gouvernement, avec de bonnes garanties, que de laisser à chacun la faculté de battre monnaie!

tité de son émission, il faut encore qu'il inspire toute confiance par la certitude d'obtenir, même en cas de crise, son remboursement intégral, soit en numéraire, soit en une valeur foncière équivalente.

On a proposé dans ces derniers temps un grand nombre de projets de banque qui pèchent tous par un de ces deux côtés essentiels, l'excès d'émission des billets ou l'insuffisance des garanties. Les uns cherchent leurs principales garanties dans les produits ou les effets de commerce, les autres les demandent aux immeubles. Les premiers n'offrent pas plus de garanties que le commerce et la banque ordinaires; les seconds semblent croire qu'on peut impunément transformer tout le sol d'une nation en fruits à consommer.

La somme des valeurs monétaires en métal et en papier doit être égale à la somme des produits *consommés* annuellement; toute émission supérieure entraîne une dépréciation correspondante (*).

La garantie des papiers-monnaies ne peut être autre qu'une réserve métallique ou foncière équivalente; un dépôt de numéraire et un dépôt d'immeubles : toute autre garantie est illusoire.

Par ces motifs, l'Assemblée nationale décrète :

Art. 1er. La Banque de France et la Monnaie sont réunies sous une même administration : le numéraire et le papier-monnaie seront produits et émis sous la garantie de l'Etat par l'administration de la Banque responsable.

Art. 2. La Banque de France conserve ses statuts, ses actionnaires et ses formes administratives en ce qui ne dérogera point aux dispositions suivantes.

(*) Il n'y a pas lieu de redouter l'excès d'émission tant que la monnaie officielle n'aura pas remplacé entièrement les valeurs du commerce. Ces valeurs diminueront en proportion de l'émission, et les affaires se traiteront de plus en plus au comptant. Le comptant remplacera le crédit, surtout le crédit abusif.

Art. 3. La Banque de France est autorisée à créer pour deux milliards d'actions foncières de mille francs chacune, soit deux millions d'actions.

Art. 4. Elle échangera ses actions contre une valeur égale en propriétés immobilières, qui, par cet échange, lui appartiendront en toute propriété.

Art. 5. Les actionnaires conserveront néanmoins l'usage et l'administration de leurs propriétés cédées, et cet usage et ces produits leur tiendront lieu de tous intérêts afférents à leurs actions.

Art. 6. Les actions foncières auront droit au même dividende que les actions soldées en numéraire, après le prélèvement de 6 0/0 d'intérêt au profit de ces dernières.

Art. 7. Les actionnaires fonciers pourront racheter leurs immeubles en en payant la valeur intégrale à la Banque : leurs actions seront dans ce cas changées en actions soldées en numéraire.

Art. 8. La Banque est autorisée à émettre en billets de mille, cinq cents, deux cents et cent francs, une somme égale à celle de ses actions foncières souscrites.

Art. 9. Ces billets auront cours forcé.

Art. 10. Sur dépôt d'actions foncières, les actionnaires auront droit à un prêt de la moitié de la valeur de ces actions, moyennant le payement de 3 0/0 d'intérêt par an.

Art. 11. La Banque prêtera sur hypothèques, sur consignations de billets reconnus bons, sur marchandises de première qualité, d'un placement certain, pour la moitié de la valeur des immeubles, billets et gages, moyennant un intérêt de 5 0/0, les frais à la charge des emprunteurs. Les sommes prêtées ne pourront, en aucun cas, dépasser la somme des émissions garanties.

Art. 12. La Banque se chargera des changes de place et d'encaissements, moyennant commission.

Art. 13. La Banque aura des succursales dans tous les chefs-lieux de département et dans tous les chefs-lieux d'arrondissement ; dans les cantons et les communes, les percepteurs pourront être ses agents.

Art. 14. Sur sa demande et selon les besoins reconnus, la Banque pourra être autorisée à élever l'émission de ses actions foncières.

Art. 15. La Banque devra retirer de la circulation le plus grand nombre possible de ses billets hypothécaires aussitôt que l'abondance monétaire tendrait à la dépréciation.

Art. 16. La Banque de France continuera ses opérations sur le numéraire. Sa réserve en espèces métalliques et en billets hypothécaires devra toujours être égale à la somme des billets non hypothécaires émis.

Art. 17. Elle remboursera toujours ces derniers billets, soit en numéraire, soit en billets hypothécaires.

Art. 18. Le gouvernement est autorisé à souscrire pour un milliard d'actions foncières, soit un million d'actions.

Par ces dispositions, la Banque de France devient créatrice et régulatrice du numéraire et des monnaies ; elle prévient, par une habile administration, toute pénurie et toute dépréciation par surabondance ; elle transforme la plupart des opérations à terme en opérations au comptant. Elle tue le faux crédit en substituant des valeurs réelles, actuelles, à des promesses de payer. Elle offre à tous, à l'État même, un moyen facile et solide d'emprunt ; elle met fin à la crise de l'État et des affaires.

Le mécanisme de ces opérations est très-simple.

La Banque joint à ses anciens actionnaires, auxquels elle paye 6 0/0 d'intérêt, des actionnaires nouveaux auxquels elle n'a point d'intérêt à payer. Tous les actionnaires reçoivent les mêmes dividendes ; ils ont tous droit à ses prêts sur dépôt d'actions. Seulement les actionnaires fonciers n'ont droit qu'à la moitié de la somme représentée par les actions déposées, parce que la Banque ne doit prêter que la moitié de la valeur des immeubles.

Les bénéfices se composent des 3 0/0 d'intérêt payés par les emprunteurs, actionnaires-fonciers et autres actionnaires; des 5 0/0 sur les sommes prêtées aux étrangers, et des commissions d'encaissement et de change.

Le papier-monnaie émis sous cette forme se trouve présenter une double garantie, celui qui représente les espèces comme celui qui représente les immeubles, savoir : 1° le capital métallique et foncier de la Banque; 2° les hypothèques, consignations et gages des prêts et avances.

Si toutes les opérations d'échange et de commerce, toutes les ventes et achats, toutes les constructions et travaux industriels et agricoles pouvaient se faire au comptant et se régler par des valeurs réelles, le crédit serait inutile, les promesses de payer seraient sans motif, la faillite et les crises commerciales deviendraient impossibles.

Projet de décret sur le travail.

Dans un État social où les substances alimentaires seraient à aussi bas prix que possible, où la concurrence étrangère renfermerait le capital foncier dans ses limites naturelles, et rendrait ainsi la propriété accessible aux économies du travail et de l'intelligence, où le capital fictif serait à peu près anéanti, où l'impôt serait assis sur l'avoir et non sur le dénûment, il resterait bien peu de chose à faire pour compléter l'affranchissement du travail et rendre à la capacité active la part de bien-être et le repos qui lui sont dus.

Néanmoins, pour ne rien laisser de douteux à cet égard, il est encore nécessaire de délimiter le droit au travail et de fixer un minimum de salaire d'une façon générale pour toute la France, minimum exprimé par un chiffre spécial dans chaque circonscription.

La base générale du salaire serait la somme des aliments nécessaires au travailleur, homme, femme ou enfant, somme multipliée par deux.

Le chiffre du salaire spécial aux localités résulterait de la valeur des substances alimentaires dans chaque localité.

L'Assemblée nationale décrète :

ART. 1er. Un minimum de salaire pour la journée de travail sera établi pour toute la France.

ART. 2. La base du minimum du salaire est la somme de nourriture nécessaire au travailleur par journée.

ART. 3. Le minimum de salaire est fixé pour toute la France à deux fois la nourriture journalière.

ART. 4. La nourriture d'un homme adulte travaillant est fixée à un kilogramme et demi de pain, à un demi-kilogramme de viande, à un litre de la boisson locale usuelle, plus quinze centimes pour légumes, fruits et assaisonnement. La nourriture d'une femme adulte travaillant est fixée à la moitié ; celle des enfants en état de travailler, au tiers.

ART. 5. Des mercuriales publiées tous les quatre mois dans chaque arrondissement fixeront la valeur actuelle des éléments de la nourriture pour servir de base au salaire.

ART. 6. Les travailleurs nourris par celui qui donne le travail n'ont droit qu'à la moitié du salaire.

ART. 7. La journée de travail qui donne droit au salaire s'entend d'une quantité déterminée ou déterminable d'un ouvrage exécuté pendant dix heures : quantité qui serait exécutée couramment par un travailleur consciencieux de force moyenne dans le même temps. Si cet ouvrage n'est pas accompli, le salaire n'est pas dû tout entier ; il n'est dû qu'en proportion de l'ouvrage fait.

ART. 8. Tous les hommes, toutes les femmes et tous les

enfants valides, dans un état certain de dénûment et de manque d'occupation, ont droit au travail journalier.

Art. 9. Le droit au travail ne peut s'appliquer aux arts, métiers ou professions spéciales ; il ne peut s'adresser qu'aux travaux les plus vulgaires, aux travaux que toutes les forces peu intelligentes peuvent accomplir.

Art. 10. Le droit au travail ne peut s'exercer ni envers les particuliers ni envers l'Etat.

Art. 11. Ce droit ne s'exerce qu'envers la commune, dans la commune et par les habitants domiciliés depuis un an.

Art. 12. Tout individu venant pour habiter une commune doit justifier qu'il y trouve une occupation ou qu'il a des ressources pour au moins un an d'existence.

Art. 13. A défaut de travail à donner, la commune doit la simple nourriture aux indigents valides, à plus forte raison aux indigents, invalides, malades, vieillards, enfants.

Art. 14. Avant de tomber à la charge de la commune, les indigents valides auxquels on n'a pas de travail à donner, les indigents invalides, malades, vieillards, enfants, sont à la charge de leur famille en ligne directe, et, à défaut, en ligne collatérale, jusqu'au degré successible reconnu par la loi. Puisque les liens du sang justifient l'héritage, ils rendent les charges de la famille non moins sacrées (*).

Art. 15. Tout individu indigent et valide qui refuserait le travail offert ou ne voudrait accomplir aucun travail qu'il aurait accepté n'aurait aucun droit au salaire ni à la nourriture ; la commune l'abandonnera à son sort, et s'il devient

(*) Cet article fera peut-être faire quelques réflexions judicieuses sur la véritable portée des liens du sang. Il serait par trop injuste d'admettre la famille pour ses bénéfices et de la répudier pour ses charges : la justice veut que, quand on s'associe pour les bénéfices, on s'associe aux pertes dans une même proportion ; nous ne faisons donc ici qu'appliquer les règles de la plus stricte équité.

pour elle une occasion de scandale et de désordre par le vagabondage, la mendicité ou les larcins ruraux, elle le déférera à la justice.

Art. 16. L'autorité municipale a le devoir et le droit de demander au Conseil de la commune tout l'appui et tous les subsides nécessaires pour assurer l'exécution du présent décret.

Art. 17. Les autorités de l'arrondissement et du département auront pouvoir d'intervenir, à défaut du concours de l'autorité locale, pour faire accomplir ces devoirs sacrés de l'humanité.

Lorsque, par les décrets qui précèdent, ou bien par d'autres dispositions arrivant au même résultat, nous aurons la conviction d'avoir fait tout ce qu'il était humainement possible de faire pour assurer au travail et à la capacité l'accès facile et égal pour tous aux moyens d'existence et à une juste rémunération, le devoir le plus impérieux du gouvernement sera de suivre l'application de nos lois avec une énergie et une sévérité inflexibles. Il aura à briser tous les mauvais vouloirs de l'égoïsme, à déjouer tous les calculs, à renverser tous les sophismes de l'intérêt personnel, à poursuivre à visage découvert, et par la force, au besoin, toutes les paresses, toutes les lâchetés, tous les mensonges, tous les vices qui se cachent sous le nom sacré du véritable travailleur. *Cette tâche n'a rien de difficile.*

Quand vous entrez sincèrement dans la voie du juste et du bien, vous pouvez gouverner d'une main ferme et hardie, car tous les cœurs honnêtes vous suivront dans cette voie. Vous n'avez point de ménagements à garder, point de transactions à faire, car vous avez pour vous le droit et la force de la vérité, le droit et la force de Dieu.

FIN DE LA PREMIÈRE PARTIE.

DEUXIÈME PARTIE.

RÉFORMES

ADMINISTRATIVES ET POLITIQUES.

Après avoir assuré leurs moyens d'existence par des institutions nouvelles ou des réformes qui touchent immédiatement aux éléments essentiels de la vie, les citoyens doivent poser les bases des rapports sociaux qu'ils vont avoir entre eux, arrêter les moyens d'exprimer leurs volontés, de maintenir l'ordre et la paix intérieure, en un mot s'organiser.

Ils traiteront ensuite les questions qui se rapportent au développement des facultés physiques, morales et intellectuelles; les questions d'éducation et d'enseignement; puis les questions de protection et de défenses intérieures et extérieures, individuelles et générales; l'administration de la justice et des forces nationales, les questions de relations extérieures, celles de la trésorerie publique, comprenant le budget des recettes et celui des dépenses; enfin, la question de la constitution, qui résume toutes les solutions trouvées et couronne l'œuvre de l'association.

Il ne faut pas confondre l'organisation sociale avec la constitution proprement dite; elle n'en est qu'une partie.

La constitution comprend toutes les clauses du contrat d'association, principes, avantages et charges; elle résume toutes les lois organiques fondamentales; elle comprend toutes les réformes et toutes les améliorations; elle garantit leur maintien contre le désordre et la tyrannie : il est donc indispensable que les institutions soient toutes discutées, convenues et formulées avant la constitution, avant la rédaction de l'acte qui lie les citoyens et les constitue en société. S'il en était autrement, la constitution serait sans valeur et sans durée comme la plupart de celles qui se sont succédé jusqu'à nos jours.

ORGANISATION SOCIALE.

Tous les hommes sont égaux :

Mais ce n'est ni par leur force, ni par leur esprit, ni par leur énergie, ni par leurs passions, toutes circonstances permanentes, et pour ainsi dire nécessaires, d'inégalité.

Le principe unique de l'égalité, c'est l'existence, c'est la vie.

La vie n'est pas susceptible de plus ou de moins : elle est ou elle n'est pas, voilà tout. C'est en ce principe que tous les hommes viennent se confondre.

Quand leur existence est mise en question, ils reconnaissent alors qu'ils ne sont ni plus ni moins les uns que les autres. L'aspect de la mort dessille tous les yeux et montre le néant de la fortune, des places et des titres.

Les hommes ont un droit égal à la vie, puisque la vie domine et absorbe tous les autres avantages dont les hommes peuvent être jaloux, et ce droit précède toutes les conventions.

L'organisation d'une société peut être bonne ou mauvaise ; elle peut être l'œuvre d'un seul ou l'œuvre de tous ; elle peut être imposée ou consentie ; elle peut faire des riches et des pauvres, des propriétaires et des prolétaires, des gouvernants et des

---

L'exposé des motifs et la loi électorale ci-dessus et ci-après ont été déposés par moi le 5 avril 1848 au secrétariat du gouvernement provisoire.

gouvernés ; elle a toujours pour objet principal de régler les attributions de l'existence de chacun.

Il est donc évident que chaque citoyen, par cela seul qu'il vit et qu'il veut vivre dans une société qui se constitue, a un intérêt et un droit égal à l'intérêt et au droit de chacun des autres citoyens. Il est évident qu'il importe davantage au plus sot, au plus faible, au plus pauvre, qu'au plus fin, au plus fort, au plus riche, de discuter ou de faire discuter les clauses d'un contrat qui lui garantit ce qu'il possède de plus précieux au monde et détermine l'usage qu'il peut et qu'il doit en faire.

Une organisation sociale, pour être bonne et équitable, doit donc admettre tous les citoyens à exprimer leurs vœux, à défendre leurs intérêts, à réclamer la satisfaction de leurs besoins ; elle doit les admettre tous au même titre.

Jamais les choses ne doivent entrer dans l'estime des personnes à l'égard des questions sociales, car les questions sociales touchent toutes à la vie ; et, nous l'avons dit, en ce point tous les hommes sont égaux en fait et en droit : l'esclave, le serviteur à gages, ne le cèdent en rien, sous ce rapport, aux autres citoyens.

Si tous les citoyens pouvaient délibérer et s'entendre directement dans une seule assemblée, il paraît évident que l'organisation sociale serait la meilleure et la plus simple possible. Mais la France est trop étendue et sa population trop nombreuse pour qu'il puisse en être ainsi : les citoyens ne peuvent délibérer que par délégation ; ils doivent charger des mandataires ou représentants de défendre leurs intérêts et d'exprimer leurs volontés.

Cette nécessité n'est point un malheur : tous les hommes sentent la gêne qui les entrave, l'injustice qui les frappe, l'injure qui les indigne, les privations qui les exténuent : tous sentent parfaitement le mal, mais tous ne sentent pas où est le bien ; tous sont sensibles à la douleur et à la maladie qui les étreint, un très-petit nombre d'entre eux connaissent le remède, un plus petit nombre encore savent le préparer et l'appliquer en temps et lieu convenables.

On peut affirmer sans crainte et sans hésitation que les constitutions et les lois proposées par une assemblée composée de tous les citoyens seraient absurdes ; on peut affirmer que le gouvernement exercé par tous serait atroce ou ridicule. La nécessité d'exprimer sa volonté, de défendre ses intérêts par délégation se présente donc comme le moyen le plus rationnel et le plus efficace d'exercer sa souveraineté.

Combien de citoyens en France se fieraient à leurs propres forces pour se défendre dans un procès !

Combien s'en rapporteraient à eux-mêmes pour se traiter dans une maladie !

Combien seraient en état de traiter directement les questions de physique, de mécanique, de construction, de mathématiques, de géologie, d'agriculture, d'industrie, de commerce, de littérature, de philosophie et de religion!

Eh bien! la physiologie des nations, c'est-à-dire les principes de leur existence et les fonctions de leurs organes, est plus difficile à étudier que toutes ces sciences! Aucune question plus délicate et plus compliquée ne peut être posée à l'esprit humain que celle de la vie régulière et florissante d'une nation. Elle ne peut donc être ni traitée ni résolue par les masses : le gouvernement par tous est une extravagance.

La délégation en politique et en économie sociale est la protection la plus certaine et la garantie la plus solide du droit public et privé ; l'intervention directe est l'annihilation de ce droit par l'ignorance, la divergence et la lutte.

La délégation se confère par le choix, par l'élection.

Le droit d'élection appartient à tous les citoyens.

Il s'exerce à l'égard de l'état social tout entier par l'universalité des citoyens, et à l'égard des subdivisions départementales et communales par les citoyens habitant le département et la commune.

L'élection générale a pour objet le choix des représentants de toute la France pour former l'assemblée nationale, qui délibère sur les intérêts généraux, détermine les droits, devoirs et charges de chacun envers la nation, envers les magistrats, envers les autres citoyens, qui organise et fait fonctionner régulièrement la société par la constitution et par les lois qu'elle impose souverainement au nom et dans l'intérêt du peuple tout entier.

Le droit d'élire les membres de l'Assemblée nationale peut s'exercer de deux manières : ou bien directement du citoyen au représentant, ou bien à deux degrés, du citoyen à un délégué qui nomme le représentant.

L'élection directe peut avoir lieu suivant deux modes principaux :

1° La France peut être divisée en autant de circonscriptions qu'il conviendrait de nommer de représentants, et dans ce cas un seul représentant serait choisi directement par les citoyens habitant la circonscription.

2° L'élection directe serait faite par département : chaque département enverrait à l'Assemblée nationale un nombre de représentants correspondant à sa population, et tous les citoyens habitant le département nommeraient ces députés par scrutins de liste(*).

Ce dernier mode est le plus mauvais, ou pour mieux dire il ne donne pas une représentation nationale. Il ne peut donner lieu qu'à l'élection d'hommes mis en relief par le pouvoir, par les journaux, par un parti puissant, ou bien par des rumeurs ou

(*) La circulaire du 27 mars 1848 envoyée à tous les cantons du département de Seine-et-Oise par le comité électoral du canton d'Argenteuil, signale les principaux inconvénients de ce mode d'élection ; elle est reproduite en entier à la fin du volume.

des colportages rapidement organisés. Sauf un petit nombre de noms justement connus et estimés de tout un département et même de toute la France, la plus grande partie des élus ne devra pas son succès à la capacité, à la probité et au dévouement sincères et bien connus de la majorité des électeurs. Dans ce système, où la plupart des candidats sont acceptés sur parole, les choix se font, non pas directement, mais à trois et quatre degrés : les communes envoient des délégués aux cantons, les cantons aux arrondissements, les communes, cantons et arrondissements au département. Là les listes sont faites par la délégation au troisième ou quatrième degré, renvoyées aux cantons et aux communes, qui votent souvent sans connaître un seul des candidats nommés. Si les électeurs retranchent de la liste quelques noms inconnus pour y porter les hommes de leur choix, leurs voix sont perdues, parce que le remplissage reste le même pour tout le département. Ce mode d'élection est tellement vicieux, qu'il pourrait arriver qu'une minorité bien disciplinée nommât tous les représentants de la France. Il faudrait, pour neutraliser l'intrigue, organiser une intrigue pareille dans la majorité, c'est-à-dire éloigner toute conscience et toute liberté des élections.

Quant au premier mode, *l'élection directe d'un seul représentant par circonscription,* il aurait sur le second mode l'avantage d'assurer l'élection à la majorité, et de faire connaître parfaitement à la circonscription les candidats qui s'y présenteraient; il n'admet pas non plus les noms de remplissage. Mais ce mode d'élection, comme le second mode, entraîne des déplacements, des pertes de temps et d'argent pour transport et séjour, qui le rendent très-onéreux pour tout le monde, et impraticable pour un grand nombre.

Les statistiques de la population française indiquent huit millions d'hommes au-dessus de vingt et un ans. Sur ce nombre nous supposerons que sept millions se présenteraient pour exercer leur droit d'électeur. Nous supposerons qu'ils soient appelés à élire six cents représentants (et c'est beaucoup) (*), chaque député correspondrait à douze mille électeurs. Peu de localités pourraient cantonner et nourrir un pareil nombre d'hommes. En admettant d'ailleurs par chaque électeur une perte de temps égale à trois journées de travail à 2 fr., plus une dépense pareille par journée pour nourriture et transport, soit 4 fr. de perte par jour et par individu, les élections directes ne coûteraient pas moins de 84 millions de dépenses improductives à la France.

(*) Nous disons qu'une assemblée de six cents membres est déjà trop nombreuse; car en politique comme dans les sciences les plus élevées, les questions ne se résolvent ni par le nombre, ni par les discours, ni par l'enthousiasme. Les bonnes lois sont l'œuvre du recueillement et de la méditation, presque toujours l'œuvre d'un seul. Je doute qu'une assemblée de savants ait pu découvrir les lois de la gravitation, la nomenclature chimique, ou seulement les effets de l'éther. Plus les assemblées sont nombreuses, moins elles sont calmes, plus elles se laissent entraîner bien loin de la simple et modeste vérité.

Elire sur place, connaître intimement le citoyen auquel le mandat de choisir un représentant est confié, telles sont les deux conditions indispensables à la sincérité des élections et à l'intérêt de la nation.

Mais on doit reconnaître aussi, avec un grand nombre de publicistes, qu'il ne faut pas enlever à l'élection du représentant le caractère de puissance et le mouvement énergique que lui imprime une nombreuse assemblée.

En conséquence, il conviendrait que douze électeurs choisissent *entre eux* un délégué. Chaque collége se composerait de mille délégués, nombre suffisant pour donner à l'élection toute la solennité possible, solennité d'autant plus grande que les membres de l'Assemblée sont déjà élevés à leurs propres yeux par l'honneur d'un premier suffrage. La France serait ainsi divisée en 600 colléges correspondant à 60,000 habitants environ.

Par ce moyen aussi, les colléges seraient toujours tous complets et tous égaux, car personne n'oserait accepter la délégation pour ne pas la remplir : ce qui n'était qu'un simple droit pour l'électeur devient un devoir impérieux pour le délégué.

Les premiers besoins d'une société naissante sont l'ordre, le calme et le respect de sa propre dignité. Jamais ces conditions ne doivent être exigées avec plus de sévérité qu'au moment où la nation exerce sa souveraineté, au moment où elle choisit ses représentants. Nous ne pensons pas qu'il soit conforme au vœu du peuple et à l'intérêt de la France qu'un grand nombre de citoyens pauvres soient réduits à ne pouvoir exercer leur droit ou forcés de vendre leur voix pour leurs frais de transport et leur nourriture aux élections ; nous ne pensons pas que la sincérité des élections doive être troublée par les inquiétudes et les agitations qu'il est si facile de semer dans la foule. Nous ne voulons pas que le premier énergumène venu, sans probité et sans vertus connues, puisse s'emparer du suffrage des masses, dont la pensée est incertaine, et dont la conscience ne peut être suffisamment éclairée sur le choix d'un candidat trop en dehors de leur sphère, et trop éloigné d'elles dans le cours ordinaire de leur vie.

Les masses, dit-on, ne se laissent pas corrompre ; c'est une erreur, elles se laissent corrompre souvent et entraîner toujours. Le seul moyen de prévenir toute corruption est l'élection à deux degrés. La veille de son élection le délégué n'est pas connu, donc il n'est pas corruptible ; s'il accomplit son mandat dans les huit jours de son élection pour entrer immédiatement dans le néant, il ne peut être corrompu par deux raisons : la première, c'est qu'en général on ne déshonore pas une mission qu'on vient de recevoir ; et la seconde, c'est que le délégué n'aurait, après l'élection du député corrupteur, aucun titre pour exiger l'exécution des promesses.

A nos yeux, l'élection à deux degrés est la seule respectable, la seule qui puisse donner une représentation véritable, une représentation digne de la France. Si la République, objet de tous nos vœux, de toutes nos espérances, devait présenter nécessairement le spectacle déplorable des élections passées et de leurs conséquences, si son existence était fondée, *sine quâ non*, sur d'ignobles prétentions individuelles, sur la lutte nécessaire de partis extrêmes aussi méprisables les uns que les autres, soit par l'égoïsme conservateur, soit par l'avidité spoliatrice; loin de soutenir la République, nous la combattrions avec toute l'énergie de l'indignation et du dégoût.

Heureusement pour nous, la cause du mal est évidente : avec l'élection directe au département par scrutin de listes, un gouvernement sorti de ses propres instincts a pu former en partie la représentation à son image. La France a été surprise, mais elle reprendra ses esprits, et la vraie République naîtra du vote à deux degrés; ou bien, si la crainte des influences des châteaux, des grands propriétaires, des chefs d'industrie, crainte que je crois chimérique, faisait repousser le suffrage à deux degrés, *le suffrage direct, nommant à la majorité absolue un seul représentant par circonscription*, serait notre dernier refuge.

L'élection par département et par scrutin de listes peut, non-seulement déléguer la souveraineté à la minorité, dans une foule de conditions, mais jamais elle ne peut s'exercer avec intelligence et en connaissance de cause. Les rumeurs, les colportages, les listes imprimées, affichées, publiées par les journaux, voilà ses seules bases possibles ; l'intelligence du mandat, la conscience de la ligne politique qui sera suivie, l'appréciation des garanties offertes par les candidats, n'entrent pour rien dans son exercice. Dans l'élection par circonscription fractionnée, la connaissance est plus précise, les engagements sont plus sérieux, les rapports plus clairs et les liens de la conscience moins faciles à rompre. Une circonscription sait toujours dans quel sens politique elle nomme un représentant : un département, qui en nomme dix, ne saurait pas expliquer à quoi ses représentants sont tenus envers l'opinion qui les envoie, puisque les opinions les plus contradictoires sortent de la même urne. De cette façon, le gouvernement ignore la véritable mission de l'Assemblée nationale, et la nation ne peut prévoir ce que vont faire ses représentants ; à moins qu'une trame habilement ourdie n'assure le triomphe d'un parti, et n'arrache à la nation surprise une majorité dont les listes sont dressées à l'avance. Mais il n'y a dans ce cas ni élection ni représentation nationale, il n'y a qu'une intrigue.

L'élection à deux degrés et l'élection directe d'un seul représentant par circonscription, offrent le même avantage de logique, de sincérité et de majorité certaine dans l'expression de l'opinion ; mais la première offre sur la seconde l'avantage du calme, de l'intelligence et de l'incorruptibilité.

Dans ce système, tous les citoyens sont électeurs, tous peuvent être délégués. Le choix d'un délégué entre douze électeurs conserve au mandataire tout le caractère local, toute la physionomie d'une opinion fractionnée, selon les conditions et les circonstances de la vie de voisinage; un nombre beaucoup plus grand d'électeurs pour un délégué enlèverait à la délégation une partie notable de son homogénéité.

La seule condition qui pourrait raisonnablement séparer la qualité d'électeur de la qualité d'éligible, serait une condition d'âge. Si tous les citoyens âgés de vingt et un ans sont appelés à élire, un peu de maturité de plus pourrait être exigée du candidat à la représentation nationale. En fixant à vingt-cinq ans l'âge de l'éligibilité, c'est laisser encore une grande latitude à l'inexpérience et à la fougue de la jeunesse; c'est ouvrir une assez large place aux élans de son génie.

Aucune autre différence ne doit être apportée entre le droit d'élire et la faculté d'être élu, parce que le citoyen qui réunit la majorité des suffrages d'un collége est par cela même un grand citoyen; sa qualité de représentant du peuple le place au-dessus de toute critique particulière; il n'appartient à personne de contester le jugement du peuple par l'élection.

Afin que le droit d'éligibilité ne soit pas illusoire,

il importe d'attribuer un traitement à chaque représentant. Ce traitement doit être annuel, afin que les sessions ne soient pas prolongées indéfiniment. D'un autre côté, les fonctions de représentant doivent être regardées comme une charge qui, pendant la session ou dans l'intervalle des sessions, demande de grands travaux, et non comme un honneur dont on use à son aise. Un représentant ne vient pas à l'Assemblée nationale pour se faire admirer par quelques discours; il doit apporter aux affaires du pays tout son temps, toute sa capacité et toute son activité : aussi tout représentant devra toucher son traitement, et, sous aucun prétexte, il ne pourra le refuser; il est forcément salarié de l'État.

D'un autre côté, et par ces mêmes motifs, tout représentant renonce, non-seulement aux traitements qu'il pourrait toucher pour d'autres charges, mais il renonce expressément à l'exercice et à la conservation de toute autre fonction publique : l'incompatibilité la plus absolue entre les fonctions du pouvoir exécutif et celles du pouvoir législatif est un principe essentiel à la dignité et à l'intégrité de la représentation nationale. Les ministres, sous-secrétaires d'État, et autres ne peuvent voter dans leur propre cause, et les représentants conserveront toute leur indépendance et toute leur sévérité contre un pouvoir qui n'engagera jamais leur considération personnelle par communauté de rang et de fonctions.

Projet de loi électorale (*).

ARTICLE 1er. Tout citoyen français, majeur et libéré du service militaire, est électeur, pourvu qu'il ne soit ni flétri, ni interdit légalement.

ART. 2. Le droit d'élection ne s'exerce qu'au domicile réel. (La qualité de Français, la majorité et le domicile s'établissent selon les lois existantes.)

ART. 3. Les électeurs sont groupés dans l'ordre de voisinage, par série de douze citoyens.

ART. 4. Les douze électeurs formant une série choisissent *entre eux* un délégué.

ART. 5. Mille délégués réunis au lieu désigné pour l'élection constituent un collége.

ART. 6. Chaque collége nomme un représentant.

ART. 7. Tout citoyen français âgé de plus de vingt-cinq ans pourra être élu représentant, quel que soit son domicile, pourvu qu'il ne soit ni interdit, ni flétri légalement.

ART. 8. Les délégués devront se réunir en collége et nommer un représentant dans les huit jours de leur élection.

ART. 9. Les représentants élus se réuniront en *Assemblée nationale* dans les dix jours qui suivront leur nomination.

(*) En donnant ce projet de loi, je n'entends point ici, non plus que dans tout cet ouvrage, faire autre chose que présenter des réformes à discuter lors de la révision légale de la Constitution.

Dispositions d'exécution.

Art. 10. Les élections des délégués auront lieu par communes, par quartiers, par rues, dans un local ou dans plusieurs locaux à la fois désignés par la municipalité. Les séries entreront successivement et par numéros d'ordre dans la salle des élections; le nom de chaque électeur composant une série sera vérifié par un appel. La série votera immédiatement par bulletins écrits dans la salle, pliés et déposés dans l'urne; le dépouillement sera fait, et le nom du délégué ayant réuni la majorité absolue sera proclamé et inscrit sur-le-champ. Les élections seront présidées par un membre de l'autorité municipale, auquel se joindront deux membres de la série votante pour former le bureau. Chaque délégué nommé recevra à l'instant même une carte signée par l'officier municipal, revêtue du cachet de la mairie, et sur laquelle le délégué apposera lui-même sa signature. Sept membres présents d'une série suffiront pour valider l'élection ou pour constituer une série fractionnaire. Si après la formation des séries d'une localité, la fraction d'électeurs restant était moindre de sept, et égale à quatre, au moins, elle serait jointe à la série la plus voisine, et divisée en deux séries fractionnaires de sept membres ou plus.

Art. 11. Dans les quarante-huit heures qui suivront leur élection, les délégués se réuniront en collége de mille délégués, au lieu le plus central désigné par le président du tribunal de première instance. Pendant quatre jours, de dix heures du matin à quatre heures du soir, ils entendront les candidats à l'Assemblée nationale; le septième et le huitième jour seront consacrés à l'élection. Le bureau sera présidé par un membre du tribunal de première instance ou de la cour d'appel pendant toute la durée des opérations; les juges de paix des cantons formeront le bureau. Si, dans un même arrondissement, le nombre de mille délégués, répété en un, deux ou en un nombre quelconque de colléges, laissait une fraction au-dessous de sept cent cinquante délégués, cette fraction serait répartie entre les autres colléges par affinité de voisinage, sans, toutefois, qu'un collége puisse descendre au-dessous de sept cent cinquante membres ni s'élever au-dessus de douze cent cinquante.

Art. 12. Les délégués seront tenus de prendre tous part au scrutin, sous peine d'une amende de cent francs, sauf le cas d'empêchement légitime.

Art. 13. Le vote aura lieu par bulletins secrets écrits dans la salle des élections, pliés et déposés dans l'urne sur appel nominal. L'élection se fera à la majorité absolue des suffrages.

Art. 14. Les candidats ne pourront se livrer à aucune démarche personnelle, directe ou indirecte, auprès des délégués; ils ne se mettront en rapport avec eux que par des écrits publics avant la réunion des colléges, et par des professions de foi et des explications orales ou écrites, publiques aussi, pendant cette réunion jusqu'au jour assigné à l'ouverture du scrutin ; à partir de ce jour jusqu'à l'élection, les candidats devront s'éloigner de la commune où siége le collége.

Art. 15. L'interdiction la plus absolue de toute démarche de l'autorité civile, militaire ou judiciaire, des fonctionnaires salariés par l'État, du dernier comme du premier degré, auprès des électeurs et des délégués, pour ou contre un candidat, est formellement prononcée, à peine de destitution radicale ; le fonctionnaire fût-il inamovible. Le plus grand crime qui puisse être commis contre une nation est de l'entraver dans l'exercice de sa souveraineté et de fausser sa représentation.

Art. 16. Le dépouillement du scrutin ayant donné la majorité absolue à un candidat, le candidat élu sera proclamé publiquement représentant du collége par le bureau. Acte lui sera donné de cette proclamation, et le procès-verbal des opérations du collége immédiatement adressé à la Cour de cassation.

Art. 17. La Cour de cassation vérifiera les opérations ; si elles sont conformes aux lois, elle les confirmera définitivement par un arrêt ; sinon, elle cassera l'élection, et convoquera à bref délai le collége, en indiquant par un arrêt motivé les illégalités commises.

Art. 18. Les représentants sont élus pour trois ans. Ils sont inviolables pendant toute la durée de leur mandat. L'Assemblée nationale seule a le droit d'ordonner d'office l'arrestation ou la mise en jugement d'un de ses membres; l'initiative contre l'inviolabilité du représentant n'est confiée à aucune autre autorité.

POUVOIRS DE L'ÉTAT.

L'Assemblée nationale, siégeant en assemblée délibérante régulière, organisée par ses propres résolutions, constitue le *pouvoir législatif*, en dehors et au-dessus de tout autre pouvoir. Elle représente le peuple dans sa souveraineté : elle est l'expression la plus intelligente, la plus noble et la plus majestueuse de la nation.

Semblable au cerveau qui reçoit toutes les impressions, qui sent tous les besoins, qui commande tous les mouvements, toutes les fonctions des milliers d'organe qui le sollicitent et l'animent, elle pense, elle délibère, elle décide, en un mot, elle fait la *loi*; mais elle ne l'applique pas, elle ne doit pas l'appliquer, pas plus que le cerveau ne s'occupe et ne peut s'occuper de remplir les fonctions des organes. La substance cérébrale n'a pas la force contractile de la fibre musculaire ; la tête ferait de vains efforts pour courir comme les jambes ou pour étreindre comme les bras.

L'Assemblée nationale doit donc constituer à côté d'elle, au-dessous d'elle, une puissance à part, d'une contexture spéciale, propre à développer la force et la vitesse dans l'exécution de ses volontés ; propre en même temps à entretenir une vie organique, régulière, indispensable à la prospérité générale.

Cette puissance à part, à côté d'elle et au-dessous du *pouvoir législatif*, c'est le *pouvoir exécutif*.

Pendant que le pouvoir législatif pense, délibère, décide, il faut que le pouvoir exécutif applique la constitution et les lois antérieurement faites ; il faut qu'il maintienne l'ordre intérieur et extérieur ; il faut qu'il veille à la défense et aux intérêts de la nation. Comme un intendant investi de toute la confiance d'un grand seigneur, il défend notre terrain, il stipule nos intérêts par des contrats avec l'étranger, il fait donner l'instruction, respecter la religion, il veille à la conservation et à l'établissement de nos voies de communication, il entretient nos moyens de défense, il maintient chaque citoyen dans son devoir, il établit surtout l'ordre le plus rigoureux dans nos finances.

Au *pouvoir législatif,* tantôt le calme, l'immobilité de la pensée et de la méditation ; tantôt l'évolution brillante des idées du progrès, les tournois d'éloquence et de philosophie politique ; tantôt la guerre des opinions, les orages tonnants et fulgurants d'où tombent sur la terre les vérités fécondes, ou les sophismes, fléaux destructeurs.

Au *pouvoir exécutif,* tantôt l'activité régulière au milieu de l'ordre et de la paix ; tantôt la vigilance excitée par des bruits lointains, par de sourdes rumeurs : le lion lève la tête, écoute, regarde, il contracte ses muscles, il est fier et beau dans sa force ; tantôt l'énergie de la lutte et de la bataille : l'action domine la pensée, l'instinct l'emporte sur le raisonnement, la nation triomphe ou succombe.

Nous avons vu l'origine du pouvoir législatif et sa personnification dans l'Assemblée nationale ; quelle sera l'origine du pouvoir exécutif, quelle sera sa personnification ?

Le pouvoir exécutif doit être nommé par l'Assemblée nationale.

Il doit être conféré à un seul homme.

Si les électeurs nomment l'*intendant de la constitution et de la loi*, autrement dit *président de la République*, le président de la République est plus puissant que la constitution et que la loi.

D'où viennent la constitution et la loi? de la souveraineté du peuple transmise par l'élection.

D'où viendrait le président de la République ? de la souveraineté du peuple transmise par l'élection.

Qui l'emporterait de la loi ou du président? Le président sans contredit, car la loi peut avoir des majorités contestables dans le peuple qui n'a délibéré que par délégation : la majorité du président serait absolue et évidente. La loi a besoin d'être expliquée pour être comprise de tous : elle froisse les intérêts et les libertés ; un individu, une personne n'a pas besoin d'explication, elle est aimée ou haïe par la foule, voilà tout. Si elle est aimée, elle pourra faire beaucoup de mal avant que le peuple lui retire sa confiance ; si elle n'est pas aimée, le peuple ne comprendra jamais tout le bien qu'elle peut et qu'elle veut lui faire.

En donnant une même origine, *la souveraineté du*

peuple, au pouvoir législatif et au pouvoir exécutif, vous faites un monstre à deux têtes : un monstre à deux têtes ne peut pas vivre.

Le peuple ne peut déléguer deux fois sa souveraineté ; l'Assemblée nationale, devenue souveraine par délégation, peut seule déléguer le pouvoir exécutif.

Le pouvoir exécutif doit être délégué à un seul, parce que, dans une organisation motrice, le principe de la force et de la vitesse doit partir d'un seul et même point : plus les rouages de la machine où le moteur va porter son action sont nombreux et compliqués, plus l'unité dans l'impulsion est indispensable.

L'Assemblée nationale nomme donc le président de la République ; elle lui donne tout pouvoir de faire observer la constitution et les lois, constitution et lois auxquelles le président est soumis et dévoué au même titre et au même degré que tous les autres citoyens ; elle lui donne le pouvoir de faire la paix ou la guerre, de passer les traités avec l'étranger ; elle lui donne le pouvoir de choisir ses agents ou ministres et de rendre toutes les ordonnances nécessaires pour assurer l'exécution des lois et pourvoir aux éventualités. Elle le rend personnellement responsable de tous ses actes.

Le pouvoir exécutif est délégué pour trois ans. L'Assemblée nationale nomme le président de la République à la fin de la législature, c'est-à-dire à la fin de sa troisième et dernière session ; la législature suivante n'a aucun pouvoir direct à exercer contre le président. Le président est inamovible pendant les trois années où le pouvoir exécutif lui est délégué ; il n'a de même aucun droit de dissolution et aucun autre pouvoir sur l'Assemblée nationale. Il promulgue les lois, mais il n'a point à leur donner ou à leur refuser sa sanction ; son premier devoir et sa fonction principale sont de les mettre immédiatement à exécution.

Il importe, avant de pénétrer plus avant dans l'organisation sociale, d'établir la différence qui existe entre la *constitution* et les *lois*. La constitution est le pacte fondamental de la société, le contrat par lequel les citoyens se sont engagés, avant de fonder un gouvernement régulier, à respecter et à faire respecter au gouvernement certains principes, certaines formes, certaines conditions dont l'inobservation entraînerait de droit la dissolution de l'ordre accepté et le renversement du gouvernement. Les lois sont les conventions, les résolutions, les dispositions votées par le pouvoir législatif dans les limites de la constitution. Toute loi qui change la constitution ou déroge à ses principes doit être repoussée par tous les citoyens : elle rend l'insurrection légitime.

La constitution doit donc être sanctionnée par le peuple. La sanction seule la rend obligatoire et sacrée pour le pouvoir législatif comme pour tous les autres pouvoirs.

Le gouvernement qui vient d'être renversé soutenait une doctrine bien dangereuse pour le peuple comme pour lui-même. *Puisque nous avons fait la charte*, disaient les membres du gouvernement, *nous pouvons bien la modifier*; l'assentiment des trois pouvoirs légitime tout. Cette manière de voir détruit toute espèce de constitution et enlève au peuple toutes ses garanties.

Une constitution nouvelle se rédige sous l'empire de l'égalité des droits et sous le règne de la toute-puissance du peuple; elle renferme donc tous les principes d'égalité et de liberté, tous les principes de justice. Peu à peu les circonstances changent, le peuple rentre dans ses habitudes paisibles et laborieuses, les gouvernants sont entourés de solliciteurs de places et de priviléges; eux-mêmes ne seraient pas fâchés d'échapper à la critique et à la contrainte; ils s'entendent donc merveilleusement, et d'un commun accord ils modifient en leur faveur le pacte fondamental.

La constitution doit être sacrée pour le pouvoir législatif; elle ne peut être établie ni modifiée sans être soumise à l'acceptation de tous les citoyens dans son ensemble d'abord, et dans ses modifications toutes les fois que les différentes législatures croiront utile ou nécessaire de la modifier.

A la lecture des pages qui précèdent on reconnaît qu'elles ont été écrites avant le vote de la constitution et avant la détermination du mode d'élection du président de la République. Je respecte le pouvoir législatif et le pouvoir exécutif tels qu'ils sont constitués; mais l'expérience a déjà fait sentir à l'Assemblée constituante qu'on ne brave jamais en vain les lois fondamentales de la logique et de la raison. L'avenir le fera mieux comprendre encore à la nation tout entière.

Représentants du peuple, vous vous êtes égarés!

Vous n'avez pas appelé le suffrage universel à sanctionner la constitution que tous les citoyens peuvent lire et juger.

Vous avez invoqué le suffrage universel pour élire *un homme* qu'il n'est donné à personne de deviner pour l'avenir.

L'*homme* est-il donc plus grand que la constitution?

Son caractère, ses vues, ses projets sont-ils plus clairs que les tables de la loi?

Représentants du peuple, vous avez dédaigné le jugement du peuple pour vos actes : vos actes resteront les vôtres!

Vous avez déféré le choix d'un agent suprême au jugement du peuple : il sera plus puissant que vos actes!

Il est plus puissant que vous-mêmes, car votre souveraineté est un neuf centième de la sienne.

Pour balancer sa force, il vous faudrait penser,

décider, agir comme un seul homme, et vous êtes divisés de pensées, de jugement et d'action.

Vous avez donc résigné d'avance, sans le vouloir, sans le savoir peut-être, la dictature entre ses mains.

La souveraineté déléguée est absolue ; elle ne se raisonne pas ; elle ne se divise pas ; elle ne peut se déléguer simultanément à deux sans conflit. Deux souverains ne peuvent co-exister dans une nation.

L'Assemblée nationale souveraine pouvait choisir et nommer le chef du pouvoir exécutif : elle le devait, car la *loi* doit diriger et dominer l'action ; la pensée et la raison doivent conduire la main.

Elle le devait, car les représentants se connaissent entre eux ; ils connaissent leur caractère, leurs capacités, leurs intentions, et le peuple ne connaît pas les candidats.

La nomination d'un chef du pouvoir exécutif par 8 millions d'électeurs, soldats, ouvriers, vignerons, laboureurs, commerçants, propriétaires, est un coup de dé où l'intelligence n'a pas la moindre part.

Pour que le suffrage ait toute sa valeur et toute sa puissance, il faut qu'il s'exerce dans les limites du connu.

Ainsi dix ou vingt hommes d'un même village, d'une même rue, d'une même maison, peuvent déléguer un d'entre eux avec intelligence et en connaissance de cause.

Cinq cents ou mille hommes, ainsi *délégués*, formant un collége, peuvent entendre des candidats, lire leurs professions de foi, les interroger, et choisir ainsi avec intelligence et en connaissance de cause un *représentant*.

Six ou neuf cents représentants, après trois années de session, peuvent choisir entre eux, avec intelligence et en connaissance de cause, *un président de la République*.

Le président ainsi nommé est le lien naturel, la transition expérimentée entre les trois années passées sous une législature et les trois années qui vont s'écouler sous une autre ; il représente la marche établie dans des voies éprouvées, tandis que la nouvelle assemblée apporte ses vues d'avenir et de progrès.

Le chef du pouvoir exécutif doit être indépendant de l'assemblée législative ; il doit savoir la guider et la rappeler sans cesse à des délibérations positives, utiles à la vie sociale ; il doit lutter avec énergie contre les divagations et les utopies qui menaceraient l'existence de tous.

Il importe donc que le président de la République soit la personnification d'un vaste système qui comprenne et embrasse toutes les branches, toutes les ramifications de l'organisation nationale, tous les ressorts, toutes les ressources, tous les moyens qui peuvent faciliter sa marche et la rendre harmonieuse. Il faut qu'un tel système soit dans sa tête et dans son cœur, dans son intelligence et dans sa volonté; il faut qu'il soit en lui et non en d'autres, car l'unité dans le principe moteur est la première condition de la transmission du mouvement à une machine compliquée.

Ceux qui nient la nécessité d'un pouvoir exécutif indépendant, dans de certaines limites, ne connaissent pas la loi qui régit toute *organisation vivante*, loi qui sépare la vie organique de la vie intellectuelle ; ils ne savent pas que le cœur bat et porte la nourriture et la force dans toutes les parties du corps indépendamment de la tête, indépendamment de la volonté ; ils ignorent sans doute que si la tête, la volonté, devaient diriger directement les fonctions organiques et nutritives, l'organisation périrait bientôt pendant leur sommeil ou leurs distractions.

Mais par cela même que le pouvoir exécutif doit être mis à l'abri des caprices, des oscillations et des distractions de l'Assemblée nationale, par cela même qu'il doit être indépendant du pouvoir législatif, tout en restant sous la dépendance absolue de la constitution et de la loi, ses prétentions ou ses entreprises pourraient inspirer à l'Assemblée nationale des appréhensions légitimes pour elle-même, pour les lois et pour la constitution.

D'un autre côté, si le pouvoir législatif votait des lois en dehors de la constitution ; si ces lois, sans violer ouvertement la lettre du pacte fondamental, en altérait sensiblement l'esprit, qui donc serait juge entre la constitution et le pouvoir législatif?

Si le pouvoir exécutif refusait d'appliquer les lois votées par le pouvoir législatif, ou s'il en faisait une fausse application, qui donc serait juge entre le pouvoir exécutif, ses actions et ses organes, et le pouvoir législatif et les lois?

Ce *juge*, ce *gardien*, ce *conservateur* de la constitution et des lois, sera le *pouvoir judiciaire*.

Tant qu'il n'existera pas un pouvoir indépendant du pouvoir législatif et du pouvoir exécutif, chargé de faire respecter rigoureusement la lettre et l'esprit de la constitution et des lois, dans la confection et dans l'application desquelles il demeure parfaitement désintéressé, nous n'aurons ni lois ni constitution.

Tant que le pouvoir législatif pourra faire des lois contraires à la constitution sans qu'aucune autorité puisse casser ces lois, le pouvoir législatif méconnaîtra la constitution.

Tant que le pouvoir exécutif pourra rendre des ordonnances contraires aux lois et à la constitution, sans contrôle et sans frein constitutionnel, le pouvoir exécutif violera la constitution et les lois.

Tant que les dépositaires de l'autorité pourront appliquer injustement les règlements, ordonnances et lois aux particuliers, sans que les particuliers puissent recourir directement et immédiatement à un pouvoir impartial et désintéressé, l'administration traitera despotiquement les particuliers.

Depuis trente ans les lois politiques et administratives ne sont plus qu'un vaste arsenal dont le gouvernement et l'administration tirent les armes qu'il leur convient d'employer à une époque, et remisent celles qu'ils veulent méconnaître ou qu'ils ne veulent pas utiliser pour le moment.

Cette partialité révoltante, cet abus cynique de lois et règlements des âges les plus reculés et les plus étrangers à notre civilisation, cet abandon des principes les plus récemment inscrits dans nos codes, s'est étendu jusqu'aux lois civiles.

En présence d'un article de la constitution ou de la charte qui garantit l'indemnité préalable en cas d'expropriation, vous trouvez une loi ou un règlement qui prend ou qui viole les propriétés avant toute indemnité. Devant une loi fiscale et protectrice de l'invention, vous voyez la fiscalité s'exercer avec énergie et la protection abandonnée complétement. En présence de lois qui cherchent à garantir la santé et la sécurité publique, vous voyez afficher publiquement et sans répression la violation de ces lois. Nul ne sera distrait de ses juges naturels, disent les lois et la constitution; les lois n'auront pas d'effet rétroactif; la liberté de réunion est garantie; le domicile est inviolable, la liberté individuelle est sacrée.........................

Je le demande aux hommes de bonne foi, qu'est-ce

que tout cela signifie en présence de ce qui se passe journellement?

Cela signifie qu'une nation n'a pas de constitution, n'a pas de lois, tant qu'elle n'en a pas confié la garde sévère à un pouvoir désintéressé dans leur confection et dans leur application, tant qu'elle n'aura pas un pouvoir qui puisse arrêter les législatures dans leurs entraînements de circonstance contre la constitution; tant qu'elle n'aura pas un pouvoir qui puisse arrêter l'administration dans ses empiétements et ses illégalités; tant qu'elle n'aura pas, en un mot, un pouvoir conservateur dont la mission exclusive sera de faire respecter et observer la constitution, les lois, les ordonnances, les règlements dans toute la nation et par tous ses membres, à quelque degré de l'échelle sociale qu'ils soient placés.

Je comprends que les législatures et les administrations repousseront de toutes leurs forces l'institution d'un pareil pouvoir, parce que ni les unes ni les autres ne voudront accepter un surveillant et un censeur aussi austère, aussi inflexible. La stabilité et la paix intérieure d'une nation républicaine ou constitutionnelle sont pourtant à ce prix.

Si, au lieu d'une complaisante et inutile Chambre des pairs, un pouvoir judiciaire enregistrant les lois, ordonnances et règlements ou les cassant souverainement pour violation de la constitution ou des lois, eût existé sous la Restauration et sous Louis-Philippe;

s'il eût existé à l'état de pouvoir indépendant, nous n'aurions eu à subir ni une, ni deux révolutions.

Quelles seront l'origine et la personnification de ce troisième pouvoir, spectateur impassible, régulateur impartial entre la pensée et l'action, entre la loi et les particuliers, entre les particuliers et les agents du pouvoir exécutif, entre la loi et les communes, entre la loi et les départements, entre la loi et le pouvoir exécutif, entre la constitution et le pouvoir législatif ?

Son origine doit être l'élection. Sa personnification commence au juge de paix; elle s'élève aux juges de première instance, aux juges d'appel, et elle domine par les membres de la Cour de cassation, érigée en *cour suprême* ou *parlement*.

Si l'élection par le suffrage universel implique contradiction et conflit lorsqu'elle s'applique au pouvoir exécutif, il n'en est plus de même à l'égard du pouvoir judiciaire : le pouvoir judiciaire est essentiellement conservateur et passif à l'égard des fonctions des deux autres pouvoirs; il est étranger à la confection des lois et désintéressé dans leur application; il ne *légifère* pas, il ne *gouverne* pas, il *juge*. S'il procédait des législateurs, s'il devait son existence aux administrateurs, il n'aurait ni la puissance, ni l'indépendance, ni l'impartialité austère qui sont autant de facultés indispensables à l'accomplissement de sa haute mission : l'élection seule peut les lui conférer; mais l'élection dans des conditions toutes spéciales, partant du peuple comme première base et pour les premiers degrés de la magistrature, mais s'élevant bientôt, comme je l'exposerai plus loin à propos de l'organisation judiciaire, et prenant toutes les garanties de la science du droit, de l'expérience et de la stabilité.

Je me contenterai de dire ici que la Cour de cassation se constituerait, toutes chambres réunies, en cour suprême ou parlement; que, sans rien retrancher à ses attributions actuelles, l'exercice de son nouveau pouvoir consisterait dans l'enregistrement des lois, décrets, ordonnances et règlements du pouvoir législatif et du pouvoir exécutif, ou dans leur cassation pour cause de violation de la constitution et des lois. Cette cassation serait l'objet d'un arrêt rendu dans toutes les formes. L'enregistrement serait la sanction nécessaire des lois, décrets, ordonnances et règlements; pour les rendre exécutoires, aucune disposition législative ou administrative ne pourrait être promulguée avant cette sanction.

La cour suprême ou parlement aurait seul l'initiative en matière de poursuites contre tous les crimes ou attentats politiques commis par ou contre la constitution et les pouvoirs de l'Etat.

Telle serait à mes yeux l'organisation la plus rationnelle, la plus stable et la plus pratique des trois pouvoirs du gouvernement républicain.

Il me reste pourtant à parler, pour en compléter les dispositions, du conseil d'Etat, corps intermédiaire entre le pouvoir exécutif et le pouvoir législatif. Le conseil d'État n'est pas un pouvoir, mais une commission supérieure composée d'hommes éminents dans la législation, consommés dans l'étude et la méditation des questions administratives, économiques et politiques, habitués au travail actif et persévérant du cabinet : ils préparent, révisent, annotent tous les projets de lois et de décrets de l'Assemblée nationale; ils préparent, révisent, annotent tous les projets d'ordonnances du pouvoir exécutif. Le conseil d'État n'a aucune initiative, aucune sanction à donner ou à refuser ; il n'a aucune question contentieuse à décider. Il est saisi par le pouvoir législatif d'une part et par le pouvoir exécutif de l'autre, des projets, décrets ou ordonnances à étudier, formuler, réviser, annoter. Son travail fondamental et habituel est la fusion de toutes les lois, ordonnances, règlements, régissant une même matière en un seul et même corps de loi.

Son origine doit être l'élection par le parlement, sur une liste triple des conseillers à élire, présentée par le président de la République. Les membres du conseil d'Etat doivent, pour être élus, être âgés d'au moins quarante ans : ils seront élus à vie; leurs fonctions officielles cesseront à soixante-cinq ans accomplis. Le nombre des membres en fonctions officielles est fixé à soixante.

Les membres du parlement et du conseil d'Etat recevront un traitement annuel de 12,000 francs pendant toute la durée de leurs fonctions officielles, et un traitement de 6,000 francs pendant le reste de leur vie ; ils auront, pendant leur retraite, le devoir et la faculté de participer aux travaux avec le titre de membres honoraires. Le parlement et le conseil d'Etat procéderont librement à leur organisation intérieure ; ils pourvoiront à leurs services en personnel et matériel. Chaque année, ils procéderont à l'élection de leur premier président, qui seul recevra le double de son traitement.

Les représentants, pendant les trois années de la législature, recevront également un traitement de 12,000 francs par an ; les membres du bureau recevront 18,000 francs, et le président 24,000 francs. L'indemnité de 6,000 francs pour les membres du bureau, et de 12,000 francs pour le président, sera estimée par les fractions de l'année où les fonctions auront été remplies.

Les traitements du président de la République, de ses ministres et des fonctionnaires publics, dont la position est essentiellement active, mobile et précaire, doivent être, en général, plus élevés proportionnellement que les traitements affectés à des fonctions stables, permanentes ou renfermées dans des limites prévues par les périodes d'élection. Tous les agents du pouvoir exécutif, tous responsables, tous révocables à chaque instant, ne doivent compter sur aucune garantie d'avenir. Il importe donc, pour obtenir le concours d'hommes très-capables, que leur traitement leur assure une indemnité suffisante pour leur déplacement, l'interruption de leur carrière et les frais de première installation, suivie bientôt d'un déménagement. Du reste, en employant des hommes considérables et parfaitement rétribués, la nation pourra réduire des trois quarts son personnel administratif, et gagner la moitié des dépenses qu'il exige aujourd'hui en portant au double la rétribution des agents révocables.

On regarde d'un œil jaloux et mécontent les traitements attachés aux fonctions publiques les plus difficiles et les plus délicates : c'est là une manière de voir essentiellement fausse et injuste, surtout au point de vue du peuple. Les fonctions publiques sont un travail, et un travail énorme, qui épuise et qui tue si elles sont bien remplies. Le salaire doit être proportionné à l'activité et à la capacité qu'elles exigent. Ce salaire, comme tous les autres, doit pourvoir d'une part aux besoins courants et d'autre part à l'épargne ; les besoins et l'épargne doivent s'élever en proportion de la position et du mérite. S'il en est autrement, qui se chargera des fonctions publiques, si ce n'est ceux qui possèdent une fortune considérable, ou bien les individus incapables de gagner autant dans la société que le peu qui leur est offert par l'administration. Les hommes actifs, intelligents, capables en un mot, dont l'avenir ne serait pas encore assuré, seraient donc exclus des fonctions publiques.

Le pouvoir exécutif et le pouvoir administratif doivent donc se réduire au plus petitnombre possible d'individus très-capables et très-bien rétribués.

Aucune confusion d'attributions et de personnes ne doit exister dans les fonctions de représentant, d'agent quelconque du pouvoir exécutif, de membre du pouvoir judiciaire et de conseiller d'État. Aucun citoyen ne peut participer avec ou sans traitement à deux de ces fonctions à la fois. L'incompatibilité la plus absolue doit être décrétée entre elles à peine de confusion et de désordre dans l'Etat.

ORGANISATION DU DÉPARTEMENT ET DE LA COMMUNE.

Dans un pays aussi étendu que le nôtre, les citoyens ont à discuter et à régler entre eux des intérêts de divers ordres ou degrés : d'abord les intérêts nationaux dont nous venons de parler, ensuite les intérêts locaux, qui se subdivisent en intérêts du département et en intérêts de la commune.

Un département est un petit État composé d'un certain nombre de communes qui se groupent pour faire ensemble ce que séparément elles n'auraient pu entreprendre : ainsi des routes, des canaux, des maisons de refuge, en un mot des travaux et des établissements utiles à tous les habitants renfermés dans la circonscription. C'est d'un autre côté une des divisions dans lesquelles la France s'est partagée pour répartir ses administrations, répartir les impôts, fixer les ressorts de justice, distribuer l'enseignement, interroger et étudier les localités. Sous ce dernier rapport le département rentre dans le domaine général ; sous le premier, au contraire, il a ses intérêts particuliers en dehors de la grande communauté.

Les intérêts de département, pour être plus restreints, n'en sont pas moins pour cela précieux aux citoyens, car ils se rapprochent d'eux et sont en conséquence plus vivement et plus fréquemment sentis. Ils ne sauraient être mieux compris par d'autres que par ceux qu'ils touchent immédiatement : aussi doivent-ils être abandonnés entièrement à la discrétion des habitants, toutes les fois qu'ils n'atteindront point au-dessus et ne descendront point au-dessous de leurs limites naturelles, c'est-à-dire toutes les fois qu'ils ne toucheront point à des questions d'intérêt national, d'intérêt communal et d'intérêt individuel.

Le même esprit qui détermine la formation de l'Assemblée nationale doit diriger la formation des conseils départementaux. Les citoyens, en se rapprochant, ne perdent point leur rapport d'égalité d'intérêts et de droits : leur volonté, leur force, leur vie, sont toujours les mêmes et toujours égales. Ils seront toujours libres de se soustraire à la charge qu'ils n'auront point consentie, à la règle qu'ils n'auront point établie. Ici comme ailleurs, la volonté de la majorité manifestée, soit directement, soit par délégation, doit faire la loi.

Les membres des conseils généraux doivent être élus par tous les citoyens ; ils seront élus pour trois ans. Pour éviter des pertes de temps et pour simplifier les opérations, les délégués réunis dans leurs colléges pour nommer les représentants nommeront ensuite, par scrutin de listes, quatre conseillers départementaux par chaque collége. Les fonctions de conseiller seront gratuites.

Ce que nous disons du département s'applique exactement à la commune, comme ce que nous avons dit de la nation s'appliquait au département. Dans la commune aussi se retrouve l'égalité d'intérêts et de droits; là se trouvent aussi des volontés dont il faut trouver la résultante. Mais les intérêts et les individus se trouvant plus rapprochés encore que dans le département, tous les citoyens doivent concourir directement et sans délégation au choix des conseillers de la commune. L'unité communale doit s'entendre de mille âmes de population au moins. Le nombre des conseillers de la plus petite commune doit être de sept. Les fonctions des conseillers municipaux sont gratuites; leur durée est de trois ans.

Si les décisions du conseil municipal ne contreviennent en rien aux lois générales, aux intérêts du département, aux intérêts des autres communes et des particuliers, nul n'a droit ou qualité pour s'opposer à leur exécution.

Toutefois, bien qu'il soit indispensable d'abolir tout ce que la centralisation apporte d'entraves aux localités et de charges inutiles aux administrations centrales, il importe que toutes les décisions de la municipalité soient connues dans la commune même et qu'elles soient connues au département avant leur mise à exécution : l'absence d'opposition dans un délai déterminé supposera l'autorisation et rendra la décision exécutoire. De même que le conseil municipal, le conseil départemental devra faire connaître toutes ses résolutions aux communes du département et au ministère de l'intérieur, et ces résolutions ne seront exécutoires qu'après un temps suffisant pour qu'elles aient pu être l'objet d'un examen et d'une opposition. Le pouvoir judiciaire prononcera sur tous les conflits qui pourraient s'élever dans ces circonstances.

Nous n'avons parlé jusqu'ici que du pouvoir législatif, si l'on peut dire, du département et de la commune : quel sera le pouvoir exécutif de ces deux subdivisions ?

Ici le rapport est moins simple à établir qu'entre le pouvoir législatif et le pouvoir exécutif nationaux : car la loi générale domine et enveloppe les intérêts locaux ; elle ne peut permettre à ces derniers de se donner satisfaction par un pouvoir exécutif indépendant de sa propre puissance ; l'intérêt général serait à chaque instant méconnu et sacrifié.

Nous avons dit que, si le peuple nommait directement les agents des lois, il tomberait nécessairement dans un cercle vicieux, car il mettrait en opposition les législateurs et les administrateurs qui tirent leur pouvoir et leur inspiration de la même source et de la même façon. Si les administrateurs ou agents de la loi étaient élus par le peuple dans le département et la commune, ils seraient élus par des fractions, par des localités qui se trouveraient souvent, presque toujours, en opposition avec l'intérêt, avec la volonté de toute la nation, en opposition avec la loi. Les fonctionnaires ainsi nommés pourraient donc éluder la loi générale sans scrupule et sans crainte, sûrs d'être appuyés par leurs concitoyens, par l'intérêt local; sûrs également d'échapper à un pouvoir dont ils ne relèvent pas. Elire les maires et les préfets, ce serait créer en face du pouvoir législatif et du pouvoir exécutif central une foule de petits pouvoirs exécutifs; ce serait introduire dans l'organisation sociale un puissant moyen de tracasseries et d'embarras à susciter au gouvernement.

Aussi j'ai peine à comprendre comment des hommes versés dans la politique ont pu demander l'élection des maires et adjoints par les habitants des communes, alors que, dans le plus grand nombre des communes, la loi n'a pas d'autre agent que le maire ou ses adjoints.

Il ne faudrait pas néanmoins faire une trop large part à l'arbitraire dans la distribution des fonctions et charges publiques se rattachant à l'exécution des lois en général et à l'exécution des résolutions départementales et communales : il serait bon qu'un Champenois ne gouvernât pas la Gascogne et un Gascon la Champagne; il serait bon aussi qu'un ministre ne pût pas faire de tous ses parents et amis autant d'administrateurs habiles et désintéressés; il serait bon qu'un changement de ministère n'entraînât pas un bouleversement total dans les départements et les communes. Aussi le système qui laisse les candidatures à l'élection du peuple et le choix définitif au pouvoir exécutif parmi les candidats nous paraît-il résoudre parfaitement la difficulté en cette circonstance, en donnant au gouvernement la force et au peuple les garanties convenables.

Les maires seront donc nommés par le pouvoir exécutif parmi les conseillers municipaux élus, et les préfets parmi les mandataires formant le conseil de département.

Les maires et préfets président les conseils municipaux et départementaux, et jouent le double rôle d'agents passifs et exécutant les volontés de ces derniers, et d'agents actifs des lois générales s'opposant à leurs résolutions extra-légales.

Ce serait ici le lieu de parler de l'organisation du pouvoir exécutif général; mais comme cette organisation embrasse l'administration intérieure, l'enseignement, les cultes, la force publique, toutes les questions de travaux publics, d'agriculture, de commerce, les relations extérieures et les finances, j'examinerai d'abord quelle doit être l'organisation de la justice et du pouvoir judiciaire.

POUVOIR JUDICIAIRE.

On regarde généralement en France l'organisation judiciaire comme le système le plus simple, le plus complet et le plus respectable de tous les systèmes qui entrent dans la composition de notre édifice social.

Cette opinion est fondée si l'on considère l'ensemble des tribunaux de paix de première instance, d'appel et de cassation, fonctionnant soit seuls, soit avec le concours des arbitres et des jurés; mais si l'on considère les tribunaux de commerce, les tribunaux administratifs, les tribunaux de police, les tribunaux universitaires, les tribunaux d'Etat, on est obligé de reconnaître dans toutes ces exceptions l'arbitraire, l'abus, l'absence de tout principe et de tout lien.

Dans un état social où tous les hommes sont égaux, dans un État où ni les individus ni les collections d'individus ne possèdent de priviléges, franchises ou immunités qui n'appartiendraient pas à tout le monde; dans un État où les lois sont l'expression de la volonté de tous, simples, claires, concentrées en un seul code, les intérêts ne sauraient différer avec les individus ou collections d'individus; les contraventions, les délits et les crimes ne sauraient avoir plus ou moins de gravité, suivant les différentes positions des coupables; les dissentiments entre citoyens et citoyens, entre citoyens et fonctionnaires, entre les fonctionnaires, les communes, les départements et l'État ne peuvent reposer que sur une violation ou une interprétation de la loi : le droit est le même pour tous, la loi ne peut avoir qu'un interprète.

La vérité est une : le tribunal ou le juge qui sait la découvrir dans un cas saura la découvrir dans l'autre; le chiffre des intérêts, la position des individus, leurs nombres et leurs prétentions, ne changent rien à la simplicité du juste et du vrai.

Pour la garantie des intérêts, la conservation de l'égalité, la responsabilité des fonctionnaires, la modération de l'administration, la prompte expédition des affaires, mais surtout pour respecter les principes rationnels et fondamentaux d'une bonne organisation sociale, il importe que la défense et l'interprétation des lois appartiennent à une seule et même ligne hiérarchique de magistrats, savoir :

Les juges de paix au chef-lieu de canton;

Les juges de première instance au chef-lieu d'arrondissement ;

Les juges d'appel au chef-lieu de département ;

Les juges de cassation dans la capitale.

C'est à l'ensemble d'une magistrature ainsi hiérarchisée que doivent être confiées la garde et la défense des lois et de la constitution contre les citoyens, contre les compagnies, contre les communes, contre les départements, contre les fonctionnaires, contre le pouvoir exécutif, contre le pouvoir législatif lui-même ; c'est à cette même magistrature que doit être confiée l'interprétation de ces mêmes lois entre les particuliers, les compagnies, les communes, les départements et les pouvoirs ayant à débattre entre eux des intérêts et des droits.

Sous la garantie d'appel à cette magistrature, placée à l'abri et en dehors des autres pouvoirs, fonctionneront les prud'hommes et les arbitres ; les jurés jugeront sous sa direction ; mais à elle seule appartiendra le droit et le pouvoir de rendre la justice et de maintenir envers et contre tous l'intégrité de nos lois.

La Cour de cassation, sommet du pouvoir judiciaire, prendra le nom de parlement ; à ses attributions actuelles elle joindra l'enregistrement des lois, décrets et ordonnances du pouvoir législatif, et du pouvoir exécutif, enregistrement qu'elle pourra refuser si les lois et décrets du pouvoir législatif violent la constitution, si les ordonnances du pouvoir exécutif violent la constitution ou les lois.

Le parlement, saisi par le pouvoir exécutif, par le pouvoir législatif ou par sa propre initiative, poursuivra les crimes et délits relatifs à leurs fonctions, imputés aux ministres, aux généraux, aux amiraux, aux préfets, aux membres de cours d'appel et de leurs parquets, aux receveurs généraux, et généralement à tous les fonctionnaires d'un rang supérieur.

Pour être élu membre du parlement, il faudra avoir fait partie pendant cinq ans au moins d'une cour d'appel, des parquets de ces mêmes cours, des parquets du parlement et du conseil d'État.

L'élection sera faite par l'Assemblée nationale sur une liste triple du nombre des membres à nommer, dressée par le président de la République.

Le parlement nommera ses greffiers, ses huissiers et tous ses agents ou employés directs; il se constituera lui-même en chambre ou sections, près desquelles le ministre de la justice nommera les avocats et procureurs généraux.

Les membres des cours d'appel siégeront au chef-lieu de chaque département; chaque cour d'appel sera composée de cinq conseillers plus un par 50,000 âmes au-dessus de 250,000 âmes de population du département. Les cours d'appel se fractionneront en chambres de trois conseillers pour les causes ordinaires, et de cinq conseillers ou tous conseillers réunis dans les causes extraordinaires. Elles nommeront directement leurs greffiers, leurs huissiers, et règleront elles-mêmes leur personnel, leur matériel de service et leur comptabilité. Les cours d'appel joindront à leurs attributions actuelles l'initiative des poursuites contre les fonctionnaires publics au-dessous des préfets, des généraux, amiraux, receveurs généraux, et généralement contre tous les fonctionnaires publics immédiatement au-dessous du premier rang du département jusqu'au premier rang de l'arrondissement inclusivement, pour crimes et délits relatifs à leurs fonctions.

Les conseillers d'appel sont nommés à vie par les juges de première instance, les conseillers d'appel, les membres des parquets réunis aux membres du conseil départemental, en assemblée électorale, au chef-lieu du département, parmi les licenciés en droit du département ayant rempli pendant dix ans au moins les fonctions de notaire, d'avoué, d'avocat, pendant six ans celles de juges de première instance et âgés d'au moins trente-cinq ans.

Les traitements des conseillers d'appel doivent varier de 4 à 10,000 francs, suivant le classement des départements ; les présidents sont élus par les conseillers sans augmentation de traitement. Les membres du parquet sont nommés par le pouvoir exécutif.

Chaque arrondissement possède un tribunal de première instance composé de trois juges élus pour trois ans, par les délégués, à l'époque de leur réunion au chef-lieu de l'arrondissement pour la nomination du représentant et des mandataires au conseil du département, parmi les licenciés en droit du département âgés de plus de trente ans, ayant cinq ans au moins d'exercice public dans les professions de notaire, d'avoué, d'avocat ou de juge de paix. Les juges de première instance sont rééligibles. Leur traitement varie de 8 à 2,000 fr., suivant le classement des localités. Ils nommeront entre eux leur président, leur juge d'instruction, sans augmentation d'honoraires. Leurs greffiers et leurs huissiers sont nommés par la cour d'appel, sur la présentation qu'ils en font : la nomination a lieu après examen et enquête.

Les tribunaux de première instance peuvent déférer, d'office ou sur requête du parquet, tous les fonctionnaires publics de l'arrondissement immédiatement au-dessous des premiers fonctionnaires, aux poursuites de la cour d'appel, pour crimes et délits relatifs à leurs fonctions.

Les juges de paix sont élus pour trois ans par tous les conseillers municipaux des communes réunis au chef-lieu de canton ; leurs suppléants sont élus de même. Les greffiers et les huissiers sont nommés par le tribunal de première instance après examen et enquête. Les fonctions de suppléants du juge de paix sont gratuites. Celles de juges de paix sont rétribuées de 6 à 2,000 francs, suivant le classement des localités.

Le juge de paix peut déférer les fonctionnaires publics du canton au tribunal de première instance pour crimes et délits relatifs à leurs fonctions.

Toute personne lésée directement par un fonctionnaire public, dans l'exercice de ses fonctions et relativement à ses fonctions, doit adresser requête à la justice pour obtenir la poursuite du fonctionnaire. Le pouvoir judiciaire seul, dans tous ses degrés, a l'initiative à cet égard.

Justice arbitrale.

A côté et au-dessous du pouvoir judiciaire, il est indispensable de constituer une justice arbitrale aussi étendue et à autant de degrés que l'importance ou la variété des causes peut le rendre nécessaire. En première ligne se trouvent les prud'hommes ou arbitres des dissentiments les plus immédiats et les plus multipliés entre les citoyens.

Pour rendre l'institution des prud'hommes aussi utile que possible, il faut qu'elle soit comprise dans une expression générale d'élection.

Les prud'hommes devraient être au nombre de trois par commune, plus un par mille âmes de population. Ils seraient élus pour trois ans par tous les citoyens, en même temps que les conseillers municipaux. Leurs fonctions seraient gratuites. Un seul pourrait prononcer comme arbitre, et trois recevraient le premier appel avant d'arriver à la justice de paix. Un jury cantonnal pourrait être organisé pour fonctionner sous la présidence et la direction de la justice de paix.

Les prud'hommes et les conseils de prud'hommes ne devraient pas seulement être institués pour prononcer entre les maîtres et les ouvriers, ils ne devraient pas s'arrêter à l'appréciation de difficultés spéciales aux arts et métiers : ils devraient connaître de tout ce qui touche aux rapports immédiats entre les habitants d'une même commune, d'un même quartier, entre les maîtres et les domestiques, entre les enfants et les parents, entre les maris et les femmes. Sous ces deux derniers rapports surtout, la police et la justice présentent des lacunes regrettables.

Après les prud'hommes, agissant seuls ou en conseil, ou fonctionnant en jury, constituant sous toutes ces formes la justice arbitrale, jugeant en conscience et en équité, aboutissant au juge de paix comme appel et comme régulateur, viendraient les arbitres jurés civils et correctionnels, aboutissant au tribunal de première instance soit comme appel, soit comme concours et direction, formant ainsi les petites assises. Là aussi les questions seraient jugées par la conscience et l'équité, dans les limites et formes de la loi rappelée et représentée par le tribunal. Les jurés des petites assises seraient tirés au sort parmi les délégués de l'arrondissement; les jurys d'arrondissement seraient appelés à prononcer sur les conditions d'indemnité pour cause d'utilité publique.

Après les deux premiers degrés de juridiction arbitrale viennent les grandes assises pour affaires criminelles : le jury des grandes assises aurait la même origine que celle des petites, c'est-à-dire que les jurés seraient tirés au sort parmi les délégués des départements. Les assises départementales, comme aujourd'hui, seraient dirigées et présidées par une section de la cour d'appel.

Enfin, pour compléter aux justiciables cette double

garantie de la conscience et de la loi, de l'équité et de la lettre écrite, un jury national serait appelé à juger les attentats contre la sûreté de l'État, les ministres en tout temps, le président de la République même, après l'expiration du temps de ses fonctions, s'ils étaient mis en accusation. Ce jury national se composerait de quatre-vingt-six membres tirés au sort, un dans chaque conseil général des départements : il serait présidé et dirigé par une des chambres du parlement (*).

Tel serait le système judiciaire unique établi par la République : je l'expose sommairement et d'une façon très insuffisante ; mais si j'en dis assez pour faire comprendre la pensée, c'est tout ce que je désire ; d'autres sauront mieux que moi, sans doute, l'étendre, la féconder et l'appliquer.

Je parlerai maintenant de quelques réformes se rattachant à l'application des lois ou à la législation elle-même.

Codification des lois.

Notre ancienne révolution a fait faire un pas immense à la science du droit, dont elle a singulièrement accru le domaine. Napoléon en a fait simplifier l'étude en réunissant la plupart des lois en un seul faisceau, et en réduisant ces lois elles-mêmes au plus petit nombre possible d'articles savamment concentrés. Néanmoins, aujourd'hui encore la con-

(*) La Constitution a consacré cette idée en instituant la haute cour de justice, à peu de chose près sur les bases que j'avais proposées.

naissance des lois et jurisprudence demande un travail de plusieurs années, on pourrait dire la vie tout entière d'un homme.

Tous les citoyens sont intéressés à connaître les lois qui règlent leur devoirs et limitent leurs droits. Cet axiome, que nul n'est censé ignorer la loi, est aujourd'hui une absurdité, puisque tout le monde l'ignore; au point que les plus habiles avocats ne sauraient affirmer que la plus simple question sera jugée dans tel ou tel sens. Il n'est pas possible que la République laisse la législation dans cet état de complication et de doute; elle doit ordonner dans le plus bref délai la concentration et la simplification de toutes les lois existantes; toutes les dispositions législatives, tous les décrets, ordonnances, règlements et arrêts concernant une même matière, se rapportant à une même question, doivent être réunis sous un seul et même titre, simplifiés et exprimés en un très-petit nombre d'articles clairs et parfaitement intelligibles, constituant la loi sur cette matière. Cette loi, préparée par le conseil d'État, sera soumise à la sanction de l'Assemblée nationale, enregistrée par le parlement et promulguée par le président de la République; elle abrogera toutes les autres lois et deviendra la seule règle à suivre. Cette réforme devra s'étendre au régime légal tout entier.

Ce grand travail une fois terminé, toute loi nouvelle, toute disposition tendant à modifier une ancienne loi, devrait entraîner la réforme tout entière et l'abrogation de la loi modifiée, la loi nouvelle pouvant seule être invoquée désormais. Ainsi serait réduit à ses plus simples éléments et conservé dans son état le plus complet le corps du droit français ; ainsi serait rendue accessible à tous la connaissance de la législation du pays.

Pénalités.

Les sanctions pénales en France sont loin d'être appliquées d'une façon rationnelle. On peut rapporter à quatre moyens principaux tous les moyens qu'une nation peut employer pour punir les infractions aux lois et garantir les personnes et les propriétés ; savoir : 1° la privation des biens en partie ou en totalité ; 2° l'expulsion temporaire ou perpétuelle de la société ; 3° la privation temporaire ou perpétuelle de la liberté ; 4° les peines corporelles, les flétrissures, les mutilations, la mort. De tous ces moyens, le plus efficace et le plus généralement applicable, c'est sans contredit la privation partielle ou totale des biens ; sans le moindre doute aussi, ce genre de punition est le plus compatible avec la moralité et avec la dignité humaine ; c'est pourtant celui qu'on applique avec le plus de réserve. Les amendes sont toujours très modérées, elles sont le plus souvent un très-mince accessoire de la prison ; tandis que la prison ne devrait s'ouvrir devant un coupable qu'après qu'on aurait usé pour ainsi dire l'étendue du châtiment sur les accessoires à l'individualité.

Le bannissement temporaire ou perpétuel trouverait aussi de fréquentes et de très-bonnes applications pénales; il est au contraire très-rarement infligé: toujours la prison, toujours la détention, toujours les travaux forcés. La privation de la liberté temporaire ou perpétuelle ne peut et ne doit s'appliquer que contre les individus redoutables au genre humain tout entier, contre ceux qu'on ne pourrait débarquer sur aucune terre étrangère, si lointaine et si déserte qu'elle fût, sans faire courir quelque danger à l'humanité; à l'égard de ceux-là seulement, la société a le droit d'user de la prison et des chaînes. Aux meurtriers, aux assassins de caractère et de profession, la mort, la mort sans colère, sans flétrissures, sans mutilations; la mort pour la sécurité du genre humain. Sous ce dernier point de vue, la civilisation a admis toutes les réformes désirables.

Pourtant bien des erreurs se sont encore commises récemment dans l'application de cette suprême expiation. De quelque sophisme qu'on couvre la nécessité d'appliquer la peine de mort, le cœur humain distinguera toujours, dans sa pitié, l'homme entraîné par les circonstances à l'assassinat, de l'assassin par caractère et par métier; il distinguera toujours les malheureux Busançais des Lacenaires. Les Busançais auraient pu être bannis sans danger pour l'humanité.

Mais, outre que les pénalités sont formulées sans logique et sans rapports bien déterminés avec les crimes ou délits, elles deviennent encore plus vicieuses par leur mode d'application, surtout au criminel.

Rarement l'arrêt de la cour d'assises se trouve d'accord avec la conscience du jury, et souvent un jury, pour éluder la peine qui lui paraît disproportionnée relativement au délit, trouve qu'il est plus raisonnable de mentir à sa conviction et d'altérer la vérité que d'exposer un malheureux à un châtiment qu'il n'a pas mérité. Il serait pourtant bien facile d'éviter un aussi grave inconvénient : d'abord en laissant entre le minimum et le maximum des peines portées par la loi une plus grande latitude, puis en procédant de la manière suivante.

Les débats terminés, le jury est appelé par la cour à se prononcer sur la culpabilité. Si l'accusé est déclaré coupable, la cour donne lecture de la loi qui porte la peine, et remet cette loi au chef du jury. Le jury, par une seconde délibération, fixe la peine applicable à l'espèce, dans les limites de la loi, et la cour prononce son arrêt en conséquence.

Ce serait ici le cas de parler des arrestations préventives, de la longueur des préventions, des indemnités aux prévenus non coupables, des frais de justice, etc. Je me bornerai à dire quelques mots sur la police.

Police.

La police des villes et des campagnes appartient

essentiellement aux localités qui sont chargées des règlements, du personnel et du budget de cette police, dont les soins ne doivent pas s'étendre au delà de la sûreté des personnes et des propriétés.

Le droit de faire respecter les règlements de police, la tranquillité des personnes et l'intégrité des propriétés appartient à tous les citoyens en général ; mais c'est principalement aux prud'hommes, conseillers municipaux, juges, etc., que ce droit est spécialement et personnellement dévolu, sans préjudice des surveillants, agents et officiers de police rurale et urbaine que les magistrats peuvent commissionner pour veiller à la sûreté des personnes et des choses.

L'existence d'une police secrète, dirigée contre les entreprises des malfaiteurs ou contre les machinations ou complots politiques, semble à un grand nombre d'hommes habitués aux rouages administratifs du gouvernement et de la ville de Paris, être indispensable. C'est là une erreur d'autant plus grave, que cette police secrète, sans mauvais calcul sans doute, et de la meilleure foi du monde, est le centre toujours, et le principe très-souvent, de la plupart des machinations qu'elle découvre ; quant à celles qu'elle ne découvre pas, il y a cent à parier contre un qu'elles eussent été découvertes si la police secrète n'eût pas existé. Il est évident que, sans la crainte qu'elle inspire, les complots se trameraient moins secrètement ; il est évident qu'il n'est pas un honnête homme qui, voyant un crime se préparer, une conspiration s'ourdir, ne se fasse un devoir de les dénoncer aux magistrats. Il n'est qu'une seule circonstance où l'autorité ne serait pas avertie, c'est celle où l'opinion générale serait montée contre le gouvernement; mais, dans cette circonstance, la conjuration est légitime, et elle réussira toujours, qu'elle soit ou non dénoncée : rien ne résiste à la puissance de l'opinion.

La police doit donc toujours se faire ostensiblement; elle doit être bienveillante et protectrice; elle relève immédiatement et exclusivement des magistrats municipaux; elle n'a rien à faire avec le gouvernement de la nation.

Liberté de la presse.

Tout ce qui se publie en politique se trouve compris dans trois catégories bien distinctes : 1° ce qui est indifférent à l'ordre de choses établi et au gouvernement; 2° ce qui lui est favorable; 3° ce qui lui est contraire; en peu de mots on écrit, comme on parle, *sur*, *pour* ou *contre* les lois ou les magistrats.

Il est évident que le gouvernement et les magistrats n'empêcheront jamais de dire ou de publier ce qui leur est indifférent, et à plus forte raison ce qui leur est favorable; le peuple n'a donc point de garanties à demander sur ces deux premiers points, il n'en a pas besoin. Mais le droit qu'il réclame d'avance et qu'il a raison de réclamer, le droit qu'il veut voir inscrit dans la Constitution, c'est celui d'écrire, d'imprimer, de publier contre les fonctionnaires, contre les magistrats, contre le gouvernement, contre la Constitution, contre les lois, contre les institutions, tout ce que son intelligence étendue ou bornée, tout ce que son esprit juste ou faux, tout ce que son cœur bon ou mauvais lui suggère ou lui révèle comme vicieux, dépravé, prévaricateur, comme spoliateur, inique, oppressif! Le droit qu'il réclame c'est celui de pouvoir blâmer par la publicité les hommes ou les choses, et d'appeler de tous ses vœux, de toute son éloquence, de toute sa logique et de toute sa conviction d'autres hommes et d'autres institutions qu'il croit meilleurs; ce qu'il réclame, c'est de pouvoir signaler les oppresseurs et les opprimés, c'est de pouvoir dénoncer les malversations, les concussions, c'est de pouvoir crier au voleur! s'il est volé ou s'il voit commettre le vol; c'est de pouvoir le crier de toute la force de ses poumons, de toutes les colères de son âme! en une page aussi bien qu'en dix volumes! Voilà la liberté de la presse, il n'y en a pas d'autre.

Dans notre République, chacun doit pouvoir imprimer et publier pour son compte et pour celui des autres tout ce qu'il jugera convenable d'imprimer, à la seule condition de signer ses écrits de son nom et de son adresse.

Tout écrit publié et imprimé, soit en feuilles volantes distribuées, soit en affiches, soit dans les journaux, fût-il inoffensif, devrait être poursuivi s'il n'avait pas de signature.

Avec cette simple garantie, avec la ferme volonté de poursuivre à outrance tous les mensonges, toutes les calomnies, toutes les injures, tous les outrages à la morale et aux religions, le gouvernement de notre République n'a rien à redouter de la liberté de la presse.

Le jury représente la République; les magistrats sont élus par délégation du peuple; le jury connaîtrait tous les délits de la presse, quels qu'ils fussent, et sa justice serait la même que celle du gouvernement, la même que celle du peuple.

Toutes les lois d'exception, tous les décrets de circonstances décèlent la faiblesse et l'insuffisance d'un gouvernement. Un gouvernement qui ne sait pas se défendre par les principes d'équité universelle, et qui s'abrite derrière des chiffons de papier, ne sait pas gouverner.

Liberté de réunion.

Ce que je dis de la liberté de la presse s'applique en partie au droit de réunion.

Les citoyens sont libres de se réunir pour s'entretenir des affaires publiques. Ils sont libres de se réunir dans des locaux qui leur appartiennent aussi souvent et en aussi grand nombre qu'ils le jugent convenable; ils sont libres d'y tenir les discours et d'y émettre les doctrines qui leur semblent meilleurs que d'autres; ils sont libres même d'y être parfaitement sages ou parfaitement extravagants. Si le gouvernement est bon, il n'a rien à craindre; s'il est fort de l'opinion générale, il ne doit point concevoir d'inquiétude; s'il est capable, il vaquera tranquillement à ses occupations; mais, s'il est mauvais, faible dans l'opinion et incapable, l'abolition du droit de réunion hâtera infailliblement sa perte.

Les citoyens sont donc libres de se réunir, mais ils ne sont pas libres de nuire aux autres citoyens; ils ne sont pas libres de se réunir dans un lieu qui ne leur appartient pas; ils ne sont pas libres d'encombrer les rues et les places d'une cité; ils ne sont pas libres d'arrêter la circulation; ils ne sont pas libres d'obstruer les boutiques et les maisons; ils ne sont pas libres de se montrer avec des armes en présence et au milieu de citoyens qui n'en ont pas, et qui peuvent craindre tout de leur maladresse ou de leur emportement....

Voilà bien assez de motifs raisonnables pour n'avoir pas besoin de lois d'exception. Si vous avez peur, si vous n'osez pas gouverner, si vous n'osez pas protéger la tranquillité et la sécurité publiques, je ne vois pas en quoi vos lois d'exception et d'oppression vous donneront du courage, tandis que je vois très-bien comment elles vous engageront malgré vous dans des luttes où vous succomberez.

Des droits acquis.

On fait maintenant l'application du mot *droit* à un abus bien étrange.

Un homme que la nation a payé longtemps et largement pour faire une besogne ou remplir un office a, dit-on, des droits acquis, et doit toujours être employé et payé, alors même que la besogne est terminée ou que l'office cesse d'être utile à la société. Mieux encore! quand la fonction est reconnue parfaitement nuisible à l'ordre, à la justice et contraire à la raison, le fonctionnaire la maintient avec acharnement; il se cramponne à sa place, il accuse la nation de vandalisme, il ne comprend pas comment on peut détruire tout ce qui faisait sa joie et son bonheur. Si l'abus est évident, il convient que le mal existe; mais, selon lui, ce mal est nécessaire, et d'ailleurs on doit respecter les *droits acquis!*

C'est par de pareils sophismes que les administrations en France s'organisent comme des corporations monacales, non pour servir, mais pour exploiter la nation. Une fois leur trame ourdie, le progrès devient impossible, les ministres restent impuissants au milieu de leurs manœuvres. Malheur à qui les critique! malheur à qui voudrait leur opposer les lois! Mais malheur, cent fois malheur à celui qui oserait proposer une amélioration qui touche à leur bien-être, à leur existence comme individus et surtout comme corps! Osez donc proposer au corps de l'instruction publique, au corps des ponts et chaussées, au corps d'état-major, au corps des contributions indirectes de diminuer ou de licencier leur personnel! Osez demander la réforme ou l'abandon des charges ou impôts qui les entretiennent!

On fait peser une responsabilité trop grande sur Louis-Philippe et ses ministres : ils n'étaient que l'expression forcée des *droits acquis*, les agents supérieurs des corporations organisées pour exploiter beaucoup le peuple français en le servant le moins possible. A côté des corporations administratives s'étaient formées à leur exemple des corporations industrielles, des corporations financières, des corporations d'accapareurs qui gouvernaient aussi Louis-Philippe et ses ministres. En vertu de leurs droits acquis, toutes les corporations doivent se choisir de nouveaux ministres, un nouvel intendant général appelé président et continuer à vivre comme par le passé. Puisqu'il est juste de respecter les droits acquis, je ne vois pas pourquoi nous avons chassé Charles X, ni pourquoi nous avons chassé Louis-Philippe.

Si le principe qui consacre ces droits est inattaquable en général, il doit, en bonne logique, s'appliquer à tous les cas particuliers. Il faut que tout commerçant paye ou place ses commis lorsqu'il n'en a plus besoin ; il faut qu'un maître paye ou place ses domestiques lorsqu'il réforme son service ; il faut que l'entrepreneur paye ou place ses ouvriers quand il restreint ses travaux ; et en vérité les commis, les domestiques et les ouvriers sont les moins rétribués des fonctionnaires, et leurs droits acquis au travail et à la retraite me semblent fort sérieux.

Non ! il n'existe pas de droits acquis autres que la

rémunération du labeur réel. Cette rémunération doit être telle qu'elle offre une part suffisante pour la vie courante et une part pour le repos de l'avenir, une épargne proportionnée à la position hiérarchique du fonctionnaire ou à la capacité du travailleur. Cette dette journalière ou annuelle de la société envers le travail et l'intelligence une fois acquittée, la société et les employés sont libres de tout engagement réciproque ; ils conservent leur liberté absolue de changer leurs travaux, leurs institutions, et de choisir leurs ouvriers et leurs fonctionnaires aussi souvent que ce changement leur paraît nécessaire.

Des officiers ministériels et de la vénalité des charges.

La plupart des charges des officiers ministériels réclament des réformes sérieuses. Je citerai en particulier les charges de notaire et celles d'avoué.

La fonction qui préside aux transactions des particuliers, aux arrangements de famille, aux contrats de mariage, aux testaments, aux successions, etc., est une des fonctions les plus importantes et les plus nécessaires dans une société civilisée qui a pour base la propriété et la famille. Mais cette fonction est aujourd'hui vicieuse et incomplète ; elle est vicieuse par la vénalité qui entraîne la difficulté d'exiger des garanties suffisantes des aspirants ; elle est incomplète par l'incertitude et l'insuffisance de ses attributions. Toutes les transactions devraient, sinon être rédigées par le notaire, au moins recevoir son visa et son timbre pour obtenir une valeur légale. Toutes les transactions, tous les actes, contrats, engagements, placements, emprunts, etc., devraient être consignés sur les répertoires d'un même notaire, du notaire spécial au domicile réel de l'individu contractant. Pour obtenir ce résultat sans entraver les opérations, tout notaire serait apte à rédiger ou à légaliser les actes, à la condition d'en envoyer l'extrait au notaire du domicile réel des contractants. Cet extrait serait porté au registre ouvert aux actes de chaque particulier de la circonscription.

Ce répertoire ouvert au public serait pour ainsi dire le compte courant de l'avoir et du devoir de chacun ; il serait la garantie des transactions, tiendrait lieu des hypothèques et fournirait la base de l'impôt proportionnel à l'avoir de chacun.

Le notaire serait en outre chargé des actes conservatoires des retours à l'État, des inventaires et des ventes publiques de biens ou objets constituant ce retour, et ces diverses opérations seraient également consignées au répertoire général.

Si les fonctions des notaires sont d'une utilité incontestable, en est-il de même des charges des avoués? Les avoués sont des intermédiaires officiels entre les parties, les avocats et les juges ; ils assurent l'authenticité aux dépôts de titres et de pièces ;

ils suivent et régularisent la procédure; ils classent et analysent les moyens. N'est-ce pas là la fonction du défenseur, de l'avocat? Est-il véritablement nécessaire de maintenir ces charges pour la garantie des pièces, et cette garantie ne pourrait-elle être obtenue directement des avocats? Dans tous les cas, la procédure devrait être simplifiée, le travail et l'expédition des causes rendu beaucoup plus simple et plus rapide, et surtout la vénalité des charges interdite.

La vénalité des charges est la cause immédiate, nécessaire, de tous les abus et de toutes les malversations qui sont reprochées aux officiers ministériels de toutes sortes, abus et malversations qui se sont terminés si souvent, dans ces dernières années, par des catastrophes dont le scandale a retenti dans toute la France.

Lorsque les charges d'avoués, de notaires, etc., ont été créées, elles ont été conférées à des hommes capables et respectables. La rémunération du travail de ces premiers titulaires a été, ce qu'elle devait être, proportionnée à leur capacité, à leur activité et à la confiance qu'ils inspiraient. Après dix, quinze ou vingt ans d'exercice, satisfaits de leurs légitimes épargnes, au lieu de laisser, en se retirant, la même récompense au labeur de leur successeur, ils ont capitalisé leur salaire et exigé de ce successeur qu'il prélevât la moitié du prix de son travail pour le leur abandonner, soit sous forme d'une somme une fois payée, soit sous forme de rente annuelle. Le travail restant le même, la rémunération n'était plus que la moitié. Si ces seconds titulaires ont augmenté les revenus des charges, leur travail et leur intelligence a dû s'exercer en proportion de l'augmentation, le produit de leur capacité leur appartenait donc tout entier de droit, et la portion payée à leur prédécesseur était une exaction commise à leur préjudice. Mais en transmettant leur charge à une troisième personne, ils ont commis à son égard la même exaction, ils l'ont même portée beaucoup plus loin; et, pour satisfaire aux exigences de ces capitalisateurs successifs, les derniers titulaires sont obligés de recourir à des moyens honteux : ils sont obligés de pressurer, de tromper, de dépouiller leurs clients; ils sont obligés de joindre à leurs fonctions des spéculations et des jeux de Bourse qui souvent les conduisent à la ruine et au déshonneur. La société est démoralisée et épuisée par ces catastrophes, une foule de malheureux sont précipités dans la misère. Mais ceux-là, dans notre société, n'ont pas de *droits acquis*; les officiers ministériels seuls ont des droits acquis, et le *corps* des officiers ministériels ne souffrira pas qu'on touche à ses droits! Il ne permettra pas qu'on abolisse la vénalité des charges, cause de sa ruine, cause de son déshonneur, cause de la ruine de ceux qu'il est appelé à régir et à protéger, cause du mépris des lois dont ils sont les agents!

La République doit faire disparaître à tout jamais

ces abus. Soit qu'elle rembourse en rentes sur l'État la moitié ou les deux tiers de la valeur illégale des charges, elle doit en abolir la vénalité et en reprendre la libre disposition.

La nomination des officiers ministériels, notaires, avoués, huissiers, greffiers, doit être dévolue au pouvoir judiciaire : leurs fonctions n'ont rien de commun avec le pouvoir exécutif.

ORGANISATION DU MINISTÈRE DE LA JUSTICE ET DES CULTES.

Ce ministère doit comprendre deux divisions seulement : celle de la justice et des cultes ; plus un secrétariat attaché directement au ministère.

Le ministre de la justice, sous l'approbation du président de la République, nomme 12 maîtres des requêtes au conseil d'État, 1 procureur-général, 5 premiers avocats généraux et 12 avocats généraux au parlement, 86 avocats généraux et 130 substituts de cours d'appel, 365 avocats nationaux et 400 substituts de tribunaux de première instance.

La division des cultes s'occupe du mouvement des membres du clergé et des ministres des autres cultes. Le ministre de la justice conserve à cet égard les attributions qui lui ont été dévolues antérieurement à notre dernière révolution.

Le budget général du pouvoir judiciaire et du ministère de la justice, en y comprenant le budget spécial du conseil d'État pour 1,012,000 francs, et le budget du parlement pour 1,125,000 francs, s'élève en totalité à 27 millions de francs.

Des cultes.

Une question importance s'agite en ce moment : les cultes seront-ils salariés par l'État ou seront-ils rétribués par leurs fidèles ?

La satisfaction des sentiments et des croyances religieuses est un des premiers et des plus pressants besoins des sociétés. Le gouvernement doit faire tous ses efforts pour assurer le respect et la liberté des cultes; il doit encourager particulièrement ceux qui, par leurs dogmes humanitaires, par leur morale charitable et fraternelle, ont réuni dans une même croyance, dans une même communion l'immense majorité du monde civilisé de l'Europe et de l'Amérique; il doit protéger et tolérer tous les autres cultes existants; il doit proscrire sans hésitation ceux qui tendraient à s'établir sur de nouvelles doctrines; mais il ne peut en aucune circonstance et sous aucun prétexte faire considérer l'exercice des cultes comme une fonction de l'État. Le pouvoir législatif ne peut régler par des lois le sentiment religieux, le pouvoir exécutif ne peut diriger ses pratiques, et le pouvoir judiciaire ne peut contrôler la conscience. Les cultes n'entrent donc pas dans le mécanisme régulier de l'organisation nationale (*).

Doit-on essayer de rattacher les ministres des religions à l'administration civile en leur en confiant quelque ramification? Le progrès des sociétés ne paraît pas être dans ce sens, puisque déjà les regis-

(*) Si, comme le pensent quelques personnes compétentes, le salaire des ministres des cultes supprimé avait pour résultat de les réduire à la misère, ce que je ne crois pas, je serais le premier à demander que ce salaire fût maintenu; mon but, comme on le verra, est bien plus de servir le sentiment religieux que de le détruire.

tres de l'état civil ont dû être retirés des mains du clergé, puisque les questions d'état, relatives aux citoyens, ont trouvé des garanties complètes dans les municipalités, garanties qu'elles n'avaient pas obtenues dans les églises.

Les ministres de la religion chrétienne ont été les fondateurs de l'enseignement tel qu'il existe encore dans l'ancien et dans le nouveau monde. Ils ont tiré les populations de la barbarie, ils sont incontestablement les pères de notre civilisation actuelle; plus habiles en cela et plus humanitaires que l'Université, ils savaient allier dans leur enseignement l'éducation à l'instruction : les lettres, les sciences, les arts, les qualités du cœur et de l'esprit, la résignation, l'humilité, l'amour du prochain, ont été développés par eux et portés aussi loin que la nature des choses et des homme ait pu le permettre.

Ne serait-il donc pas possible de rendre l'enseignement au clergé, ou du moins de rattacher le clergé à l'organisation civile en le chargeant d'une partie de l'enseignement?

Je voudrais qu'il pût en être ainsi, car la religion chrétienne est l'*apothéose* de l'humanité, elle en personnifie tous les sentiments, toutes les qualités, tous les principes, et ses apôtres ont été véritablement les apôtres de la liberté, de l'égalité et de la fraternité. Pourrions-nous en dire autant des philosophes et des professeurs de l'Université?

Malheureusement, les ministres de la religion

chrétienne ont semblé depuis longtemps perdre de vue leur admirable mission. Ils ont négligé le fond pour s'attacher à la forme ; ils ont prêché la pratique des rites, au lieu d'exalter la morale ; ils ont enfermé la religion dans un cercle d'ascétisme et de mysticisme étroit, au lieu de la montrer aux hommes avec toute la grandeur de ses divins principes d'amour et de fraternité, au lieu de faire comprendre l'histoire de l'humanité progressive, écrite dans les symboles et mystérieusement figurée dans l'union *du Père et du Fils par le Saint-Esprit* : Trinité sublime à côté de laquelle vient s'asseoir la *mère du Fils de l'Homme*, femme sainte et pure qui complète l'image déifiée de la famille ! Au lieu de suivre les progrès des sociétés et des lumières, les prêtres ont préféré s'arrêter dans la béatitude temporelle que la charité des fidèles leur avait apportée : devenus riches et princes de la terre, ils se sont unis aux riches et aux princes de la terre, ils ont cessé d'être les apôtres de la liberté, de l'égalité et de la fraternité, et le peuple les a reniés et proscrits. Revenus de l'exil, relevés de leur chute, mais ruinés moralement et matériellement, ils sont devenus salariés de l'Etat : dans cette position nouvelle, moins soucieux des doctrines de leur divin maître que froissés et regrettant les grands biens et les hautes positions qu'ils avaient perdus, ils se sont tenus en dehors d'une société qu'ils regardaient d'un œil soupçonneux et hostile ; ils ont formé, dans leur nouvel enseignement rétabli sur des bases assez médiocres, une génération de prêtres encore imprégnée des regrets du passé, encore oublieuse de sa mission humanitaire.

Sous l'Empire et surtout sous la Restauration, le clergé français formait une corporation salariée qui, semblable en cela à toutes les corporations administratives, ne songeait qu'à faire accepter ses dogmes, ses rites et ses pratiques par l'autorité, par les influences secrètes ou par la violence publique. La révolution de 1830 mit fin à ces excès; le clergé, mieux averti, plus instruit et tout à fait consolé, se mit, comme tout bon fonctionnaire public, à employer le mieux possible son maigre salaire, et à y ajouter, par la mise en œuvre des pompes et des fêtes de l'Eglise, par les sentiments religieux ou la curiosité des fidèles, toutes les ressources possibles; il était bien en ceci dans l'esprit du jour, mais loin encore de l'esprit de la religion chrétienne. La révolution de 1848 lui offre enfin l'occasion de se régénérer et de reprendre hardiment, avec son indépendance, sa mission égalitaire et fraternelle. Le peuple l'appelle sur ce terrain, et il l'y soutiendra de toutes ses forces; le gouvernement républicain lui donnera, dans cette voie, toute protection et toute liberté, celle de s'instruire et d'instruire, celle de former des disciples et des apôtres; mais il ne lui donnera pas l'enseignement national, il ne peut le lui confier, du moins jusqu'à ce qu'il ait prouvé, comme autrefois, que son enseignement est devenu le plus progressif et le plus civilisateur de tous les enseignements.

Les ministres des religions, même ceux de la religion chrétienne, ne peuvent donc aujourd'hui se rattacher à aucune fonction publique ; ils ne doivent être sous aucun prétexte salariés par l'Etat.

En ce qui concerne le clergé catholique et le clergé protestant, si les archevêques, les évêques et les ministres centralisent les finances en établissant une comptabilité exacte de tous les casuels, dons, legs, offrandes qui seront faits à la religion, non-seulement ils ne seront pas embarrassés pour subvenir aux besoins de leur clergé, mais je suis convaincu qu'ils recueilleront de quoi réparer leurs presbytères et leurs églises, en édifier de nouveaux et fonder des séminaires et des communautés qui n'auront rien de dangereux désormais, puisque aucun vœu, aucune séquestration, aucune règle ne peut contrevenir aux lois générales de la République ; ces fondations pourront, au contraire, présenter de grands avantages de retraite, d'études, d'asile, de refuge, etc. Les communautés acquitteraient, comme tout le monde, l'impôt sur leur avoir, plus 2 0/0 par an de cet avoir pour droit de succession et retour à l'Etat.

Le budget des cultes cesserait donc d'exister en 1849. Les églises, temples, presbytères, séminaires, couvents, communautés, etc., seraient abandonnés, droits et charges, aux ministres des religions.

Aux mêmes conditions d'acquitter l'impôt sur l'avoir et de 2 0/0 par an de droit de succession et de retour à l'État sur cet avoir, les communistes et les phalanstériens pourraient sans inconvénient mettre leurs théories en pratique ; car, de la part de ces communautés comme de la part des communautés religieuses, le véritable, le seul dommage public à craindre est l'accumulation de propriétés de main-morte. Ce dommage cesse par l'impôt et le retour annuel à l'État (*).

(*) Un impôt sur les biens de main-morte a été récemment voté par l'Assemblée nationale. Le principe que je proposais là est donc désormais consacré par l'application.

ORGANISATION DE L'ENSEIGNEMENT PUBLIC.

L'enseignement ne donne ni le bon sens ni le génie, mais il donne à l'intelligence de l'homme les moyens de s'étendre et de s'appliquer à des idées et à des faits nombreux, observés et exprimés clairement par le bon sens et le génie des autres ; il ne transforme pas une mauvaise organisation, un cœur vicieux en un prodige de perfection et de bonté, mais il fait comprendre le dégoût et le mépris qu'inspirent les mauvaises actions ou les penchants brutaux, et les défauts sont comprimés par la crainte et la honte.

L'enseignement public doit se proposer deux objets aussi importants l'un que l'autre pour le bonheur de l'humanité : l'*éducation* et l'*instruction*.

L'éducation doit s'entendre des préceptes et des exemples qui peuvent inspirer à l'enfant d'abord, à l'homme plus tard, l'amour de ses semblables, le désir de leur être utile ; l'amour du juste et du vrai, les sentiments de courage et de dévouement, le désintéressement, la modération, la modestie, le respect de lui-même, le respect des autres hommes et de leurs croyances, en un mot toutes les vertus qui font la paix et le bonheur des sociétés. Mais, parmi ces vertus, la plus précieuse de toutes, celle qui contient, pour ainsi dire, toutes les autres, c'est la vertu du travail : méconnue depuis bien des siècles, elle reprendra bientôt le rang qu'elle mérite et qu'elle a toujours mérité, le rang le plus élevé, le plus noble. De nos jours, l'éducation a pour ainsi dire cessé d'exister : la famille n'offre plus d'exemples, elle ne transmet plus de préceptes à suivre. Dans les familles riches ou aisées, l'enfant est une idole que tout le monde adore, qui commande en maître à ses imbéciles parents, qu'il méprisera plus tard pour leur faiblesse. Il n'y a pas longtemps encore qu'on pouvait entendre dire partout : *Nos enfants seront plus heureux que nous ; Dieu merci, ils n'auront pas besoin de travailler ;* ou bien encore : *Nous voulons laisser quelque chose à nos enfants ; nous ne voulons pas qu'ils travaillent.* Le travail était méprisé chez les Grecs et les Romains ; il était méprisé par la noblesse et la bourgeoisie françaises ; il était méprisé et haï de celui-là même qui devait forcément l'accomplir par sa position d'esclave, de serf, de paysan ou d'ouvrier. J'entends parler ici seulement du travail producteur de fruits et marchandises, du travail de l'agriculture, de l'industrie et du commerce ; car les travaux littéraires, scientifiques, artistiques et militaires ont toujours été en grande réputation sous toutes les civilisations. Le travail producteur, le plus important de tous les labeurs, doit être mis en honneur au-dessus de tous les autres : l'éducation doit le présenter comme le premier devoir et le premier mérite dans notre société. Celui qui ne travaille pas, celui qui ne produit rien d'utile dans sa vie est un homme méprisable.

La bonne éducation se retrouve à peine dans quelques familles; elle est dans toutes incomplète, vicieuse et sans but; dans l'enseignement public elle n'existe pas du tout. C'est là une déplorable vérité connue de tout le monde. L'enseignement religieux, littéraire, scientifique, philosophique, ne constitue pas l'éducation : un homme peut être très-versé dans les principes et dans les pratiques religieuses, littéraires, scientifiques, philosophiques, et manquer complétement d'éducation. L'éducation est le développement, par les préceptes et l'exemple, des bons sentiments naturels et nécessaires dans la vie sociale; c'est, en outre, l'ordre et la mesure dans lesquels ces bons sentiments doivent être appliqués : un vieil ouvrage, très-sensé, bien qu'il soit regardé comme fort ridicule, *la Civilité puérile et honnête*, est un livre d'*éducation*. Chaque époque, chaque classe de la société a eu ses principes d'éducation, transmis le plus souvent par tradition ; aujourd'hui les classes sont confondues, l'éducation n'a plus d'antécédents traditionnels applicables. C'est un enseignement à fonder presque tout entier dans sa théorie, dans ses livres et dans sa pratique.

L'organisation de l'*éducation*, marchant sans cesse de concert avec l'*instruction*, réclame les soins les plus empressés de la République.

Dans une société de travailleurs et de producteurs,

la meilleure *instruction* nationale sera celle qui fournira à chaque individu les moyens d'appliquer utilement les forces de son corps et celles de son esprit au bien-être et à la satisfaction de tous, en réalisant son propre bien-être et sa propre satisfaction ; elle doit toujours aboutir à un travail professionnel.

Si l'instruction républicaine doit avoir un résultat aussi avantageux pour chacun en particulier et pour tous en général, il est évident non-seulement que tous doivent désirer la recevoir, mais encore qu'il est de l'intérêt de l'État que tous la reçoivent jusqu'aux dernières limites de leur bon vouloir et de leur aptitude ; il est évident que cette instruction sera d'autant plus indispensable aux individus, qu'ils seront plus pauvres et plus isolés. L'*éducation* n'est pas moins indispensable à ces derniers, puisque par elle leurs manières, leurs mœurs, leurs principes seront aussi élevés, aussi dignes, aussi distingués que ceux de tous leurs concitoyens.

L'enseignement national doit donc être public et gratuit. Il doit être obligatoire pour les orphelins et les indigents, facultatif pour ceux qui peuvent faire donner à leurs enfants un enseignement particulier à titre onéreux.

L'enseignement public et gratuit comprend deux divisions : l'enseignement pour les filles et l'enseignement pour les garçons.

L'enseignement pour les filles n'admet qu'un degré. Il embrasse une période de quatre ans, de huit à douze ans. Il comprend la lecture, l'écriture, l'arithmétique, la couture, la tenue du ménage, la morale et la religion. Il est donné par une institutrice par 1,000 âmes de population, aux appointements moyens de 600 francs par an. Le logement de l'institutrice et l'école doivent être fournis et entretenus par la circonscription; les appointements sont aux frais de l'État. Pour toute la France, 35,000 institutrices coûteraient 21 millions. Chaque institutrice aurait trente-deux filles dans son école, entrant et sortant par huit chaque année.

L'enseignement des garçons comporte quatre degrés : la commune (externat), l'arrondissement ou collége, le département ou lycée, enfin l'enseignement supérieur.

L'enseignement spécial, dans ses quatre degrés, admet collatéralement l'enseignement ouvert à tout le monde, à tous les âges et aux deux sexes par des chaires publiques instituées au chef-lieu de canton, au chef-lieu d'arrondissement et au chef-lieu de département.

L'enseignement primaire des garçons embrasse, comme celui des filles, une période de quatre ans. Il comprend aussi la morale, la religion, la lecture, l'écriture, l'arithmétique élémentaire. Il est donné par un instituteur pour 1,000 âmes de population, aux appointements moyens de 800 francs payés par l'État, et le logement fourni par les localités. La dépense totale pour toute la France et pour 35,000 instituteurs primaires est de 28 millions. Chaque instituteur reçoit huit élèves par an, ce qui porte à trente-deux le nombre total des enfants dans son école.

Chaque année les élèves sortants se rendront au canton pour que, sur les notes des instituteurs et sur un concours ouvert, un élève, le plus capable, sur soixante concurrents, soit admis à l'enseignement du collége. Il entrerait ainsi au collége d'arrondissement vingt-quatre élèves boursiers par an. Cette seconde période d'enseignement comprend deux années. Chaque collége contiendrait ainsi quarante-huit pensionnaires, ce qui donne 17,000 boursiers pour toute la France, à 400 francs chacun, dépense d'environ 7 millions.

L'enseignement de collége doit comprendre : 1° un cours de grammaire et de littérature ; 2° un cours d'arithmétique, de géométrie et d'algèbre élémentaires ; 3° un cours de dessin linéaire de plans et de machines ; 4° un cours de géographie, cosmographie, physique et mécanique élémentaires ; 5° un cours de botanique, de culture et de géologie ; 6° des préceptes de morale, de conduite et de religion seront donnés chaque semaine aux élèves par les ministres de la religion, par le principal du collége et par les professeurs, qui devront se mêler constamment aux jeunes gens dans leurs récréations, dans leurs promenades, dans leurs exercices gymnastiques, sans jamais déléguer ces soins de pères de famille à des mercenaires sans instruction et sans mérite.

Chaque collége serait formé de trois professeurs internes logés, dont un *principal* directeur et administrateur, homme considérable, ayant autorité sur tous les autres, et deux professeurs externes non logés, en même temps professeurs publics d'arrondissement. Les chaires publiques et libres d'arrondissement seraient celle de physique et de mécanique, et celle de culture et de géologie. Ce personnel, à une rétribution moyenne de 2,000 fr., coûterait 10,000 francs par arrondissement, et 3,600,000 francs pour toute la France, 4 millions en y comprenant des livres, des instruments et d'autres frais.

Vingt-quatre élèves sortiraient par année du collége d'arrondissement. En admettant au lycée du département le plus capable et le plus méritant sur six, seize ou dix-sept élèves seraient admis par an dans chacun des quatre-vingt-six lycées; ce qui donnerait 1,440 à 1,450 boursiers de département entrant par an. La période des études lycéennes étant de trois ans, l'État aurait à sa charge environ 4,350 boursiers à 500 fr., ce qui constitue une dépense annuelle de 2,175,000 fr., soit 2,200,000 fr.

Chaque lycée départemental serait formé de cinq professeurs internes, dont un, le *proviseur*, aurait la direction, l'administration et l'autorité sur tous les autres. Ces cinq professeurs resteraient sans cesse au milieu des élèves et seraient chargés de leur éducation au milieu de leurs exercices, de leurs jeux et à certains jours ou heures consacrés aux leçons de morale, de conduite, de religion et de philosophie, enseignées dans des conférences et des conversations familières. Outre les cinq professeurs internes, sept autres professeurs externes donneraient au lycée leurs leçons en même temps qu'ils rempliraient les chaires publiques départementales. Le traitement moyen de ces douze professeurs serait de 3,000 fr. La dépense totale du personnel des lycées et de l'enseignement départemental serait de 3,096,000 fr. Nous admettrons encore ici 4 millions pour comprendre largement les livres, instruments et autres accessoires.

Le département, ainsi que l'arrondissement et la commune, serait toujours chargé de fournir et d'entretenir les locaux.

L'enseignement des lycées comprendrait, outre les leçons morales, religieuses et philosophiques : 1° un cours de littérature française et de grammaire; 2e un cours de langue grecque et de langue latine; 3° un cours de mathématiques, arithmétique, géométrie, algèbre; 4° un cours de dessin linéaire et pittoresque; 5° un cours d'astronomie, de cosmographie et de géographie; 6° un cours de physique, de mécanique et de construction; 7° un cours de chimie, de minéralogie et de géologie; 8° un cours de botanique, d'horticulture, d'agriculture et d'économie agricole ; 9o un cours de zoologie, d'anatomie, de physiologie et d'hygiène ; 10° un cours d'histoire ancienne et moderne ; 11° un cours d'économie politique et de législation ; 12° un cours de langues vivantes.

Sur les 1,450 élèves sortant par an des lycées, 1,200 environ seraient conduits par l'État à parcourir les degrés de l'enseignement supérieur à 1,200 f. par an pour chaque. La dépense totale serait par an de 1,440,000 fr., soit un million et demi.

La sortie annuelle de 1,200 élèves par an des écoles supérieures suffirait à entretenir un personnel de 60,000 hommes parfaitement distingués et capables d'honorer et de servir la France dans les positions les plus difficiles. Entre vingt et cinquante ans, les morts sont à peu près de un cinquantième ; par conséquent, 1,200 personnes meurent par an sur 60,000 ; donc il faut une rentrée annuelle de 1,200 pour entretenir ce nombre. Ces chiffres sont exacts ; ils sont calculés sur les tables de la population de la France, comme le nombre successif des élèves des quatre degrés d'enseignement. Ce nombre est déduit de la population vraie, et c'est seulement de cette base que doit partir l'échelle d'enseignement.

L'enseignement supérieur comprend les facultés de *théologie*, de *droit*, de *médecine*, des *sciences* et des *lettres* ; nous y joindrons les facultés ou enseignement supérieur complet des *beaux-arts*, du *génie civil et militaire*, des *arts industriels*, de l'*agriculture* et des *arts agricoles*, des *sciences politiques*, *économiques et commerciales*, enfin des *sciences philosophiques*.

Tous les cours de ces facultés seraient publics et gratuits ; tous les individus auraient le droit de se présenter à leurs examens spéciaux, et d'y obtenir le grade de bachelier, licencié et docteur pour chaque faculté. Les élèves boursiers rentreraient à cet égard dans le droit commun, et leurs grades définitifs une fois obtenus, ils doivent être en état de se produire par les œuvres utiles à la société ; le gouvernement n'a plus aucun engagement envers eux, pas plus qu'il n'est engagé aujourd'hui envers un licencié en droit ou envers un docteur en médecine ; l'État s'engage à donner l'enseignement à ceux qui le méritent par leur capacité et leur moralité, il ne s'engage pas à pourvoir directement aux besoins matériels d'un adulte.

Je n'entrerai pas dans les détails des réformes à introduire dans chaque enseignement supérieur des diverses facultés d'aujourd'hui, un volume ne suffirait pas pour expliquer toutes mes pensées à cet égard ; je me bornerai à dire que les facultés nouvelles comprendraient l'enseignement actuel donné dans toutes les écoles spéciales supérieures, et absorberaient en conséquence toutes les écoles pour en ouvrir l'entrée à tout le monde, avec la faculté d'y prendre ses grades et diplôme, sans autre distinction que celle du travail et du mérite.

J'ai laissé de côté, dans l'énumération rapide des diverses parties de l'édifice de l'enseignement public, un élément des plus importants : l'enseignement public de canton ; je l'avais omis à dessein, parce qu'il ne compte aucune attribution d'élèves hiérarchisés.

Dans chaque canton serait établi au chef-lieu un professeur, inspecteur des écoles communales, chargé de faire des cours publics d'agriculture, d'horticulture, d'arts et métiers utiles et spéciaux à la circonscription ; chargé de placer en apprentissage, auprès des meilleurs cultivateurs, des meilleurs charrons, forgerons, vanniers, terrassiers, etc., les enfants sortis des écoles primaires ; chargé de les surveiller ; chargé d'indiquer aux ouvriers et aux maîtres les meilleurs procédés de travail, les moyens de multiplier leurs forces ou de les employer avec plus de fruit. Ce professeur devrait, dans les cantons essentiellement industriels, donner des leçons publiques de géométrie, de dessin, de physique, de mécanique, de chimie, etc. ; tenir sa circonscription au courant des progrès qui peuvent lui être utiles ; il se transporterait dans les communes pour y répandre ses lumières ; il se ferait aider dans sa mission par des hommes instruits et de bonne volonté ; en un mot, il organiserait l'intelligence et le progrès cantonnal. Il devrait donc être fort considérable par ses connaissances et ses qualités. La moyenne du traitement des professeurs cantonnaux devrait être de 2,000 fr. ; la dépense totale pour 2,847 cantons monterait à 5,694,000 fr., soit 6 millions.

Le recrutement du personnel de l'enseignement public n'offrirait aucune difficulté ; il suffirait d'ouvrir des examens sérieux et sincères, destinés à constater l'aptitude et la capacité, pour voir en peu de mois les cadres complétement et parfaitement bien remplis. D'abord le personnel de l'enseignement primaire, pour garçons et filles, existe à peu près tout entier ; il se compléterait bientôt au besoin, puisque la position de l'instituteur est relevée en considération et en traitement. Une quantité convenable de médecins, de pharmaciens, de savants amateurs modestes et très-instruits, habitant les diverses localités, s'empresseraient de remplir les places de professeurs cantonnaux en renonçant à l'exercice de leur profession ; et ce serait un grand bien que ces places fussent tout d'abord occupées par des hommes faits et expérimentés. Les divers colléges et les diverses facultés donneraient surabondamment un riche personnel aux arrondissements et aux lycées départementaux. Quant aux facultés elles-mêmes, elles ont, sauf l'agriculture et l'industrie, leurs éléments complets, et, pour les deux facultés exceptées, les diverses écoles industrielles et agricoles, des chefs d'industrie et d'agriculture auraient bientôt fourni les hommes les plus convenables.

Au sommet de ce vaste édifice d'enseignement national serait placé le conseil académique, composé des professeurs des diverses facultés, dans lequel le ministre de l'instruction publique nommerait, à son choix, le recteur ; le conseil pourvoirait aux examens et à la délivrance des diplômes, rédigerait les programmes et veillerait à l'exactitude et à la moralité de l'enseignement. Les professeurs des lycées, réunis en conseil, sous la présidence du proviseur désigné entre eux par le ministre, formeraient un scond degré de surveillance, d'examen, de programmes à l'usage des arrondissements et des cantons. Les professeurs d'arrondissement, présidés par le principal désigné entre eux par le préfet, inspecterait et dirigerait à son tour l'instruction primaire, de concert avec le professeur cantonnal, qui relèverait seulement du département et de l'Académie. Le conseil général de l'instruction publique, séant à Paris, serait formé de tous les professeurs des facultés du département de la Seine, présidé par le ministre ou par son représentant. Ce conseil compléterait l'organisation de l'Université de France.

Le ministre de l'instruction publique nommerait directement, dans le personnel des académies, des facultés, des lycées et des colléges, les recteurs, les administrateurs et inspecteurs, les proviseurs et principaux; il n'aurait d'autre action sur le corps enseignant que l'action nécessaire pour faire observer les lois. Toutes les places de professeurs seraient données au concours par un jury compétent, composé de professeurs de l'ordre immédiatement au-dessus du titre recherché.

Collatéralement à l'Université, l'enseignement public et particulier serait entièrement libre, sauf pour l'enseignement public, les conditions d'aptitude et de moralité. L'aptitude résulterait toujours des grades et diplômes accordés par l'Université, sans distinction de destination spéciale. Un bachelier ès-lettres pourrait toujours être instituteur primaire; un bachelier ès-lettres et ès-sciences pourrait toujours enseigner les éléments des lettres et des sciences; un bachelier ès-arts graphiques pourrait enseigner l'écriture et de dessin, etc., etc. Une fois le titre obtenu, il confère tous les droits d'enseignement qui y sont attachés pour le présent et pour l'avenir. De quelque part qu'il ait reçu l'instruction, tout individu peut demander à faire preuve de son savoir devant l'Université et exiger le titre qui correspond à son instruction. La condition de moralité relève exclusivement de l'autorité civile.

Non-seulement le droit d'enseignement est acquis à tout homme moral et instruit, mais encore tout instituteur, professeur, maître de pension, est libre d'adopter telle méthode ou tel objet d'enseignement qu'il jugera convenable, sans autre contrôle que celui de la morale et de l'utilité reconnue de l'art ou de la science enseignée.

En conservant à peu près le cercle des académies actuelles, des facultés et des enseignements supérieurs, la dépense est de 3 millions ; en augmentant le nombre des facultés, et en y rattachant un grand nombre de cours et d'enseignements spéciaux, qui en sont détachés aujourd'hui, cette dépense s'élèverait, avec le personnel et le matériel des bibliothèques, avec le personnel et le matériel du ministère de l'instruction publique, à 6 millions.

La dépense totale du ministère de l'enseignement public est ainsi portée à 80 millions, en comprenant 23,000 boursiers par an, 1,300,000 filles sur les bancs, 1,400,000 garçons, 35,000 institutrices et 41,000 instituteurs, professeurs et membres de l'Université de tous grades, depuis l'instituteur primaire jusqu'au ministre. Cette dépense pourrait être diminuée en admettant dans les colléges, les lycées et dans l'enseignement supérieur les élèves volontaires à titre très-onéreux. Cette mesure serait d'autant plus juste et raisonnable, que l'Etat n'est engagé qu'à l'égard de ceux que leur capacité seule a distingués. Mais, en admettant que l'enseignement public et tous ses accessoires coûtassent 80 millions, cette dépense est due au principe de justice et d'égalité de notre République, et nous pouvons d'ailleurs la supporter.

L'enseignement public, reposant sur les bases

que je viens d'indiquer, est la seule voie qui puisse assurer dans l'avenir une marche tranquille et solennelle à la France.

L'instruction sans éducation donnée jusqu'à nos jours est la cause directe de l'état honteux d'impuissance et de trouble dans lequel nous sommes tombés. L'instruction donnée dans les colléges ne produit que des pédants, des rhéteurs et des bavards, parfaitement ignorants des principes et des choses de la vie. Il faut être deux fois bien organisé pour échapper à la funeste influence d'un tel enseignement, et pour ne pas y perdre le peu de bon sens que la nature nous a donné.

La première année s'appelle la *huitième*, un peu de grammaire, les déclinaisons latines; la seconde année s'appelle la *septième*, un peu de grammaire, beaucoup de déclinaisons et de conjugaisons latines; la troisième année s'appelle la *sixième*, on quitte à peu près la grammaire française, bien qu'on ne connaisse pas un mot d'orthographe; on continue les rudiments du latin, on commence le grec; la quatrième année s'appelle la *cinquième*, latin et grec; la *quatrième*, grec et latin; la *troisième*, latin et grec; la *seconde*, grec et latin, quelques narrations françaises et latines; la *rhéthorique*, latin et grec, grandes études sur le discours, arguments, figures de rhétorique, périodes à deux et à trois membres, etc. Huit années! les plus belles de la jeunesse, passées à apprendre assez mal le latin, très-mal le grec, point d'orthographe, un peu d'arithmétique et de géométrie si l'on veut bien ! En vérité, c'est le dernier degré de la stupidité. Après ces études, où le jeune homme connaît parfaitement Alexandre-le-Grand, Épaminondas, Démosthène et Jules César, et ne connaît pas du tout la terre qui le porte, le champ qui le nourrit, l'air qu'il respire, le feu qui le ranime ; après ces huit années, l'élève, étranger à toutes les circonstances, à tous les faits matériels et moraux au milieu desquels il est appelé à vivre, reçoit le coup de grâce par une ou deux années d'une philosophie ridicule et dans ses prétentions et dans ses explications. Je défie qu'un homme de quarante ans, étranger à nos études classiques, mais d'une sagacité bien constatée, puisse lire vingt pages de cette philosophie sans être pénétré de la honte et du dégoût qu'inspire à l'honnête homme un grossier charlatanisme ! Voilà la période à peu près complète de la haute instruction vendue bien chèrement dans les colléges ; ajoutez à cela que les élèves sont parqués par troupeaux nombreux sous la garde de malheureux qu'ils n'estiment pas, et avec lesquels ils n'ont eu et ne peuvent avoir aucun rapport de sentiment ou d'intelligence ; ajoutez l'absence de tout précepte, de toutes conversations bienveillantes et familières d'hommes doués d'un cœur élevé, d'une raison éclairée et d'une bienveillance paternelle, et vous vous demanderez comment de tels abus peuvent se commettre et se perpétuer au milieu d'une nation intelligente et civilisée; comment il se fait qu'un gouvernement exige que ces études seules soient l'objet d'un grade et d'un diplôme obligatoires avant toute admission aux charges ou places dont il dispose.

En dépouillant des peuples actifs et intelligents auxquels ils se rendent odieux, les gouvernements semblables au nôtre ont besoin d'une foule d'improducteurs qui partagent les dépouilles et les défendent, sinon de leurs bras, au moins de leurs clameurs et de leurs sophismes parlés ou écrits. Aussi, dans l'instruction qu'ils ordonnent, s'attachent-ils uniquement à développer le discours; l'idée serait mortelle pour eux; il faut que l'idée succombe sous le cliquetis ou le roulement de mots artistement arrangés. Si leurs défenseurs avaient des idées, cela pourrait en donner aux autres; ils crieront d'autant plus qu'ils comprendront moins: plus un tonneau est vide, plus il retentit. Aussi ne tiennent-ils pas à éclairer les bateleurs et les saltimbanques qu'ils destinent à faire leur parade. Ils raisonnent parfaitement en cela, car alors même que le peuple, dans un suprême effort, a renversé ses oppresseurs, les parleurs restent debout; ils se font les apôtres du peuple, ils le haranguent, ils le flattent avec cette basse effronterie toute particulière au comédien et à l'orateur, ils l'entraînent en lui promettant monts et merveilles, et le peuple se précipite à leur suite dans un abîme de misère plus profond encore que celui qu'il voulait éviter. Bientôt les oppresseurs reparaissent, le peuple les invoque comme des dieux sauveurs, et les parleurs retrouvent tout écrits leurs anciens discours pour saluer la restauration de la tyrannie.

Oui, je le dis avec une conviction profonde, conviction fortifiée par vingt ans d'observation, l'enseignement public aujourd'hui est l'enseignement le plus propre à conduire au désordre, à l'anarchie, à la démoralisation, à l'impuissance; le plus propre à bouleverser toutes les notions du juste et de l'injuste, à développer l'orgueil sans fondement, l'individualisme grossier, les prétentions les plus extravagantes sans le moindre mérite!

L'enseignement de la langue latine et de la langue grecque, adopté par l'Université, n'est autre chose que la continuation des études monacales organisées dans ce sens au moyen âge. Mais, à cette époque, où l'instruction de la noblesse consistait exclusivement dans les exercices gymnastiques, dans le maniement des armes et des chevaux et dans la transmission traditionnelle et orale de principes de conduite à l'usage des familles des seigneurs et des chevaliers, il était d'une grande importance d'étudier l'histoire des civilisations éteintes pour enrichir de leurs pratiques et de leurs découvertes une civilisation nouvelle, encore dans l'enfance. Nos mœurs, nos lois, notre langue avaient tout à faire et tout à gagner en recueillant les richesses du passé. Jusqu'à la fin du règne de

Louis XIV, notre langage avait besoin d'être perfectionné, nos lois et coutumes avaient à gagner longtemps encore après ce règne. Les études grecque et latine étaient donc des mines précieuses, des sources fécondes où les esprits studieux devaient s'empresser de puiser les richesses de la civilisation. La société se montrait justement reconnaissante envers eux en leur accordant une grande considération et en leur faisant un sort à tous. En est-il de même aujourd'hui? L'étude du grec et du latin peut-elle nous apporter des découvertes d'une utilité générale ou seulement personnelle? Non, certes, à moins de compter les places de 8e, 7e, 6e, etc., etc., comme une nécessité, comme un débouché pour ceux qui se sont livrés à cette étude. Dans tous les cas, la nation n'y gagne rien; elle y perd, au contraire, beaucoup, puisqu'elle doit sacrifier ses enfants pour faire vivre les professeurs de grec et de latin.

Aujourd'hui les lettres, les sciences, les arts sont aux avant-postes de la civilisation. Le présent est riche, le passé ne possède plus rien d'inconnu. Ce n'est plus en arrière qu'il faut fouiller le sol pour le fertiliser; les mines de la tradition sont épuisées, il faut les abandonner aux archéologues; c'est encore une spécialité où plusieurs peuvent s'illustrer, mais la généralité s'y ruinerait (*).

(*) Discours de M. Turgot; séance du 30 avril 1844, chambre des pairs. Eugène Buret, *De la Misère des classes laborieuses en France et en Angleterre*, pages 414 et 461.

L'enseignement donné par notre République doit se proposer en résumé : par l'*éducation*, d'inculquer aux enfants et aux jeunes gens l'amour du travail productif, en le leur faisant considérer comme la première de toutes les vertus ; de les habituer aux égards réciproques, à l'ordre, à la discipline, au respect d'eux-mêmes et au respect les uns des autres, et de leur inspirer les sentiments les plus sincères de la fraternité ; par l'*instruction*, de leur apprendre à communiquer les uns avec les autres par le langage, par la lecture, par l'écriture et par le dessin ; à compter et à mesurer par les mathématiques ; de leur faire connaître le monde matériel et moral au milieu duquel ils vont exister, la surface du globe qu'ils habitent, les minéraux, les végétaux et les animaux qui s'y rencontrent, les éléments qui les composent, les propriétés utiles ou nuisibles qu'ils présentent, les agents naturels qui les animent ou les commandent, le parti qu'ils peuvent en tirer par la culture, l'industrie, par la force ou par l'adresse pour les utiliser à leur profit et au profit de tous les hommes; la connaissance des sociétés passées et de la société présente dont ils vont faire partie, ses principes, ses lois, sa constitution, ses relations, son commerce ; enfin les principes religieux par lesquels tous les hommes sont unis dans un même sentiment.

Assurément tous les élèves ne retiendront pas dans leur mémoire tout ce qui leur sera dit ou montré dans l'exposé du monde matériel et moral tout entier; ils n'en retiendront pas la moitié, pas le quart, rien peut-être; mais ce qui restera vaudra mieux cent fois que le mécanisme des déclinaisons et des conjugaisons des langues mortes, car il restera le sentiment de l'ensemble; il restera un jugement sérieux et solide formé par l'habitude d'entendre des vérités, de voir des réalités, de méditer sur des idées positives et sur des faits incontestables, de compter chaque objet pour quelque chose, et non pas de considérer tout comme rien, excepté ce qui n'est rien en effet : triste résultat auquel conduit infailliblement l'étude des phrases et des mots.

Quelques-uns pensent qu'avec tout cela l'enseignement républicain devrait comprendre une série d'axiomes, des formules toutes faites en faveur de la République, qu'il faudrait inculquer aux enfants en les leur faisant apprendre par cœur. Non; il ne doit point en être ainsi. Un bon jugement formé par l'habitude d'observer et de réfléchir conduit infailliblement à la raison, à la vérité, et si la République n'est pas la vérité pure et la raison souveraine, nous n'avons que faire de la République.

ORGANISATION DE LA FORCE PUBLIQUE.

J'exposerai sommairement, et dans le moins de mots possible, les changements à introduire dans notre système militaire.

La force publique de terre se compose de trois éléments très-distincts, savoir : l'*armée active*, chargée de l'attaque des ennemis et de la défense du territoire; la *gendarmerie*, appuyée de gardes spéciales et d'agents armés dans les grandes villes, chargée d'exécuter ou de faire exécuter les ordres de la justice ou de l'autorité; enfin la *garde nationale*, qui n'aurait rien à faire si l'armée et la gendarmerie suffisaient à leur destination. Mais il n'en est pas ainsi.

La gendarmerie ne peut suffire à maintenir l'ordre dans notre malheureuse société; elle ne le peut ni seule, ni appuyée de gardes spéciales et de nombreux agents de police; bien plus, avec le concours de l'armée tout entière (laquelle n'a point d'ennemis à attaquer ni à repousser en ce moment), avec l'artillerie, avec la cavalerie, avec l'infanterie, elle ne parviendrait pas à protéger le gouvernement et l'ordre social établi sans le concours de la garde nationale. Les trois éléments de la force publique n'ont eu en réalité depuis dix-huit ans, et n'ont encore aujourd'hui (sauf ce qui regarde l'Algérie) que les fonctions de la gendarmerie et de la police. Cet office improductif nous coûte plus de 300 millions par an, et pourtant, celle des trois forces qui domine et remplit le mieux ou le plus efficacement son rôle est sans contredit la force qui n'est pas rétribuée, celle qui ne coûte rien, la *garde nationale*.

Ne semblerait-il pas tout d'abord qu'en laissant de côté l'esprit de conquête, en organisant convenablement la garde nationale, en lui consacrant une proportion beaucoup moindre, mais suffisante des dépenses, la *garde nationale* pourvoirait aussi bien à la défense extérieure qu'à la défense intérieure de notre pays? ou tout au moins ne semblerait-il pas que cette organisation et cette dépense permettraient de réduire notre armée soldée au strict nécessaire pour soutenir l'Algérie, secourir un peuple voisin dans un cas extrême, et constituer pour ainsi dire une vaste école militaire pratique, déversant sur la garde nationale d'excellents officiers et sous-officiers instructeurs?

C'est sous ce dernier point de vue que je considérerai l'organisation de la force publique.

Tous les Français, sans exception, depuis dix-huit ans jusqu'à cinquante, font partie de la *garde nationale*.

La garde nationale comprend quatre divisions : 1° la *recrue*; 2° la *mobile*; 3° la *sédentaire*; 4° la *réserve*.

La *recrue* comprend tous les Français de dix-huit à vingt ans; la *mobile*, tous les Français de vingt à vingt-cinq ans; la *sédentaire,* tous les citoyens de vingt-cinq à quarante ans, et la *réserve,* tous ceux de quarante à cinquante.

La *recrue* est exercée au maniement des armes et aux manœuvres militaires par des sous-officiers et par des officiers sortis des armées ou des écoles militaires, ou choisis, nommés et soldés par l'État suivant des règlements à établir, dans les rangs de la garde nationale. Ces officiers font partie de l'armée, et leur profession est, comme aujourd'hui, une carrière à vie.

La *recrue* est exercée sur place, une fois par semaine, le dimanche, par un sous-officier instructeur; une fois par mois au chef-lieu de canton par un ou plusieurs officiers, et quatre fois par an au chef-lieu d'arrondissement par un officier supérieur.

Chaque arrondissement possède une batterie d'artillerie légère qui sert à exercer une compagnie d'artillerie et le plus grand nombre possible d'hommes à la manœuvre et au service des pièces, sous la direction d'un cadre complet d'officiers et sous-officiers de l'arme; un officier et un sous-officier de génie sont chargés aussi par arrondissement de former et dresser une compagnie spéciale. Les officiers d'artillerie et de génie doivent en outre ouvrir un enseignement ou un cours d'artillerie et de génie pour tous les hommes de loisir et de bonne volonté.

La *mobile* est exercée une fois par semaine au chef-lieu de canton, une fois par mois au chef-lieu d'arrondissement ; elle campe et manœuvre pendant quinze jours chaque année au chef-lieu de département. Une batterie de grosse artillerie, deux obusiers et un mortier serviront à former au chef-lieu de département une ou plusieurs compagnies exercées à leurs manœuvres, par des officiers spéciaux et supérieurs. Un commandant de génie sera attaché à chaque département, et là comme à l'arrondissement, les officiers spéciaux seront tenus d'ouvrir un enseignement régulier et public de leur spécialité.

Les cadres des cantons sont ainsi composés : un capitaine, un sous-lieutenant, un sergent-major, huit sous-officiers, deux tambours. Tous les officiers et sous-officiers composant les cadres doivent être en état de bien commander et de bien instruire. Les tambours sont également instructeurs, ils servent d'ordonnance, de planton, etc. Chaque cadre de canton entraîne une dépense annuelle de 17,000 fr. et de 48,399,000 fr. pour toute la France.

Les cadres d'arrondissement se composent d'un chef de bataillon d'infanterie, d'un capitaine, d'un lieutenant et d'un adjudant sous-officier d'artillerie, d'un officier et d'un sous-officier de génie et de quatre trompettes. Leur dépense est de 21,000 fr. par arrondissement, et de 7,765,000 fr. pour toute la France.

Les cadres de département comprennent un général de brigade, deux officiers d'état-major, un colonel et un lieutenant-colonel d'infanterie, un colonel un lieutenant-colonel et deux chefs d'escadron d'artillerie, un commandant de génie, quatre trompettes à cheval; ils coûtent 37,000 fr. par département et 3,182,000 fr. pour toute la France.

L'état-major général comprend 21 généraux de division, 21 généraux d'artillerie, 21 colonels de génie, 7 généraux de la même arme et 172 officiers d'état-major et ordonnances. Il entraîne une dépense de 1,011,000 fr.

C'est là le personnel qui dresse la *recrue* et commande à la *mobile;* il coûte 60,357,000 fr. en totalité (*).

La *recrue* et la *mobile,* sous les armes, sont soumises à la discipline militaire la plus rigoureuse. La *mobile* seule peut être transportée sur tous les points de la France et au-delà des frontières. Leurs officiers et sous-officiers sont nommés par les cadres officiels; savoir : les sous-officiers directement par le cadre du canton; les officiers, jusqu'au grade de capitaine, par le cadre d'arrondissement, sur la présentation des officiers du canton; les officiers supérieurs, jusqu'au grade de colonel, par le général de brigade, et le colonel par le général de division. Ces officiers temporaires ne sont pas rétribués; ils peuvent être remplacés ou maintenus en cas de guerre et d'entrée en campagne.

(*) Sauf le nombre, les chiffres et quelques détails, M. le général Lamoricière a proposé à l'Assemblée nationale des réformes militaires fondées sur les principes que j'avais posés dans ce travail.

Chaque compagnie de *mobile* portera le nom de son canton ; chaque bataillon, le nom de son arrondissement, et chaque régiment, le nom de son département.

Les dépenses du matériel de la recrue et de la mobile consistent : 1° dans la fourniture annuelle d'environ 250,000 fusils, baïonnettes, sabres et fournitures ; 2° dans la fourniture, une fois faite, d'environ 125,000 habillements complets à ceux qui n'auraient pas le moyen de s'habiller ; 3° dans l'intérêt du capital, le renouvellement et l'entretien du matériel de l'artillerie ; 4° dans la fourniture des poudres et projectiles d'exercice, cartouches, gargousses, obus, bombes, etc. ; 5° enfin, dans la nourriture, la solde et le campement des gardes mobiles pendant quinze jours au département. Ces dépenses s'élèveraient par an à 29 millions, calculées sur la plus large échelle ; réunies aux frais du personnel, elles forment un total de 90 millions.

La garde sédentaire se compose de tous les citoyens français de vingt-cinq à quarante ans. Elle défend le territoire en cas d'invasion ; ses attributions ordinaires sont la garde des localités et le maintien de l'ordre intérieur. Elle nomme tous ses officiers directement, jusqu'au grade de colonel inclusivement. Elle n'obéit qu'à ses chefs immédiats, qui ne reçoivent d'ordre que des autorités civiles et judiciaires, sauf les cas d'invasion, où les officiers généraux de l'armée doivent prendre le commendement des gardes sédentaires.

Toutes les dépenses de la garde sédentaire sont à la charge des citoyens qui en font partie.

Au delà de quarante ans et jusqu'à cinquante, les citoyens font partie de la *réserve*. Exempte de tout service, elle n'a d'autre charge obligatoire que celle de prendre le service des localités pour y maintenir l'ordre et la tranquillité, dans le cas où la garde sédentaire aurait à pourvoir à la défense du territoire. La *réserve* conserve ses armes jusqu'à l'expiration de temps de son service éventuel.

En résumé, la France disposerait ainsi d'environ 500,000 *recrues*, de 1,200,000 gardes mobiles, de 2,880,000 sédentaires et de 1,250,000 gardes de réserve; en tout, 5,830,000 hommes armés de 5,500,000 fusils et baïonnettes, de plus de 2,000 pièces d'artillerie légère et de 600 pièces du plus fort calibre; pour une dépense annuelle de 90 millions calculée au plus haut.

Avec un pareil état de défense, la France pourrait défier l'univers entier.

La défense nationale d'un pays est bien plus facile que l'attaque des pays étrangers. Il existe entre l'attaque et la défense toute la différence de la circonférence à un centre. Transporter les hommes à des distances considérables, pourvoir à leur nourriture, à leur logement, traîner le matériel de guerre, approvisionner les fusils et les canons de leurs poudres, capsules, projectiles; transporter les blessés, remplacer les morts, sont autant de problèmes à la solution desquels l'attaque est obligée de pourvoir par des dépenses de temps et d'argent si considérables, qu'elle offre bien peu de chances de succès, tandis que la défense trouve toutes les ressources concentrées dans ses foyers ; elle n'a qu'à tourner sur elle-même pour faire face à l'ennemi de tous les côtés ; elle ne va pas chercher l'ennemi, elle l'attend; elle ne va pas chercher les provisions, elles sont au milieu d'elle, dans ses champs, dans ses ateliers, dans ses magasins ; cette différence explique comment les armées ne peuvent se mouvoir avec succès au milieu des populations soulevées, tandis qu'elles peuvent lutter avec avantage contre d'autres armées, au milieu de populations indifférentes ou étrangères à tout sentiment belliqueux; cette différence explique aussi comment Paris, qui réunit dans un même centre plus de 300,000 baïonnettes, dominera toujours le reste de la France pour les questions gouvernementales. Comment 300,000 baïonnettes se réuniraient-elles dans les départements mécontents? Où seraient le rendez-vous, les moyens de transport, les logements, les vivres? Qui fournirait les finances pour pourvoir à une pareille armée? Quels seraient ses moyens et ses lieux de campement? Par quel point des huit lieues de circonférence de Paris attaquerait-elle? Le seul moyen d'échapper à la puissance ou à la tyrannie de la force concentrée, c'est de rester loin d'elle, de rester chez soi, et de l'obliger à faire elle-même les frais du voyage et de subir les déperditions de ressources et de forces qu'entraînent les déplacements. On pourrait affirmer qu'à moins de divisions profondes, Paris ne succomberait jamais sous les efforts des départements, et que jamais la France ne succomberait sous les efforts de l'Europe coalisée.

Pourquoi donc entretenir une armée autre que la garde nationale, si nous avons sincèrement, et je puis dire sagement, renoncé à la passion malheureuse des conquêtes? J'avoue que je ne saurais dire pourquoi, si nous n'avions pas à soutenir notre province d'Algérie, et si nous n'avions pas une mission humanitaire sacrée, celle d'aider nos voisins dans leurs efforts pour conquérir la liberté.

Les nations ont dans ce monde une destinée providentielle : elles doivent fatalement tendre aux grandes fins de l'humanité, le progrès et la civilisation; plus elles marchent résolument dans ce sens, plus elles sont grandes et nobles. Les plus mauvaises passions des peuples et des gouvernements trouvent leur justification dans les consciences élevées, si ces passions tendent à élargir le domaine de la raison et de la civilisation des hommes. A ce point de vue, l'Angleterre s'est montrée la nation la plus puissante et la plus civilisatrice; elle a porté ses habitants, race essentiellement intelligente et active, sur toute la surface du globe; elle l'a fait avec énergie toujours, avec violence souvent. Dans le même temps qu'elle s'acquitte fièrement de ce grand travail régénérateur, elle semble s'acharner à plaisir sur les populations malades; elle fait mourir l'Irlande dans un long supplice, elle s'amuse à renouveler les suprêmes convulsions du Portugal; elle ne tardera pas à pousser l'Espagne et la Turquie vers les angoisses de l'agonie... Est-ce là une contradiction, ou bien est-ce une conduite logique? Est-ce du raisonnement ou bien de l'instinct?

Pour moi, j'ai vu souvent, parmi les animaux, les plus vigoureux et les plus sains poursuivre obstinément de leurs coups et de leurs violences, jusqu'à ce que mort s'ensuive, ceux d'entre eux que l'invasion d'une maladie rendait faibles et traînants. Que dire de cette bizarrerie? Implique-t-elle une leçon pour l'humanité?

Certes nous n'imiterons pas l'Angleterre dans l'oppression qu'elle exerce sur les faibles et les malheureux, mais notre République devra l'imiter dans son énergie colonisatrice.

Quoi qu'il en soit, au milieu de toutes les circonstances singulières qui nous environnent, il importe que la France puisse disposer d'une armée active, proportionnée à ses ressources, tant pour donner satisfaction à ses généreux instincts de fraternité pour les peuples, que pour accomplir la mission civilisatrice qu'elle a commencée sur les côtes de la Barbarie.

Pour atteindre ce double résultat, sa sécurité intérieure étant surabondamment garantie, une armée soldée de 160,000 hommes doit lui suffire ; et cette armée doit être constituée exclusivement par les enrôlements volontaires.

La conscription est abolie.

Dans ces 160,000 hommes sont compris 16,000 hommes de gendarmerie, 80,000 d'infanterie, 40,000 de cavalerie, 16,000 d'artillerie, 4,000 de génie, 4,000 d'équipages. Sont employés en Algérie 1,333 gendarmes, 26,667 fantassins, 6,666 cavaliers, 4,000 artilleurs, 2,000 hommes du génie et 2,000 des équipages, en tout 142,667 hommes et 10,666 chevaux, coûtant ensemble 32 millions. Restent disponibles en France 14,667 gendarmes, 53,333 fantassins, 33,334 cavaliers, 12,000 artilleurs, 2,000 hommes du génie et 2,000 des équipages, en tout 117,333 hommes et 42,667 chevaux, coûtant ensemble 100 millions ; soldats, cadres et officiers supérieurs compris. En ajoutant 38 millions pour l'administration centrale, — pour les états-majors généraux, — pour campements et lits militaires, — pour matériel d'artillerie et de génie, — pour travaux de fortifications, — pour gouvernement, services et travaux en Algérie, — pour les écoles militaires et les invalides, le budget total du ministère de la force publique s'élève à 260 millions· — 90 millions pour la garde nationale, 132 millions pour l'armée et la gendarmerie, et 38 millions pour les frais généraux.

Dans le nouveau système de recrutement, la cavalerie serait une carrière à vie, commençant par le service de l'armée et finissant par le service de la gendarmerie. Les engagements des autres armes seraient pour dix ans, et chaque soldat méritant, à la fin de son service, devrait être pourvu d'une fonction d'instructeur sous-officier dans la recrue, de terres choisies en Algérie ou d'une indemnité de 1,000 à 1,200 fr. une fois payée.

Le budget de l'Algérie, pendant dix années de possession, est resté au-dessous de 40 millions. En 1840, il s'est élevé tout à coup au-dessus de 66 millions et s'est élevé progressivement jusqu'à 107 millions en 1846. Cette somme, jointe au budget de la guerre à l'intérieur, égal à 331 millions, donne une dépense totale de 408 millions.

Aujourd'hui l'Algérie donne environ 18 millions de revenu, qui, joints aux dépenses de son état militaire de 32 millions, lui constituent un budget spécial de 45 millions : budget aussi élevé qu'on puisse le désirer pour son développement et sa prospérité. Les impôts qu'elle acquittera au fur et mesure de sa colonisation pourront, du reste, être appliqués à ses propres besoins.

Les budgets de la guerre et de l'Algérie, ainsi

réunis, offrent une économie, facile à réaliser, de 148 à 150 millions sur les budgets correspondants de 1846, et de 175 millions sur ceux de 1849.

La France ignore généralement toutes les dépenses abusives qui se font en Algérie; on ne se doute guère, par exemple, que la plupart des chefs de tribus arabes sont assimilés à des officiers supérieurs, et payés comme tels par l'État. Cette dépense, faite avec l'argent des contribuables français, coûte plusieurs millions au Trésor.

Si le gouvernement voulait faire passer 4 à 500,000 Français en Algérie dans l'espace de quatre à cinq ans, il pourrait obtenir ce résultat avec la plus grande facilité; il suffirait pour cela qu'il retirât toutes les concessions faites à ceux qui ne les occupent point personnellement, ou qui les occupent dans une étendue extrêmement restreinte relativement à l'importance de la concession; qu'il divisât toutes les terres en zones concentriques aux principaux points occupés et défendus par nos troupes; que les terres contenues dans ces zones fussent divisées en carreaux de deux à cinq hectares, numérotées et données gratuitement et en toute propriété, par ordre de numéros, à ceux qui viendraient les occuper, et sans autre distinction que le rang d'arrivée en Algérie. Cette concession aurait lieu dans la proportion d'un carreau pour un homme seul, un carreau et demi ou deux carreaux pour un ménage, trois carreaux pour une famille. Jamais un carreau ne devrait être donné dans la seconde zone tant qu'il en resterait un inoccupé dans la première, c'est-à-dire dans la plus rapprochée du village, de la ville ou du fort.

Cette distribution devrait offrir les plus grandes garanties d'ordre et d'impartialité; elle devrait commencer autour d'Alger d'abord, puis autour des villes rangées par ordre d'importance. La colonisation marcherait ainsi du centre à la circonférence, et les colons, rapprochés et appuyés par derrière et par leurs voisins, seraient à l'abri de toute inquiétude. Mais pour arriver à un résultat immédiat et décisif, il faudrait supprimer toutes les formalités et toutes les paperasseries; il faudrait que l'autorité fût bienveillante, attractive, protectrice, d'une grande activité et d'un désintéressement complet. Il faudrait qu'en partant, gratuitement et sur les vaisseaux de l'État, pour l'Algérie, tout individu fût assuré d'avoir, dans les vingt-quatre heures après son débarquement ou son arrivée au centre de son cercle, son numéro, son titre signé, et d'être mis en possession du carreau qui lui revient de droit, sans être trompé, volé, insulté par des préposés avides et déloyaux.

Comment voudrait-on aujourd'hui que des malheureux ouvriers pussent se risquer à aller en Algérie! Ils savent que les terres les plus fertiles, les plus voisines des centres peuplés et défendus ont été concédées par superficies immenses à des spéculateurs qui, non contents d'être en France le fléau de leurs concitoyens, se sont hâtés d'étendre leurs intrigues et leurs accaparements sur tous les points les plus fertiles et les mieux situés de l'Algérie; ils savent qu'on ne leur donnerait ni deux, ni cinq hectares sans pétitions, plans, mémoires, explications, consignations, garanties, enquêtes, contre-enquêtes, se promenant pendant quatre à cinq ans des bureaux de la guerre aux bureaux civils, de France en Algérie et d'Algérie en France; ils savent que, si on finissait par leur accorder leur demande, c'est qu'il n'aurait convenu à personne de s'en emparer, et dans ce cas ils peuvent être assurés que ce qu'ils ont demandé ne vaut rien du tout; ils savent, s'ils se risquaient à partir sans concession, et on n'en fait jamais pour si peu, qu'ils seraient trop heureux, pour ne pas mourir de faim, d'être admis comme ouvriers, comme fermiers ou métayers sur les immenses domaines incultes et dépeuplés des accapareurs, à des conditions pires que celles qu'ils pourraient trouver en France.

Si vous voulez coloniser l'Algérie, si vous voulez que le trop-plein de la France s'y déverse, si vous voulez ouvrir une voie au travail et aux travailleurs qui s'y précipiteront en foule, commencez par dépouiller les voleurs du sol, commencez par chasser les exploiteurs de l'homme, puis laissez de côté vos formalités administratives. — Me voilà, montrez-moi le terrain que la nation me donne. — C'est bien, je le prends. — Voici mon nom, donnez-moi mon titre. — Si je ne cultive pas ma propriété, si je la quitte, si je quitte l'Algérie, vous reprendrez le sol pour un autre. — C'est convenu, tout est dit.

C'est à peu près là ce qui se pratique aux Etats-Unis. Vous êtes propriétaire d'une terre à titre onéreux ou à titre de concession ; vous oubliez d'*aller* payer l'impôt de cette terre : le collecteur ne vous poursuit pas, mais il écrit sur un registre public que vous n'avez pas payé ; un voisin paie pour vous la première année. La seconde année, même négligence de votre part, même bon office de votre voisin ; la seconde année expirée, votre propriété est à lui. On peut voir par là combien la propriété aux Etats-Unis passe facilement d'une main dans une autre ; seulement, l'Etat peut faire ici, avec beaucoup plus de justice et de moralité, ce que fait le voisin d'Amérique, et rentrer dans la propriété, au bout d'un an ou deux, si l'impôt n'est pas acquitté.

Le gouvernement anglais ouvre un territoire à ses nationaux et les laisse s'installer à leur guise ; le gouvernement français commence, lui, par y établir l'autorité, les administrations, les bureaux. Il n'est pas arrivé quatre citoyens dans un lieu qu'aussitôt vingt employés n'aient verbalisé, pris leur signalement, surveillé leurs démarches, fouillé leurs poches et protesté ensuite contre toute entreprise de leur part. Voilà pourquoi l'Angleterre colonise et pourquoi la France ne colonise pas. L'autorité en France tue tout : tout s'obtient par l'autorité, tout se fait par l'autorité; l'autorité est la douane du progrès et du génie français.

Oui, des milliers de Français intelligents et laborieux ont ardemment désiré de s'établir en Algérie, des milliers de Français le désirent encore ardemment aujourd'hui, mais ils ne savent comment s'y prendre : l'autorité les en empêche, l'administration leur fait peur. Oui, l'Algérie se présente providentiellement pour résoudre en grande partie la question du prolétariat, et les grands spéculateurs, et les grands administrateurs, et les grands gladiateurs se réuniront encore contre le peuple déshérité pour arracher à ses modestes espérances même la terre étrangère, même le pain de l'exil.... Je me trompe, ils l'invitent à venir travailler *sur leurs domaines !*

DE LA MARINE ET DES COLONIES.

En 1820, le budget de la marine s'élevait, pour toute l'étendue de ses services de terre et de mer, à 44 millions, et celui des colonies à 6 millions.

En 1832, ce même budget s'élevait à 58 millions pour la marine et à 6 millions pour les colonies.

En 1849, le budget de la marine s'élève à 116,600,000 fr. et celui des colonies à 22 millions. (les dépenses de l'Algérie ne sont pas comprises dans celles du ministère de la marine et des colonies).

La différence totale pour ce ministère, entre 1831 et 1848, est donc de 75 millions.

Quels services la marine nous a-t-elle rendus et nous rend-elle chaque année pour justifier un pareil accroissement?

En posant cette question, nous touchons une des plaies les plus douloureuses de notre état social; l'enthousiasme aveugle des constructions et des travaux improductifs commence à se montrer dans le service maritime : 226 vaisseaux à voile, 91 bâtiments à vapeur, en tout 317 bâtiments pour le seul service de l'État, alors que 260 ont été considérés de tout temps comme le nombre le plus élevé que les circonstances les plus extraordinaires de paix ou de guerre puissent nécessiter. Pourquoi ces 57 vaisseaux créés au delà de toutes les utopies de gloire et de puissance maritime? Est-ce pour faire des conquêtes par delà les mers? Mais jamais une flotte de plus de 30 bâtiments ne s'est mise en campagne. Avec 90 bâtiments à flot et 30 sur chantier, vous pouvez armer et réparer trois flottes des plus formidables. Est-ce pour protéger le commerce et entretenir nos relations lointaines? Mais les Etats de l'Union, la Hollande, le Danemark, la Suède, etc., qui montrent dans toutes les mers leurs vaisseaux de commerce plus hardiment et plus fréquemment que nous ne le faisons, entretiennent-ils une marine militaire qui compte 317 bâtiments? Est-ce pour faire respecter nos nationaux et notre puissance dans les pays inaccessibles par terre? Mais, avec cet attirail maritime, nous n'avons été ni protégés ni respectés en aucun pays plus que le Danois ou le Hollandais, plus que le plus petit des peuples.

Non, cet accroissement du matériel de notre marine n'avait point pour objet l'intérêt national : nommer et rétribuer un grand nombre d'employés, un grand nombre d'officiers, des états-majors considérables pour y placer des protégés, des favoris, des parents d'électeurs ou de députés, des députés même, adjuger des fournitures à une foule de spéculateurs influents, adjuger des constructions de bâtiments, de machines à un grand nombre de monopoleurs industriels, tel était le véritable, le seul but qu'on se proposait d'atteindre en dépensant

75 millions de plus que le gouvernement de la Restauration (*).

Avec un budget de 65 millions, notre marine pourvoira largement à la défense nationale, à la défense des colonies, à la protection de notre commerce et aux explorations scientifiques. Une marine compacte, bien équipée, bien entretenue, bien pourvue d'officiers hardis et expérimentés, toujours à la mer, coûtera beaucoup moins et vaudra beaucoup mieux qu'une marine double ou triple, avec un personnel habitant la ville et la province, peuplant les chambres et les ministères, avec un matériel qui se perd, avec ses approvisionnements qui sont gaspillés.

En 1831, M. d'Argout, dans un exposé remarquable du budget de la marine et des colonies, regardait 65 millions comme le *nec plus ultrà* des ressources qui dussent être employées à porter notre force navale au niveau de notre puissance continentale; et sur ce point je partage entièrement son opinion; mais en conservant le chiffre de la dépense, je voudrais que le nombre des vaisseaux à voiles fût considérablement diminué. 100 bâtiments à vapeur, 100 bâtiments à voiles, 75 de chacun à la mer, bien armés, bien montés; 25 de chacun aussi en construction, avancés à divers degrés, pourraient nous don-

(*) Que sont devenus vos paquebots transatlantiques? Pourquoi n'ont-ils pu traverser les mers? Qui est responsable de leur mauvaise construction?

ner une influence et une force doubles de celles dont nous pouvons disposer aujourd'hui. Si le nombre est un élément important dans la guerre, une volonté ferme, une émulation excitée avec intelligence, n'ont pas moins de valeur.

Si vous voulez avoir de véritables hommes de mer, laissez-les sur leurs vaisseaux; occupez-les sans cesse à des services utiles à la nation; faites-leur transporter, en temps de paix, des voyageurs et des marchandises dans tous les pays du monde; faites-leur ramener les voyageurs et les marchandises de ces mêmes pays dans le nôtre. En temps de guerre, laissez un peu plus de mouvement à leur libre arbitre; recommandez-leur de faire respecter en tous lieux et par tous les peuples le pavillon de la République; dites-leur bien qu'ils seront soutenus par vous dans tous leurs actes dictés par l'honneur et la dignité. N'ayez pas peur! ils rempliront noblement leur mission, ils la rempliront sans commettre d'excès, si vous-même vous êtes le type de la fermeté noble et mesurée. Mais surtout ne leur imposez pas des états-majors d'antichambre; ne les faites pas commander par d'autres que par ceux qu'ils ont vus à l'œuvre, qui sortent de leurs rangs; ne donnez jamais de grades que pour les services rendus à la mer; car vous n'auriez plus de marins jaloux de se distinguer, vous auriez des fonctionnaires publics préposés à la manœuvre d'un vaisseau à tant par an.

Dans la marine comme dans l'armée, comme dans l'enseignement, comme dans l'administration, les titres et les grades conférés par les écoles sont la perte de l'émulation, de l'énergie et du génie de la spécialité. Les écoles dressent pour une spécialité, mais elles n'en donnent ni les instincts, ni les sentiments, ni le feu sacré. Vous transformerez mille enfants en hommes instruits des choses de la marine, de la guerre, de l'administration; mais leur donnerez-vous le coup d'œil, le tact, la présence d'esprit, le courage, la force, l'adresse, la puissance du commandement? En un mot, les rendrez-vous les premiers d'entre les hommes auxquels vous les imposez? Non, certainement. Vous créez donc par les écoles une aristocratie dont le joug n'est pas moins insupportable à la véritable capacité que le joug de l'aristocratie de naissance. Ayons des écoles, sans doute; formons des hommes instruits, à la bonne heure; mais l'instruction donnée est un premier avantage qui, loin d'exclure celui qui n'en a pas été gratifié, doit lui laisser la préférence à mérite égal.

Les officiers de la marine doivent donc être nommés parmi tous les marins qui se montrent dignes d'occuper un poste, un grade, aussi bien de la marine marchande que de la marine militaire.

Ce n'est pas seulement dans le matériel, le personnel de la flotte et dans les états-majors à terre ou embarqués que se font sentir les inconvénients du nombre et de la qualité. Dans le personnel et le matériel des travaux, dans le personnel et le matériel des fabrications et constructions, dans les ouvrages hydrauliques, partout se rencontrent des armées d'administrateurs, d'inspecteurs, d'ingénieurs, d'ouvriers, qui, pour se créer des occupations que leurs fonctions leur laissent le loisir de chercher, se livrent à toutes les excentricités possibles : les uns entassent des approvisionnements inutiles, les autres font des monuments avec l'argent destiné aux vaisseaux ; les plus inoffensifs font placer et déplacer, faire et défaire. Il en est là, du reste, comme il en est et comme il en sera toujours dans les ateliers nationaux fondés sur des travaux variables ; et rien n'est plus variable que le mouvement des travaux maritimes.

Tous les travaux maritimes doivent être adjugés à l'entreprise ; toutes les fournitures, tous les ravitaillements, toutes les réparations, etc., doivent être confiés aux officiers commandant chaque navire. Ne savent-ils pas pourvoir à toutes les éventualités dans les voyages de très-long cours ? Les capitaines de navire de commerce ne savent-ils pas réunir tout ce qui convient à leurs besoins, parer à toutes les difficultés qui se présentent ? Pourquoi les officiers de la marine nationale seraient-ils moins habiles qu'eux (*)?

(*) On prétend que les capitaines de vaisseaux et les colonels de régiment, chargés des frais de leurs approvisionnements, équipages, bâtiments, etc., abusaient de la confiance de l'État, et qu'ils étaient très souvent comptables infidèles ; mais les mêmes défauts, avec dix fois plus d'abus et de dépenses existent dans la centralisation et les administrations développées outre mesure.

Quant aux colonies, j'ai toujours admiré l'étrange système adopté vis-à-vis d'elles par les métropoles. Quand une nation comme la France a déversé le trop-plein de ses habitants dans un pays inoccupé ou conquis, elle doit, ce me semble, protéger les colons et les aider jusqu'à ce qu'ils puissent subvenir à leurs besoins, pourvoir à leur administration et se défendre; elle peut même considérer la colonie comme faisant partie d'elle-même, et, à ce titre, percevoir des impôts analogues à ceux que payent les habitants de la métropole. Mais sous quel prétexte peut-elle imposer des droits aux produits venant de ses propres colonies? Sous quel prétexte rationnel peut-elle enlever aux colons la liberté de commerce?

Puisque vous cherchez à indemniser les colons de l'affranchissement de leurs esclaves, donnez-leur aussi la liberté commerciale; recevez vos denrées coloniales en franchise, et, tout en faisant justice, vous les indemniserez convenablement du même coup.

On paraît embarrassé pour porter la lumière et les réformes dans le dédale des affaires maritimes: je déclare que, pour mon compte, tout ignorant que je suis, je n'éprouverais à cet égard aucune espèce d'embarras.

J'établirais que pendant vingt ans, à partir de 1815, la marine et les colonies se sont soutenues et développées avec un budget commun toujours au-dessous de 65 millions. J'établirais que, dans cette longue période, notre marine s'est constamment distinguée par des actions d'éclat, telles que la bataille de Navarin, la conquête d'Alger, etc., et qu'elle a su pourvoir à tous nos besoins; j'établirais que depuis cette période, sous l'empire des budgets doubles, notre marine n'a rien fait qui puisse surpasser, égaler même les faits et services antérieurement rendus; j'établirais, au contraire, par le nombre des vaisseaux perdus, par les fausses manœuvres ou mauvaises combinaisons du gouvernement, par les mauvaises constructions, que notre puissance maritime a constamment rétrogradé; et fondé sur des faits incontestables, je demanderais à l'Assemblée nationale, dans l'intérêt même de notre marine, de voter purement et simplement le décret suivant: Article unique: *Le budget de la marine et des colonies est fixé à soixante-cinq millions.*

Ce décret voté, j'inviterais tous les administrateurs et tous les officiers de la marine à faire connaître leurs plans sur une réforme devenue indispensable, en leur assurant l'honneur et la récompense dues à leur concours; et sous peu de jours la réforme serait parfaitement étudiée et réalisable.

Pour obtenir un excellent résultat, en ceci comme dans tout le reste des services, il ne manque qu'une chose, c'est la volonté des ministres, qui tendent la main aux administrations au lieu de la tendre à la nation.

DE L'ADMINISTRATION DE L'INTÉRIEUR, DE L'AGRICULTURE, DU COMMERCE, DE L'INDUSTRIE ET DES TRAVAUX PUBLICS.

En 1831, le ministère de l'intérieur, comprenant à la fois celui de l'agriculture et du commerce et celui des travaux publics, présentait un budget total de 122 millions pour les trois spécialités réunies. Aujourd'hui, ces trois spécialités séparées présentent ensemble un budget total de 348 millions ainsi répartis : 136 millions pour l'intérieur, 18 millions pour le commerce et l'agriculture, et 194 millions pour les travaux publics.

Le budget de 1831 était ainsi réparti : administration centrale, 1,344,000 fr.; ponts et chaussées, mines et lignes télégraphiques, 40,800,000 fr.; travaux publics d'architecture, 3,275,000 fr.; sciences, belles-lettres et beaux-arts, 2,285,000 fr.; haras, 1,800,000 f.; agriculture et commerce, 2,247,000 f.; dépenses secrètes, Quinze-Vingts, secours aux colons, aux bureaux de bienfaisance, subventions au théâtres, 4,400,000 fr.; dépenses départementales, 51,852,000 fr.; dépenses extraordinaires, 12 millions; total général, 122 millions.

Les trois budgets doivent, aujourd'hui comme en 1831, rentrer sous une seule et même direction; ils doivent être réduits à 150 millions, somme supérieure de 28 millions à leur budget commun de 1831, et l'administration de l'intérieur doit reprendre les travaux publics et l'agriculture. Cette concentration des trois ministères en un seul n'est pas rendue nécessaire seulement pour réaliser des économies, mais c'est plus encore pour faciliter la marche des administrations diverses et pour éviter les conflits d'autorité.

Il n'est pas un ancien préfet qui n'ait pu reconnaître les inconvénients des pouvoirs excentriques donnés à des agents relevant d'un ministère différent et indépendant de son administration, et notamment aux ingénieurs des ponts et chaussées. Les rapports de ces ingénieurs avec les propriétés sont en effet de nature à élever à chaque instant des conflits.

Le département, comme la France tout entière, doit être administré par un pouvoir exécutif délégué, personnifié dans un seul individu, et cette personnification réside dans le préfet, délégué du ministre de l'intérieur, comme le ministre de l'intérieur est délégué du président de la République. C'est vainement qu'on établirait la suprématie du préfet par des règlements ou même par la loi : la loi et les règlements resteront une fiction, si les agents les plus mêlés aux travaux, aux propriétés, à l'industrie et à la prospérité d'un département, relèvent d'une deuxième ou d'une troisième délégation du président de la République.

La fusion des trois ministères pourrait se faire promptement et sans difficulté; il n'en serait pas tout-à-fait de même de l'économie : la décentralisation économique, la liberté rendue aux départements et aux communes, l'entretien des routes confiée aux administrations locales, du moins pour la plus grande partie, permettraient une grande réforme dans les attributions et le nombre du personnel; l'indépendance donnée au génie civil, les obstacles officiels enlevés à l'essor des compagnies, sortiraient peu à peu les travaux des mains de l'Etat, et donneraient aux grandes entreprises une activité nouvelle. Mais cette transformation indispensable exige un certain temps et une somme assez considérable en dehors des budgets ordinaires pour couvrir les dépenses faites et faire honneur aux engagements pris. Toutefois, elle peut avoir lieu dans le cours de cette année, et l'aliénation des forêts de l'Etat pourra suffire à toutes les exigences de la liquidation à opérer.

Travaux publics. — Chemins de fer.

La passion des travaux publics a été, en grande partie, la ruine de nos finances, la ruine de Louis-Philippe et de son gouvernement, la ruine de notre état social tout entier. Cette passion aveugle continue et menace d'augmenter; les traitants et les accapareurs sont encore debout. Si le sens commun ne rentre pas dans nos pauvres esprits, si nous ne saisissons pas l'occasion, que la Providence nous offre, de nous arrêter sur la pente qui mène au précipice, nous sommes perdus. Comptez ce que valent les chemins de fer achevés ou en construction, ce que valent les canaux, ce que vaut notre marine, comptez ce qu'ils nous ont coûtés depuis 1840, et jugez (*).

Ce qui confond ma raison, c'est que les opinions les plus divergentes semblent s'entendre merveilleusement pour consommer notre perte. Que les hommes du pouvoir, se croyant infaillibles, ou désireux de se faire un grand nombre d'adhérents par des places nombreuses, songent à racheter (pour peu de de chose ou pour rien, il est vrai) les mines, les canaux, les chemins de fer, etc.; que le corps des ponts et chaussées les y pousse pour agrandir son domaine et rendre son intervention nécessaire; sans l'approuver, je comprends cette manière de voir et de faire; mais que les socialistes, qui veulent le gouvernement par tous et pour tous, qui semblent connaître assez les mauvaises passions de l'homme pour se défier de tout pouvoir, de toute autorité trop puissante, demandent que les chemins de fer, les canaux et les mines soient possédés et administrés par le gouvernement, c'est ce que je ne puis comprendre; à moins toutefois qu'ils n'aperçoivent, à côté d'une forte chance de ruine, une compensation dans un commencement de communisme. Du reste, ce rachat,

(*) Ceci était écrit en juin 1848; aujourd'hui, le gouvernement paraît entrer dans une meilleure voie; mais il s'agit encore à cette égard d'une *tendance* plutôt que d'une marche décidée.

ou plutôt cette expropriation forcée, serait en effet le digne complément de la loi de 1841 et de celle de 1845, qui mettent toutes les propriétés à la merci de l'État, ou plutôt à la merci des ingénieurs et des compagnies, sans défense ni recours possibles, et presque désormais sans garantie d'indemnité; qui imposent, sans les payer, aux riverains les chemins de fer des servitudes ruineuses, en osant assimiler ces voies de communication aux grandes routes!

On s'est fait, sur les chemins de fer et sur les services qu'ils sont appelés à rendre à l'humanité, des idées bien exagérées et bien fausses. Les chemins de fer remplacent très-incomplétement les services des postes, des diligences et du roulage accéléré, voilà tout. Ils sont fort utiles et fort commodes pour les personnes et les marchandises pressées d'arriver, en temps de paix; en temps de guerre et de troubles, ils sont, comme les télégraphes électriques, très-facilement et très-dangereusement interrompus. Je suis loin de prétendre qu'ils ne doivent pas être poursuivis dans leur exécution : je veux au contraire qu'ils soient achevés avec promptitude; mais ce que j'entends établir, c'est qu'ils ne doivent pas sacrifier trop légèrement les intérêts de la production, et surtout ceux de l'agriculture; ce que j'entends établir, c'est qu'ils doivent respecter le trésor public et laisser vivre la nation avant de prétendre la voiturer; c'est qu'avant de transporter les personnes et les produits, il faut que les personnes soient assurées de vivre et les produits d'exister; c'est en un mot que les chemins de fer n'occupent qu'un des derniers rangs dans l'échelle des nécessités humaines ; ils sont placés bien au-dessous des routes et des chemins ordinaires sous tous les rapports; ils sont même, par rapport à l'agriculture, bien moins utiles que les rivières et les canaux. C'est ce qu'il est facile de démontrer.

Les chemins de fer sont des propriétés privées, des voies de communication dont le parcours et la traversée sont interdits à tout le monde. Les routes et chemins ordinaires sont le domaine de tout le monde, et principalement de celui qui n'a rien; le pauvre avec son chien et son bâton, le meunier sur son âne, le fermier dans sa charrette, les mendiants, les bohémiens, les enfants, les riches et les pauvres se servent à leur guise, et sans qu'il leur en coûte rien, de la voie publique. Les chemins de fer coupent les campagnes, divisent les territoires, et n'accordent que des communications rares et éloignées aux rapports des habitants entre eux et aux travaux de l'agriculture. Ils obligent à de longs détours, à des dépenses de temps et de force; ils frappent ainsi les produits du sol d'un impôt réel et très-considérable. Les routes et chemins ordinaires ne divisent les propriétés que pour en augmenter la valeur, pour faciliter leurs travaux; ils rendent les rapports individuels faciles, ils peuvent être abordés et traversés dans tous les points, ils degrèvent ainsi les hommes et leurs produits d'une dépense de force et de temps perdu très-regrettable. Les chemins de fer sont un embarras et un obstacle pour toute l'étendue des localités qu'ils traversent. Les routes et chemins sont un bienfait et une facilité dans toutes les localités et pour tous les services locaux et généraux. Les chemins de fer, en supprimant les postes, les diligences et les roulages, enlèvent des ressources d'utilisation de force et d'engrais d'une valeur considérable Enfin, les canaux et les rivières ont sur les chemins de fer l'avantage de pouvoir être acostés et traversés partout, de charger les produits tout le long de leurs rives et de fertiliser une grande partie du sol qui les avoisine.

Maintenant, je le répète, je considère l'établissement des chemins de fer comme très-important ; je regrette même qu'ils ne soient pas à peu près terminés; mais je répète aussi que les chemins de fer ne doivent pas s'établir *per fas et nefas ;* je dis qu'ils ne sont pas d'une importance telle, qu'il faille leur abandonner, comme moyens, une autorité et une infaillibilité spoliatrices ; je dis qu'ils constituent des entreprises publiques ou privées ayant pour résultat un produit, un bénéfice ; je dis que ce produit ou bénéfice n'a pas le droit de se composer des produits ou bénéfices enlevés à d'autres industries plus précieuses pour l'humanité, et par conséquent plus respectables ; je dis qu'ils ne peuvent jamais présenter les caractères d'utilité publique semblables ou seulement analogues à celui des routes et chemins ordinaires, et je demande en conséquence la révision des lois de 1841 et de 1845 sur l'expropriation et les servitudes.

J'ai entendu dire que l'ancien directeur général des ponts et chaussées déplorait la douloureuse nécessité de dépenser tant d'argent pour les voies de communication, mais qu'il s'en consolait en songeant que son but était de pouvoir donner à tous la viabilité gratuite. Le projet est fort honorable, sans doute, et il est atteint sur les routes et chemins ordinaires par ceux qui les parcourent à pied ou avec des moyens de transport qui ne sont pas destruc-teurs ; mais il serait irréalisable et injuste dans toute autre condition.

Le fait d'être transporté rapidement d'un point à un autre est une somme de temps et de force dépensée au profit de celui qui en use ; il en doit rembourser la valeur à ceux qui lui ont rendu ce service par une avance de fonds et de travail. Tout le monde ne voyage pas, et c'est fort heureux, car la production serait nulle si chacun passait son temps à voyager : si les voyages n'ont pas un but d'utilité, c'est une perte pour la société; s'ils ont au contraire ce but, l'abréviation du temps et l'économie de forces sont un bénéfice dont quelques-uns seulement profiteraient s'il était gratuitement obtenu.

Péages.

Ce que je dis des moyens de transport s'applique exactement aux péages des ponts ou passages créés par l'industrie privée.

Au moyen d'une avance de fonds et de travail, une compagnie ou un particulier crée une voie de communication là où il n'y en avait pas ; il est de toute justice que celui qui abrége son chemin, en usant de cette voie, acquitte par un péage le bénéfice de temps et de force qu'il fait en en usant; et ce qui prouve qu'il reconnaît l'utilité de la voie créée, c'est qu'il juge convenable d'en user, même en payant.

Il serait injuste et tout à fait impossible que la nation tout entière se rendît juge de tous les travaux utiles aux localités et qu'elle en supportât la dépense, puisqu'un grand nombre de localités n'auraient pas besoin de travaux : les deniers de l'État ne peuvent s'appliquer qu'à des services généraux ; les employer à des services locaux, variables à l'infini, serait s'exposer à l'injustice, à l'arbitraire et à la ruine. Aussi n'ai-je pas vu sans un mouvement de surprise le conseil général de la Seine, si remarquable par ses lumières et sa bonne administration, émettre le vœu tendant à supprimer, dans le département, les ponts à péage. Que les péages aient été supprimés sur les ponts d'Austerlitz et des Arts, rien n'était plus juste et plus nécessaire, puisque le temps de la concession était depuis longtemps expiré ; mais établir en principe que les péages devront être évités dans l'avenir, c'est déclarer que l'État ou la ville doit faire les frais de tous les ponts ou voies futures, c'est priver les populations de services nouveaux, c'est entraver l'industrie, c'est réclamer une faveur qui n'est pas due; car l'État et la ville ne doivent s'occuper d'aucun service spécial, et d'ailleurs leurs ressources leur permettraient bien rarement de pourvoir à tous les besoins. Si le principe des péages, comme remboursement d'une avance, n'avait pas existé, il n'y aurait pas en France le quart des ponts qui desservent les localités; on n'aurait à Paris ni le pont d'Austerlitz, ni celui des Arts, ni celui des Saints-Pères; nous n'aurions pas de chemins de fer, peu de canaux; car c'est par le juste principe des péages que tous les services d'un usage commun se sont fondés. En Angleterre, le droit temporaire de péage, beaucoup mieux entendu et beaucoup plus étendu qu'en France, a donné aux voies de communication un développement et une perfection que nous sommes loin d'avoir atteints : aussi devons-nous favoriser de toutes manières les entreprises et constructions à péage temporaire.

L'État doit entreprendre, exécuter et entretenir le moins de travaux possible; il doit laisser au génie national la faculté de s'appliquer en tout et partout à satisfaire les besoins privés et publics, et laisser le public et les particuliers juges de l'utilité de ses œuvres par le prix qu'ils y attachent et la rémunération qu'ils lui accordent en en faisant usage.

Mais les péages ne conviennent pas au corps des ponts et chaussées, car c'est une porte ouverte à la manifestation et à l'application du *génie civil ;* c'est même la seule porte ouverte à des travaux semi-officiels exécutés par des ingénieurs non officiels. Tous les travaux payés par l'État, les départements et les communes sont exécutés par le corps des ponts et chaussées; la plupart des travaux payés par les citoyens réunis en compagnie sont exécutés par les ingénieurs civils, sous bénéfice toutefois de l'examen, de l'étude, du refus ou de l'acceptation du corps des ponts et chaussées. Malgré cette réserve exorbitante, puisqu'elle permet aux ingénieurs officiels de garder pendant quatre, cinq et six ans des études, des plans, des projets qui ont coûté beaucoup de temps et beaucoup d'argent, de les étouffer et de tuer ainsi le génie civil; malgré cette réserve, le corps des ponts et chaussées ne voit pas ces entreprises et ces travaux d'un bon œil; il préfère amener l'État à payer tous les travaux pour les exécuter tous. C'est par suite de la disposition de ce corps que l'État est sollicité depuis longtemps de racheter tous les travaux publics à péage, les canaux, les mines, les chemins de fer, etc. C'est par les manœuvres exécutées pour arriver à ce résultat que nous avons vu trois lois successives et différentes proposées sur les chemins de fer. Si nous avons dépensé en pure perte un temps et des sommes considérables sans avoir de chemins de fer, c'est par la confusion jetée à plaisir au milieu des entreprises particulières pour les ramener dans les mains des ponts et chaussées ; si nous voyons enfin réussir le rachat scandaleux proposé de nos jours, nous pouvons affirmer que les ministres de la République sont fort innocents de ce système, car il était parfaitement arrêté longtemps avant leur naissance ; il était arrêté comme l'était le système d'abolition de l'exercice, abolition qui porte au double et au triple l'impôt réel sur les boissons (*). Les corporations et administrations font aujourd'hui passer par les mains de nos ministres inexpérimentés tous les funestes projets qu'elles avaient conçus et que les ministres de la Restauration et de Louis-Philippe avaient eu la pudeur de repousser.

Depuis quinze ans je n'ai cessé de répéter à mes amis : *Le fléau destructeur de notre société ne réside absolument ni dans Louis-Philippe, ni dans ses ministres, ni dans le gouvernement constitutionnel ; il est tout entier, tout-puissant dans les corporations administratives. Tout gouvernement, quel qu'il soit, république, empire ou monarchie, qui donnera la main à la nation par-dessus la tête des administrations, fera un*

(*) L'Assemblée nationale vient, avec juste raison, de rapporter le décret d'abolition de l'exercice.

acte de haute intelligence et de grande politique, comme Louis XI et Henri IV, qui donnaient la main au peuple par-dessus la tête des courtisans et de la noblesse. Tout gouvernement quel qu'il soit qui se jettera du côté des abus administratifs et par conséquent des budgets ruineux, fera un acte de folie et préparera, plus ou moins habilement, sa propre destruction.

En appuyant, en développant les abus administratifs, en soutenant les fautes, les délits, les crimes même de certains administrateurs ou en les dissimulant, on a cru souvent donner de la force au principe de L'AUTORITÉ. On l'a au contraire miné, sapé, détruit en suivant cette voie. Le principe de L'AUTORITÉ tire sa force tout entière de son application inflexible, impartiale, au fonctionnaire le plus élevé comme au plus obscur des citoyens. L'autorité punissant les fautes et le crime haut placés, parmi ses propres dépositaires, acquiert aux yeux du peuple un caractère auguste, une majesté divine; et c'est là en effet la justice et l'autorité de Dieu.

Les corporations administratives se sont développées au delà de toute raison et de toute utilité ; elles enlacent toutes les ramifications, tous les éléments de la vie sociale ; elles écrasent la nation de leur poids ; elles l'épuisent de leurs dépenses toujours croissantes.

Le corps des ponts et chaussées constitue une de ces administrations fatales. Les travaux publics sont les *Ateliers nationaux* organisés depuis longtemps ;

ils représentent le travail à la journée, tandis que le génie civil, l'entreprise libre, représente le travail à la tâche; ils représentent une dépense décuple de la valeur des produits ; ils représentent la nécessité de travaux inutiles pour occuper les ingénieurs officiels quand il n'existe pas de travaux utiles à faire.

Je connais beaucoup d'ingénieurs des ponts et chaussées; il n'en est pas un, parmi ceux que je connais, qui ne mérite à juste titre la considération et l'estime de tous. Je sais, comme tout le monde, que le plus grand nombre des ingénieurs officiels présente un degré d'instruction et de capacité que peu d'ingénieurs civils pourraient avoir la prétention d'égaler; je n'entends donc attaquer ici ni leur moralité ni leur mérite; mais je déclare hautement que, comme administration et comme corporation, les ponts et chaussées ont écrasé le pays et contribué pour une forte proportion à sa ruine.

Nous avons vu en Amérique et en Angleterre les travaux publics exécutés par le génie civil et par l'industrie libre; nous savons quel essor y ont pris ces travaux, avec quelle rapidité et quelle économie ils y ont été exécutés. L'Angleterre et l'Amérique n'ont pas d'école polytechnique; elles n'ont pas d'autres ingénieurs que ceux qui se signalent par leurs travaux et par leur génie; elles n'ont pas de corps officiel des ponts et chaussées disposant souverainement des entreprises des ponts, routes, canaux, chemins de fer, disposant souverainement de l'existence des autres ingénieurs, de la fortune des entrepreneurs, qu'ils peuvent ruiner ou enrichir à volonté, disposant de la propriété privée par une législation et des règlements à part, sans recours ni appel, si ce n'est devant leur propre administration, qui inquiète et fait trembler toutes les autres. Aussi, les travaux d'utilité publique en Angleterre et en Amérique ont-ils pris un développement et atteint une perfection que la liberté seule du génie civil pourra nous donner.

Je l'ai déjà dit, nous avons en France une cause permanente de stagnation et de ruine dans les inspirations et le génie s'appliquant aux services publics : ce sont les écoles spéciales qui mènent aux fonctions et aux grades.

Donnez publiquement ou particulièrement l'enseignement qui convient pour former des militaires, des marins, des ingénieurs, des professeurs, des administrateurs, tous parfaitement instruits, rien de mieux; mais, une fois l'instruction donnée, n'attachez pas les carrières aux individus, ne leur donnez pas de places. Qu'ils soient admis à les gagner, comme tout le monde, en prouvant à la pratique qu'ils ont su s'élever au-dessus des autres en profitant de l'instruction spéciale qu'ils ont suivie; mais qu'aucune attribution, qu'aucune autorité, qu'aucun grade ne leur appartienne de par leur éducation. Dans toute une école militaire, il peut ne pas se trouver l'étoffe d'un véritable officier, pourquoi les faites-vous tous officiers? Une foule de jeunes gens ne suivent-ils pas les écoles de droit, de médecine, d'arts et manufactures, sans vous demander autre chose que le certificat de leur capacité? Si vous avez besoin d'avocats, de médecins, d'ingénieurs pour remplir des fonctions, vous les choisissez plus tard parmi ceux d'entre eux qui le méritent. Quand ils cessent de le mériter, ou bien quand vous n'en avez plus besoin, vous les rendez à la société. Il doit en être de même pour les ingénieurs, pour les professeurs, pour les administrateurs que l'État emploie.

D'après la méthode suivie jusqu'ici pour les états-majors, pour les officiers de l'armée et de la marine, pour les professeurs, pour les ingénieurs, et bientôt, à ce qu'il paraît par l'absurde institution du Collége de France, pour les administrateurs, vous créez une espèce de noblesse, pensionnaire à vie de la cassette de la nation. Vous déclarez à l'avance que tous les enfants que vous prenez avant de les connaître, avant qu'ils se connaissent eux-mêmes, possèdent les plus hautes vertus du soldat, du marin, de l'instituteur, de l'ingénieur et de l'administrateur; vous signifiez à la nation que c'est bien là la pépinière d'où sortiront ceux qui doivent la commander, l'instruire, la travailler, l'administrer; vous déclarez que tout le reste se compose de vilains; vous laisserez à ces vilains, quand ils seront très-capables, les rôles de sous-officiers, de conducteurs, de copistes, de rédacteurs, etc.; mais ils ne pourront jamais devenir vicomtes, comtes et marquis, parce qu'ils ne sont pas nés chevaliers, parce que vous ne les avez pas baptisés et régénérés par l'infaillibilité de votre choix. Mais ceci n'est pas le plus grand mal; l'inconvénient le plus grave est l'esprit de corps, esprit auquel ce système donne la même force qu'à l'esprit de corps tiré par le clergé de ses séminaires; esprit qui lutte contre toutes les améliorations, se porte à tous les envahissements illégaux d'influence et d'autorité. Le citoyen cherchant à défendre son droit contre une corporation est un ver de terre facile à écraser. Enfin, une dernière conséquence funeste est la longévité de cette noblesse à vie qui accumule, tant dans les grades supérieurs, multipliés à l'infini, que dans le registre des retraites, des sommes énormes à débourser par le trésor public.

Le personnel des ponts et chaussées, pour être utile à l'État, doit s'abstenir de toute participation aux travaux. Un ingénieur en chef consultant et surveillant par département; un ingénieur en second par arrondissement, avec ou sans attribution spéciale de routes, chemins de fer, canaux, mines, etc.; étendant leur surveillance, donnant leur avis sur tous les travaux compris dans leur circonscription; vérifiant, contrôlant les plans, devis, fournitures; donnant des conseils aux communes, aux arrondissements, aux départements, tels devraient être le personnel et les fonctions des ingénieurs officiels. Tous les travaux de fondation ou d'entretien seraient l'œuvre du génie civil et de l'industrie publique, soit sur projets émanant d'eux directement, soit sur adjudication. Les ingénieurs officiels seraient choisis parmi tous les hommes distingués par leurs travaux, dans la spécialité, par le ministre de l'intérieur pour les ingénieurs en chef, sous l'approbation du président de la République, et par les préfets, pour les ingénieurs en second, sous l'approbation du ministre; une division des travaux publics au ministère de l'intérieur correspondrait avec tous les ingénieurs officiels.

Télégraphie.

J'aurais beaucoup à dire sur les télégraphes, puisque c'est là une branche spéciale des services publics à laquelle je me suis trouvé longtemps mêlé et sur laquelle j'ai beaucoup écrit; ce serait ici le lieu d'en parler comme division de l'intérieur, mais les limites de ce travail m'obligent à n'en dire que quelques mots.

Les télégraphes aériens, nés sous la République et dus à l'immortelle famille des Chappe, sont encore les seuls télégraphes nationaux possibles. Les télégraphes électriques ne peuvent servir ni dans les guerres civiles, ni dans les guerres étrangères. Il importe donc de donner aux télégraphes aériens le développement le plus rapide et le plus complet possible. Rapprocher les postes télégraphiques pour augmenter la visibilité, les mettre à l'abri d'un coup de main par une enceinte protectrice, attacher à chaque poste cinq stationnaires manipulateurs, vétérans retraités, pour la défense et la manœuvre; enfin armer tous les télégraphes en télégraphie de nuit, perfectionner, en les simplifiant, le mécanisme et le dictionnaire, telles sont les améliorations qui rendront la télégraphie plus utile à l'État qu'aucun autre moyen de communication. Un signal est rendu de Paris à Toulon en vingt minutes, il faudrait vingt-quatre heures pour y parvenir en chemin de fer; avec un budget de 4 millions, la télégraphie de jour et de nuit deviendrait un moyen de gouvernement plus puissant qu'une armée de cent mille hommes.

Agriculture.

J'arrive à la division de l'agriculture. Si l'enseignement de l'agriculture est dévolu, comme tous les autres enseignements, au ministère de l'instruction publique, il reste à l'intérieur peu de chose à faire pour cette branche nourricière de la nation. Acheter et entretenir des étalons, des taureaux, des béliers, etc., pour améliorer les races; recueillir les plantes, graines et organes propagateurs des végétaux nouveaux et utiles; exciter l'émulation, organiser des concours, décerner des récompenses honorifiques, telles seraient à peu près les seules fonctions de cette division. Les secours ou encouragements pécuniers sont presque toujours arbitrairement et infructueusement accordés. Le moyen le plus sûr et le plus prompt de faire progresser l'agriculture consisterait dans l'application du décret suivant :

Art. 1er. Il est établi, en dehors de l'impôt direct ordinaire, et sans préjudice à cet impôt, un droit annuel de 1/2 p. 0/0 de la valeur de toutes les terres, au profit de l'État.

Art. 2. Sont exemptes de ce droit toutes les terres rendant un produit annuel proportionné à leur étendue et à leur fertilité.

Art. 3. Toutes les terres laissées en jachère pendant un an payeront la moitié de ce droit.

Art. 4. Toutes les terres en friche, en bruyères, fougères, genêts, etc., en un mot toutes les terres laissées plus d'une année sans culture et sans produit payeront le droit tout entier.

Ce décret sera plus efficace que tous les secours, primes et encouragements pour porter l'agriculture à sa perfection. L'aumône est la mère de l'oisiveté, la nécessité est la mère de l'industrie.

On parle de colonies agricoles pour l'intérieur de la France, colonies installées et payées par l'État ; on parle de perfectionner l'agriculture, de doubler ses produits : quelle folie ! Ceux qui nourrissent de pareilles espérances et qui croient sincèrement nous tirer d'embarras par de tels moyens ne sont donc jamais sortis de Paris? Ils n'ont donc pas parcouru la France? Ils ne savent donc pas que l'agriculture est poussée à plus des quatre cinquièmes de sa dernière perfection? Ils ne savent donc pas qu'une armée de professeurs ne suffirait point à produire le dixième des progrès que l'intérêt privé réalise tous les ans? Aux environs de Paris, dans tout le nord de la France, et l'on peut dire sur les deux tiers de la surface de notre sol, le progrès a été poussé si loin que tous les théoriciens du monde ne feraient pas produire un hectolitre de blé, un muid de vin ni un mouton de plus. Je citerai même la Champagne, dite pouilleuse, dont la terre est une mince couche de craie effritée par les gelées et noircie par le soleil, terre qui se vendait 10 et 12 francs l'hectare il y a vingt ans. Voyez aujourd'hui ces plaines, qui exigent pour 1,000 francs d'engrais par hectare, elles sont couvertes de seigles magnifiques, de blés quelques-unes, de prairies artificielles beaucoup, et elles valent de 1,000 à 1,200 francs l'hectare.

Nous savons tous que dans certaines localités on laisse encore le tiers des terres en jachère, dans quelques-unes la moitié ; mais ces localités deviennent de plus en plus rares, les assolements sont connus partout. D'ailleurs ces assolements ne suppléent pas complétement au défaut d'engrais, et la maigreur du sol leur résiste souvent. Ajoutez les ressources de l'enseignement à l'intérêt privé pour assurer mieux encore la marche progressive de l'agriculture, j'approuve entièrement cette intention ; mais ne fondez pas sur lui de folles espérances qui aboutiraient à de cruelles déceptions; notre salut n'est pas là.

Nous savons aussi que dans certains pays, la Sologne, les Landes, la Bretagne et le centre de la France, il existe de grands espaces de terres à assainir et à mettre en valeur; mais vous trouverez de grandes difficultés à surmonter, vous aurez à acheter ces espaces, vous aurez à installer des travailleurs et des travaux qui vous coûteront fort cher; vous aurez à lutter contre les eaux, contre les fièvres, contre le mécontentement de vos colons, contre le mauvais vouloir des communes; et quand viendra le succès, c'est-à-dire la récolte possible, si elle vient jamais (car l'industrie privée ou associée a déjà fait bien des tentatives infructueuses dans ce sens), vous aurez dépensé un capital décuple du revenu; la population se sera accrue aussi vite que vos conquêtes sur les marais et sur les friches; les conditions économiques de l'existence actuelle n'auront point changé, le Trésor sera de plus en plus embarrassé; et vous entendrez alors, comme il y a un an, les ministres vous apporter une bonne nouvelle, à savoir que la prospérité publique s'accroît, puisque le budget s'augmente chaque année.

Pourquoi donc aller chercher l'abondance par des moyens si dispendieux et si douteux, quand vous pouvez l'obtenir à l'instant même en ouvrant vos frontières aux blés, aux bestiaux et aux aliments étrangers? Pourquoi donc aller conquérir à si grands frais des terres infécondes, quand vous avez l'Algérie à votre porte, quand vous pouvez mettre la terre à la portée de tout le monde? Tant que vous n'aurez pas recours aux moyens les plus simples et les plus justes, la misère la plus profonde sera dévolue à la classe déshéritée.

Supposez un moment que la nourriture soit suffisante en France pour tout le monde, d'où viendrait la misère? d'une inégale répartition. Est-ce que la répartition deviendrait plus égale parce que vous auriez fait piocher dix mille hectares de plus? Tous les palliatifs qui vous sont proposés sont des déceptions ou des extravagances. Vous ferez précisément, par vos colonies agricoles, une besogne aussi bonne et aussi productive que celle qui se fait aujourd'hui dans vos ateliers nationaux. Croyez-moi, n'employez et ne payez personne pour avoir du génie, de l'esprit, de l'activité, de la force; on prendra votre argent, on vivra de son mieux sans utiliser à votre profit le peu de facultés ou d'énergie qu'on aura reçu de la nature. Laissez l'humanité répondre de ses œuvres, agir par et pour elle-même, autrement vous marchez à l'absurde; l'expérience vous prouvera que les hommes vont à leur destinée, mais qu'on ne les y conduit pas.

Commerce, industrie, brevets d'invention.

La liberté et l'enseignement sont les seuls éléments de prospérité que le gouvernement puisse et doive mettre à la disposition de l'industrie et du commerce pour les encourager ; j'ajoute toutefois les expositions publiques et les récompenses honorifiques. Ouvrir des débouchés par des traités, lever les prohibitions de toute nature sont encore des moyens sur lesquels le ministre de l'intérieur, d'accord avec le ministre des affaires étrangères, doit porter toute son attention. Il diminuera peu à peu, et fera bientôt disparaître tout-à-fait les protections qui favorisent des industries d'un intérêt secondaire, qui entassent dans les villes des milliers de bras enlevés à l'agriculture ; il protégera l'essor du génie inventif, plus énergique en France et plus déprimé qu'en aucun autre pays.

S'il est juste que la propriété foncière et mobilière soit respectable et doive être respectée, il est plus juste encore que la propriété de l'inventeur soit garantie, car la valeur créée par la pensée ne peut ni priver ni léser personne. Elle n'occupe ni le sol qu'un autre pourrait occuper, ni le capital dont la détention pourrait priver la société d'une circulation désirée. L'invention est la plus inoffensive et la plus légitime des propriétés, fût-elle mauvaise ; et, si elle est bonne, elle mérite plus que d'être garantie, elle mérite d'être honorée.

Comment se fait-il que, sous le gouvernement qui vient de tomber, toute la société et le pouvoir lui-même semblaient se réunir pour déverser le mépris sur le génie inventif, pour le frapper d'impôts onéreux, pour attacher un stigmate à son titre et pour ébranler par tous les moyens son droit à la propriété? La raison en est si simple et si puissante, qu'il y a bien peu d'espoir de voir changer les idées à cet égard. Les inventeurs sont en petit nombre, ils sont généralement pauvres; ils ont contre eux la multitude qui doute et qui nie, le capital qui leur fait des avances et qui avilit leur titre pour s'en emparer; puis les grands faiseurs, les grands industriels, les ingénieurs, les spécialités que l'invention concerne, lesquels sont gênés par un brevet qui les empêche d'appliquer une idée qui leur convient, qui sont jaloux d'une conception simple et utile qui aurait dû leur venir. Il n'en faut pas tant pour étourdir et dégoûter un inventeur sérieux. Un député me disait un jour : — « Oh! celui-là n'est pas un *homme à brevets!* » Un homme à brevets, c'est l'homme qui n'a que l'idée, qui n'a point d'argent, qui n'a point d'ateliers ni d'usine pour mettre en pratique son invention; c'est bien peu de chose, ce n'est même rien.

Les plus grandes industries humaines comme les plus petites, depuis la machine à vapeur jusqu'au couteau de Saint-Claude, représentent le domaine de l'invention. Suivant que l'invention est encouragée ou abandonnée, suivant qu'elle est méprisée ou exaltée, garantie ou laissée au pillage, une époque, une nation, sont riches ou pauvres en inventions précieuses. Un gouvernement intelligent et progressif ne saurait donc apporter trop d'intérêt au développement du génie inventif, il ne saurait l'envelopper de trop de garanties, il ne saurait le placer trop haut dans l'estime publique. L'Angleterre doit une grande partie de ses progrès industriels à la solidité des patentes qu'elle accorde. Il est juste de reconnaître toutefois que, si les charges fiscales étaient retranchées de la dernière loi sur les brevets d'invention, si aux mots : *sans garantie du gouvernement*, on substituait ceux de : *sous la protection des lois*, cette loi, exécutée avec une scrupuleuse exactitude, pourrait protéger efficacement l'invention jusqu'au moment du moins où la propriété intellectuelle, mieux définie chez nous, permettrait de rattacher l'invention au droit commun de la propriété.

Administration intérieure.

Le ministre de l'intérieur nomme, avec l'approbation du président de la République, les préfets des départements parmi les membres du conseil général; il nomme également tous les maires et adjoints des chefs-lieux de département, d'arrondissement et de toutes les villes au-dessus de quatre mille âmes; les maires et adjoints des autres communes sont nommés par les préfets.

Les conseils de préfecture, comme tous les tribunaux administratifs, sont supprimés; il en est de même des sous-préfectures et des conseils d'arrondissement. Il sera placé par le ministre de l'intérieur, sur la présentation du préfet, à la tête des bureaux de la préfecture, un secrétaire général qui pourra par intérim faire fonction de préfet.

Le préfet est la première autorité du département; il commande à tous les fonctionnaires dans les limites de la constitution de la loi; il représente immédiatement le ministre et le président de la République.

Les traitements des préfets et de leurs bureaux sont à la charge de l'administration centrale. Cette dépense s'élève aujourd'hui en moyenne à 66,000 fr. par département; cette moyenne serait conservée par suite de l'augmentation des attributions, les sous-préfectures et les conseils de préfecture étant supprimés. Sur cette moyenne, le traitement moyen des préfets est de 20,000 fr., et celui des secrétaires généraux de 10,000 fr. Sur les bureaux pèse la centralisation des affaires du département, désormais moins chargée d'un autre côté, dans ses rapports avec les ministères.

Les fonctions des maires et adjoints sont gratuites; les frais de bureau sont à la charge des communes, ainsi que la fourniture et l'entretien des locaux. Les locaux de préfecture sont entretenus et fournis par les départements.

Par ces dispositions, par la suppression des primes et des subventions, par le déclassement des routes et le transport de leur entretien aux soins et décisions des conseils-généraux, les charges et dépenses du ministère de l'intérieur, des travaux publics, du commerce et de l'agriculture réunis peuvent être abaissées de beaucoup au-dessous de 150 millions.

RELATIONS EXTÉRIEURES.

Quelles que soient la puissance et la bravoure d'un peuple, il doit regarder comme un acte de brutalité sans excuse le fait de porter la guerre chez ses voisins, à moins qu'il n'y soit provoqué, soit par des actes d'agression directe, soit par des manifestations qui seraient de nature à porter atteinte à sa considération et à son honneur.

Les États sont comme les hommes, ils doivent tenir à l'égard des autres États une conduite respectable, dictée par le sentiment profond du droit et de la liberté de chacun en ce qui concerne leurs affaires intérieures; mais, à l'égard de leurs rapports réciproques, ils doivent savoir se faire respecter dans toutes les circonstances.

Depuis douze ans nous sommes tombés dans le mépris des Etats civilisés; nous devons sortir au plus tôt de cette position indigne, non par des provocations et des bravades, mais par la franchise et la fermeté de nos paroles et de nos résolutions, par l'élévation et la générosité de nos principes internationaux, par la justice humanitaire et désintéressée de nos prétentions, par la capacité, la loyauté, l'énergie calme et inflexible de nos chargés d'affaires.

Les envoyés de la République doivent mettre de côté, comme indigne de la France, toute diplomatie, toute menée sourde et cachée; ils doivent rester étrangers à toute intrigue; leur mission principale est de guider et de défendre nos concitoyens dans leurs personnes et dans leurs intérêts, et de saisir toutes les circonstances favorables pour abaisser et faire disparaître les barrières qui séparent les peuples; les libres rapports et le libre échange, telle doit toujours être la tendance de nos relations avec les pays étrangers, fondée sur le principe de la réciprocité.

La France se déclare libre et affranchie de tous traités *politiques* antérieurs à la révolution de 1848; elle considère tous les autres Etats comme libres et affranchis à son égard. Elle maintient les traités de commerce existants, mais elle se réserve d'en provoquer prochainement la révision et de les fonder sur de plus larges bases, d'accord avec ses co-contractants.

La nation française n'entreprendra pas de conquêtes en Europe. Elle assimile à son propre territoire ses possessions actuelles en dehors de l'Europe et notamment l'Algérie, destinée à recevoir le trop-plein de sa population. Elle assimile également à son propre territoire ses vaisseaux de guerre et de commerce. Toute violation flagrante et sans excuse du territoire français sera un cas de guerre nationale.

La France portera secours aux peuples constitués par leurs propres forces, sur leur demande expresse; elle ne donnera son appui qu'aux principes civilisateurs et progressifs; elle ne servira jamais d'autres intérêts que ceux de l'humanité. La question de la Pologne est insoluble en ce moment par la voie des armes; le moment n'est pas même venu, dans son propre intérêt, d'agiter la question par les voies diplomatiques; il faut savoir attendre.

L'Italie tient son sort dans ses mains; s'il tournait contre elle, nous serions peut-être appelés à la secourir : mais quand une nation prend fait et cause pour une autre, il faut qu'elle puisse le faire dans un sens clair et déterminé. Aujourd'hui la question italienne est encore pleine d'épines et d'obscurités.

Sans attacher aucune pensée de faste et de vanité à la représentation de ses envoyés et chargés d'affaires, la France ne peut oublier que ses agents, en pays étranger, ne doivent pas se présenter avec des ressources mesquines qui les tiendraient, selon les préjugés ou les habitudes du pays, dans une position inférieure. S'il convient à la République d'adopter pour elle et chez elle une sévère simplicité, il ne lui convient pas moins d'occuper le premier rang chez les nations plus ou moins fastueuses. Nous devons donc fournir à nos ministres diplomatiques, à nos chargés d'affaires, à nos consuls, les moyens de nous représenter dignement par leurs ressources matérielles, aussi bien que par l'élévation de leur caractère et de leur esprit.

Pour le service des relations extérieures, le budget de 1820 était de 8 millions; celui de 1831, de 7,760,000 fr.; celui de 1848, de 8,885,000 fr.

En conservant un budget normal de 8 millions, nous pourvoirons largement à toutes les nécessités de ce service, et nous pourrons les remplir en donnant à notre corps diplomatique plus d'étendue et plus de ressources par une répartition et un emploi mieux entendus que par le passé.

Le président de la République nomme tous les agents diplomatiques, sur la présentation du ministre des affaires étrangères.

LÉGION-D'HONNEUR.

Une distinction honorifique vraiment nationale, conférée avec une grande réserve et avec des conditions telles qu'elle ne puisse jamais représenter que des services publics, remarquables par leur importance, par leur éclat ou par leur nombre, loin d'être une puérilité, un hochet, est au contraire une institution de la plus haute importance. Elle est indispensable chez un peuple qui n'a pas mis de côté tout sentiment d'abnégation, de désintéressement, d'honneur, en un mot. Elle est inutile et ridicule chez un peuple avide et corrompu, qui n'admet d'autre valeur que l'argent, d'autre mérite que la fortune, d'autre ambition que celle des places.

Si nous sommes tombés à ce dernier degré de démoralisation et de cynisme; si nos gouvernants, comme les gouvernants déchus, doivent souiller une distinction nationale en la semant pêle-mêle dans leurs antichambres, pour en décorer les valets et les solliciteurs avec la même facilité et la même indifférence que l'homme d'un mérite éminent, une distinction n'est pas seulement inutile chez nous, elle porte encore un véritable préjudice à la société.

Malgré tout ce qui se passe chez nous de honteux et de grossier, je ne puis croire encore à notre chute complète; je ne puis me persuader que les sentiments nobles, élevés et désintéressés dont la France a de tout temps donné l'exemple au reste de l'Europe, que ces sentiments chevaleresques qui nous distinguent et nous honorent aux yeux de toutes les nations soient éteints; je ne puis croire que les citoyens français n'aient plus rien à donner à la patrie, et que tout dans leur cœur soit à vendre; je ne puis croire que le principe unique de notre vie sociale soit le *salaire*.

Non-seulement je n'ai pas cette mortelle croyance, mais j'ai le secret espoir que mon pays n'a point dégénéré; que sous l'écume qui le surmonte et qui le cache, il renferme la même somme de vertus qu'autrefois; qu'il est plus que jamais digne de son antique réputation d'honneur et de générosité; je crois qu'il a plus que jamais des actes de courage et de dévouement à mettre au service de l'humanité, de ces actes que l'argent ne paye pas: l'argent pourvoit aux besoins matériels, ce n'est pas la monnaie du cœur. J'en appelle à tous les hommes généreux; en est-il un seul qui ne soit disposé à respecter une distinction donnée au véritable mérite?

Mais une distinction honorifique n'est pas seulement un objet d'émulation pour tous les sentiments, pour toutes les vertus désintéressées, c'est de plus une propriété précieuse et nécessaire pour celui qui l'a conquise. Qu'un soldat, un sous-officier ait exposé cent fois sa vie pour sauver celle de ses camarades pendant sa carrière militaire; qu'il ait, par son intrépidité et par ses actions audacieuses, contribué à préserver le pays de l'invasion ou l'armée d'une déroute, s'il regagne son village, s'il rentre dans ses foyers, loin des témoins de sa valeur, qui donc le signalera à la considération et aux égards de ses concitoyens? Qui dira que, dans cette poitrine couverte de la blouse du travail, bat un cœur de héros?

Ce n'est pas seulement à l'égard du soldat que la distinction honorifique acquitte une dette sacrée, c'est à l'égard de tous les hommes qui se distinguent par des services réitérés et éminents rendus au pays. Si un fonctionnaire public a su résoudre les problèmes les plus difficiles, suggérer les idées les plus importantes, si un professeur a jeté de nouvelles et éclatantes lumières sur les matières qu'il enseigne, si un agriculteur a su doubler un produit agricole de première nécessité, si un ingénieur a multiplié les effets des forces : qui donc, après trente et quarante ans dans une retraite éloignée, prendra soin d'avertir que ces hommes ont bien mérité de la patrie? Qui donc les protégera contre les inquisitions populaires? Qui leur assurera le respect et la protection des foules dus à leur mérite, à leur âge et souvent à leurs ridicules?

Une distinction honorifique est due aux qualités éminentes du cœur et de l'esprit révélés par des services rendus à la société et à l'humanité tout entière : c'est une propriété légitimement acquise par les grandes vertus, et ceux qui la prostituent en la donnant aux hommes vulgaires, et à plus forte raison aux hommes méprisables, se rendent coupables de démoralisation, en ôtant à l'institution la représentation du mérite, et de vol, en détruisant la valeur d'une propriété légitimement acquise.

Une distinction honorifique, unique, générale, s'appliquant également aux services civils et militaires, doit donc être adoptée par la République pour être appliquée aux services publics remarquables et réitérés ; l'ordre de la Légion-d'Honneur se présente avec tous les caractères et toutes les conditions nécessaires pour atteindre le but : il a, en outre, le mérite d'exister et de fonctionner depuis longtemps.

L'institution de la Légion-d'Honneur doit être conservée et respectée, malgré la profusion et la légèreté avec laquelle elle a été donnée depuis la Restauration. L'abus disparaîtra bientôt, et un assez grand nombre de ceux qui l'ont obtenue l'ont suffisamment méritée pour que sa conservation soit motivée. A l'avenir, aucune promotion ne pourrait avoir lieu sans qu'un exposé des motifs, nettement et complétement formulé, fût joint au projet de nomination, soumis à l'enregistrement du parlement et inséré au *Moniteur*.

Les décorations spéciales ne doivent être considérées que comme représentant une époque, un fait, un sentiment de courage, d'exaltation patriotique momentané. Elles n'ont rien de commun avec la Légion-d'Honneur (*).

Le budget de la Légion-d'Honneur est encore de 7,150,000 fr., mais il se confond en grande partie dans la dette publique par sa dotation en rentes 5 0/0 inscrites au grand-livre; en supprimant certaines dépenses d'état-major et de chancellerie, ce chiffre ne doit figurer ici que pour mémoire.

(*) En 1830, la Commission des récompenses nationales, dont j'avais l'honneur de faire partie, accepta, sur ma proposition, une décoration spéciale pour les plus braves d'entre les combattants de Juillet. Cette décoration faisait le sujet d'un article de la loi des récompenses nationales, présenté, sur notre rapport, en 1831, à la Chambre des députés. M. Kératry combattit la décoration spéciale, et la Commission des récompenses nationales me chargea de la défendre; ce que je fis par un manifeste au nom de la Commission et signé de tous ses membres. L'amendement de la commission de la Chambre, qui substituait la décoration de la Légion-d'Honneur à notre décoration, fut rejeté, et la décoration spéciale de Juillet adoptée. Le motif déterminant que je fis valoir était l'impossibilité de représenter un fait particulier par une décoration accordée à des services généraux, et le discrédit qui s'ajouterait à la Légion-d'Honneur, signe distinctif du mérite général, par la nouvelle profusion qui résulterait de son application à une circonstance spéciale.

COMMISSION ET COUR DES COMPTES.

La Cour des comptes doit être dominée par une commission annuelle, composée de quinze membres, dont cinq nommés par l'Assemblée nationale, cinq par le parlement et cinq par le président de la République. Cette commission, renouvelée chaque année, aura les mêmes fonctions et les mêmes attributions que la Cour des comptes actuelle. Elle devra connaître, vérifier et contrôler toutes les dépenses de l'année précédente. Une cour permanente, sans mauvais vouloir, s'associe malgré elle à une comptabilité à laquelle elle est habituée; elle ne peut apporter dans ses investigations toute l'énergie et toute la curiosité de nouveaux venus. Pour cette mission d'une année seulement, les membres de la commission recevraient une indemnité de 18,000 fr. chacun : avec les 70,000 fr. de dépenses et de matériel, le budget de la commission des comptes serait ainsi de 350,000 fr.

Mais en dehors de cette commission doivent exister en permanence, au-dessous d'elle, autant de chambres de comptabilité que de branches principales d'administration : soit sept chambres composées de trois censeurs chacune, plus une chambre de comptabilité générale composée de cinq; en tout vingt-six censeurs à 10,000 fr. chacun, dépense égale à 260,000 fr.

A chaque chambre serait attaché un référendaire nommé par chaque ministre, et à la chambre de comptabilité générale un grand référendaire nommé par le président de la République.

Ce dernier au traitement de 18,000 fr. et les sept autres au traitement de 10,000 f., en tout 88,000 f.

Enfin un greffier en chef à 7,000 fr., sept greffiers à 5,000 fr., dix-sept commis à 3,000 fr. seraient chargés des rédactions, écritures, procès-verbaux, archives, etc. La dépense des greffes, loyers, entretien, impressions, serait de 109,000 fr.

La dépense totale de la Cour et de la commission des comptes serait ainsi élevée à 900,000 fr.; en prévision, un million.

Les censeurs et les greffiers de la Cour des comptes seraient nommés par le parlement; ils peuvent être changés par lui. Les référendaires sont révocables par le pouvoir exécutif.

La commission des comptes prononce souverainement et en dernier ressort sur tous les actes de la comptabilité et sur tous ceux de la Cour.

ADMINISTRATION DES FINANCES.

L'administration centrale des finances et le service de la trésorerie figurent au budget de 1849 pour une somme de 17,936,545 fr. avec la Cour des comptes, les monnaies et médailles. Nous réduisons à 16 millions la dépense de ces divers services. La réduction principale porte sur les bonifications attribuées aux receveurs généraux et particuliers, sur la Cour des comptes et sur quelques suppressions d'emplois.

La dépense des contributions directes, y compris le service administratif, le cadastre et les frais de perception, reste fixée à 17 millions; celle du timbre, des domaines et de l'enregistrement à 11 millions, plus 10 millions pour frais des actes conservatoires, de liquidation, de vente et de perception des retours à l'État par transmissions gratuites et décès, à répartir entre les percepteurs, les notaires, juges de paix et contrôleurs de l'enregistrement; la dépense des forêts est fixée à 4 millions.

Les frais des douanes sont diminués par suite de la suppression d'une ligne et de la diminution du personnel des autres. L'abolition des droits de douane sur les substances alimentaires et sur les objets de première nécessité pour le travail, autorise une réduction du tiers de la dépense actuelle. Le budget spécial du service administratif des douanes et de perception est donc abaissé à 18 millions. La dépense des poudres est maintenue à 3,500,000 fr., celle des tabacs à 35 millions, celle des postes à 35 millions. La suppression des contributions indirectes et des octrois sur les substances alimentaires permet de réduire à 5,500,000 fr. la dépense de cette branche administrative. Enfin, les primes à l'exportation étant supprimées et les remboursements réduits à leur juste appréciation, les non-valeurs ne devant pas être déduites à l'avance, le chapitre des remboursements, primes et escomptes s'arrête à 25 millions.

Dette publique.

Le chiffre officiel de la dette publique en rentes consolidées est, au commencement de 1849, fixé à 300,789,006 fr.

Sur ce chiffre, la Caisse d'amortissement possède 65,584,177 fr. de rentes.

On sait généralement que la Caisse d'amortissement reçoit chaque année sur le budget une dotation considérable destinée à racheter par un capital équivalent une somme de rentes qu'elle doit ainsi retirer de la circulation; rentes qu'elle devrait annuler au fur et mesure de leur rachat pour soulager les contribuables et amortir la dette publique.

Mais ce qu'on sait moins généralement, c'est que la Caisse d'amortissement au lieu d'annuler les rentes rachetées, les garde au contraire pour elle, ni plus ni moins que si elle était un riche propriétaire, et qu'elle s'en fait payer chaque année le montant par le budget, c'est-à-dire par les contribuables.

C'est pour cela qu'en 1849, elle touchera 65,584,177 fr. de rentes sur l'État, qui lui paiera, en outre, toujours sur le budget et par les mains des contribuables, la dotation de l'année, qui est de 63,795,490 fr., ce qui constitue la somme de 139,379,667 fr., somme que la Caisse d'amortissement touchera pour sa part au budget.

C'est là une bien grosse somme à prélever sur une nation appauvrie, ruinée par ses gros budgets, et cette somme est simplement au profit d'une caisse !

Que fait donc cette caisse d'une somme pareille, ou à peu près, tous les ans? et en particulier qu'en fera-t-elle cette année ?

Il importe peu à la nation qu'elle achète de nouveau des rentes puisqu'elle les garde et qu'il faut les lui payer.

Donnera-t-elle son revenu, comme certaines années et surtout comme les années précédentes, au gouvernement, pour pourvoir à des dépenses extraordinaires non votées ? Pourquoi le gouvernement ne les fait-il pas voter sous leur véritable nom ? N'est-ce pas là un moyen abusif de faire voter plus tard aux assemblées des allocations extraordinaires en montrant sous la main des ressources sans emploi ? N'est-ce pas un de ces mille chemins détournés qui conduisent une nation à la déconfiture ?

Tous les financiers répondront affirmativement à

toutes ces questions, mais ils n'en soutiendront pas moins la nécessité de maintenir dans toute son intégrité la caisse d'amortissement. La caisse d'amortissement, disent-ils, est indispensable au crédit de l'État!

Qu'est-ce à dire? Faudrait-il par malheur que la nation payât 130 millions par an au gouvernement pour jouer à la Bourse? pour faire la hausse ou la baisse? pour fabriquer de la confiance? pour changer la physionomie et la signification des événements?

Je ne sais pas si c'est là ce que vous appelez fonder et soutenir le crédit de l'État; mais s'il en était ainsi, je m'expliquerais peut-être comment les fonds publics ne sont jamais si hauts qu'à la veille des révolutions, comment le thermomètre de la Bourse marche toujours en sens contraire du sentiment national; comment les malheureux déposants des caisses d'épargne, les malheureux qui achètent les rentes sur l'État sont conduits par ce mirage trompeur jusqu'au bord du précipice!

Peut-être que mon ignorance ne me permet pas d'apercevoir les véritables fonctions de la caisse d'amortissement; mais je ne crains pas de me tromper en demandant l'annulation des rentes rachetées et la suppression de la dotation de la caisse d'amortissement, car en ceci je m'appuie sur de meilleurs esprits que le mien.

Par l'annulation des rentes touchées par la caisse

d'amortissement, nous réduisons le chiffre de la dette inscrite à 235,204,729 fr., et nous n'aurons point à nous préoccuper du paiement de la dotation annuelle de cette même caisse. La dotation peut être retranchée en tout état de cause, sans inconvénient, mais dans notre système financier surtout; car au moyen des retours à l'État, la dette publique s'éteindra d'elle-même dans la proportion de 1 p. 0/0 environ par an, soit 2,352,047 fr. de rente, ou 47,040,945 fr. de capital.

Il convient également de supprimer l'allocation aux fonds de retraite pour deux raisons : la première, c'est que les retraites légales doivent émaner directement du budget annuel; la seconde, c'est que le traitement des employés et des fonctionnaires n'étant plus soumis à aucune retenue, à aucun impôt, et s'élevant à une valeur égale au temps et au travail donné, le système des retraites sera généralement abandonné, aussi bien par le ministère des finances que par les autres ministères. Il ne doit être conservé en principe et en fait que pour les invalides de la guerre et de la marine.

Nous n'admettons pas que l'État se fasse le tuteur et l'économe de qui que ce soit de ses employés; il les paie bien et voilà tout. Pourquoi payer une retraite à un fonctionnaire plutôt qu'à un bon ouvrier qui a travaillé pendant trente ans? Vous supposez donc que vos employés n'ont pas assez d'intelligence pour songer à leur avenir, ou bien vous reconnaissez que vous ne les payez pas assez pour qu'ils puissent épargner ! Posez-leur cette question : Préférez-vous 10 p. 0/0 par an de plus sans retraite, ou 10 p. 0/0 de moins avec une retraite possible, si nous ne vous renvoyons pas avant trente ans? Vous savez d'avance leur réponse; vous n'auriez pas une retraite à payer. Cette mesure n'est donc pas prise dans l'intérêt des fonctionnaires; elle est destinée à les asservir, à les monacaliser, à leur ôter toute liberté. Le principe qui a fondé les caisses d'épargne est à peu près le même : c'est toujours là la pensée de lier le plus d'intérêts possibles à un gouvernement bon ou mauvais. Aussi je demande l'abolition des caisses d'épargne dans l'intérêt du peuple et de la liberté; je demande qu'un gouvernement qui souvent est composé de fous et de gens incapables, ne puisse pas désormais ébranler toutes les existences individuelles d'une nation, en se faisant le gérant des personnes et des ménages, quand il ne peut pas gérer les affaires publiques; je demande que le gouvernement n'attire pas à lui des sommes qu'il jette à l'aventure dans des entreprises de toute nature.

En supprimant les allocations au fonds de retraite, en attribuant 10 millions à l'intérêt de la dette flottante; une somme égale à l'intérêt des cautionnements et dépôts divers; 50,754,326 fr. aux pensions viagères, et 10 millions aux dotations de l'Assemblée nationale et du président de la République, nous pourvoyons largement à toutes les charges en dehors des autres services ; et cette partie du budget comprenant l'intérêt de la dette consolidée et flottante, l'intérêt des cautionnements et dépôts, les rentes viagères et les dotations, présente une somme totale, en nombre rond, de 316 millions, laquelle réunie aux 180 millions appliqués aux dépenses administratives, de trésorerie, de perception, de régie, de restitutions, etc., donnent pour chiffre des charges spéciales au ministère des finances 496 millions.

PROJET DE BUDGET AVEC TOUTES LES RÉFORMES PROPOSÉES DANS CE TRAVAIL.

Dépenses.

Dette publique consolidée. . . .	235,204,729 f.
Amortissement par les retours à l'Etat sur les donations et successions.	47,040,945
Services des intérêts de la dette flottante, des cautionnements, des retraites et pensions, etc.	70,754,326
Remboursements et escomptes.	25,000,000
Frais de régie et de perception de l'impôt direct, de l'enregistrement et opérations des retours à l'Etat sur les donations et successions, des postes, des poudres et des forêts. . . .	75,000,000
Cour des Comptes.	1,000,000
Dotation de l'Assemblée nationale et du président de la République.	10,000,000
Ministère des finances.	16,000,000
— de la justice.	27,000,000
— de l'enseignement public et des cultes. .	80,000,000
— de la guerre.	275,000,000
A reporter. . .	862,000,000

Report.	862,000,000
Ministère de la marine et des colonies.	65,000,000
— des affaires étrangères.	8,000,000
— de l'intérieur, des travaux publics et du commerce.	150,000,000
Total général des dépenses.	1,085,000,000

Recettes.

Produit de l'impôt direct sur *l'avoir* en foncier, mobilier, numéraire, estimés ensemble à 80 milliards, déchargés de tout impôt indirect, de l'impôt personnel, patentes, portes et fenêtres, et de tous centimes additionnels; taux de l'impôt direct, 1 0/0 de *l'avoir*. . . .	800,000,000 f.
Retours à l'Etat par transmissions gratuites et successions, tous droits de mutation supprimés, tous drois d'enregistrement et de timbre abolis. . .	305,000,000
Produit de la vente des poudres.	7,000,000
Produit des postes.	50,000,000
Produit des forêts et domaines. .	33,000,000
Produits divers.	20,000,000
Total général des recettes.	1,215,000,000

Sur ces 1,215,000,000 de recettes, 415 millions ne sont pas des impôts ; ils ne s'ajoutent jamais au prix des objets de consommation ou d'emploi. Les 800 millions de l'impôt direct seuls sont une avance faite par l'*avoir* à la *consommation*, qui les lui rembourse en fin de compte.

Les recettes étant de	1,215,000,000 fr.
Les dépenses s'élevant à	1,085,000,000
Il reste. . .	130,000,000 fr.

à valoir sur les déficit imprévus ou bien à appliquer à l'extinction de la dette publique.

PROJET DE BUDGET AVEC DES RÉFORMES PARTIELLES, IMMÉDIATEMENT RÉALISABLES.

Dépenses ordinaires.

Dette consolidée.	235,204,729 f.
Service des intérêts de la dette flottante, des cautionnements, retraites, pensions, etc.	70,795,271
Frais de perception et de régie, des impôts directs et indirects, poudres, tabacs, postes, domaines, timbre, enregistrement. . .	129,000,000
Remboursements et escomptes.	25,000,000
Dotation de l'Assemblée nationale et du président de la République.	10,000,000
Cour des comptes.	1,000,000
Ministère des finances. . . .	16,000,000
Ministère de la justice, y compris le Parlement et le Conseil d'État. .	27,000,000
Ministère de l'enseignement public et des cultes.	80,000,000
Ministère de la guerre. . .	275,000,000
Ministère de la marine et des colonies.	65,000,000
A reporter. . .	934,000,000

Report. . . .	934,000,000
Ministère des affaires étrangères.	8,000,000
Ministère de l'intérieur, des travaux publics, du commerce et de l'agriculture réunis. .	150,000,000
Total des dépenses ordinaires.	1,092,000,000 f.

Dépenses extraordinaires.

Pour couvrir les déficit, achever et solder les travaux commencés, indemnités pour retrait d'emploi, demi-soldes temporaires, etc.	710,000,000 f.

Recettes ordinaires.

Contributions directes. . . .	426,000,000
Enregistrement et timbre . .	225,000,000
Douanes réduites de moitié sur les sucres, les cafés, les céréales, bestiaux, viandes et poissons salés, et sur les matières premières, produiront un chiffre au moins égal à.	165,000,000
A reporter. . .	816,000,000

Report.	816,000,000
Droits réunis, tous droits supprimés sur les sels à l'intérieur, les boissons, les sucres indigènes, donneront approximativement. .	15,000,000
Tabacs.	116,000,000
Postes.	52,000,000
Poudres.	6,000,000
Forêts.	33,000,000
Droits et produits divers. . .	60,000,000
Total des recettes ordinaires.	1,098,000,000 f.

Recettes extraordinaires.

Produit de la vente de 800,000 hectares de forêts, à 900 fr. l'hectare, en moyenne.	720,000,000 f.

Ce dernier projet de budget ne doit être considéré que comme un moyen de transition pour arriver à la plus prompte application possible du premier projet.

J'ai dit au commencement de ce travail, et je répète en terminant, qu'à la fin de 1849, notre état financier peut être entièrement liquidé par la vente des forêts; vente simple, facile et immédiatement réalisable sans frais de négociation ni perte d'intérêts.

Toutes les manœuvres financières seront impuissantes à rétablir les bases de la propriété et de la richesse nationale, tant qu'elles n'auront pas pour résultat de soulager les contribuables en ramenant le budget des recettes au-dessous de 1,100,000 fr.

Le projet de budget qui restreint les charges de la *consommation* à 800 millions de francs, éleverait l'aisance et le bien-être des populations au plus haut degré qu'il soit possible d'atteindre, puisque l'impôt réparti par tête descendrait de 38 fr. à 24 fr., et que l'*avoir* en ferait l'avance au dénûment. Ce serait également un impôt invariable dans son chiffre puisqu'il ne suivrait point les diverses phases de la consommation. Les recettes et dépenses pourraient donc s'établir clairement, sans rien laisser au caprice ni à l'aventure, et les frais de perception de l'impôt direct et des retours à l'Etat, ne s'élèveraient pas en totalité à plus de 30 millions de francs.

Tous ces caractères d'économie, de simplicité et de clarté sont, aux yeux des corporations administratives, autant de monstruosités qui feront repousser ce système.

La guerre des populations écrasées par les impôts de toute nature, humiliées par l'arbitraire et la violence du pouvoir, n'est point entre les peuples et les rois, comme on le croit généralement; elle n'est point entre le peuple et les ministres, entre le peuple et le sommet du gouvernement, entre le peuple et le chef en un mot. Elle est tantôt entre le peuple et la noblesse, tantôt entre le peuple et les janissaires, tantôt entre le peuple et les administrations.

Nous avons été témoins de chacune de ces périodes, et depuis 34 ans, nous sommes agités par la dernière.

Depuis 34 ans, la question de révolution se pose et s'agite entre une administration dévorante et une nation dévorée. Les peuples sont victorieux, les rois et les ministres sont chassés : les corporations administratives demeurent impassibles et inébranlables; elles conservent leurs abus, leurs revenus, leur toute-puissance; elles s'étendent, se multiplient, se soutiennent mutuellement; elles enlacent le chef, les ministres, la nation dans un réseau presque invisible, mais unissant à la souplesse la plus parfaite la ténacité la plus invincible.

Les chefs et les peuples, n'apercevant pas les liens qui les attachent, qui les contraignent, qui les épuisent, se prennent en défiance d'abord, puis en haine; ils se soupçonnent, ils se menacent, ils se ruent les uns sur les autres; une, deux, trois révolutions éclatent successivement, et le lendemain, peuples et chefs sont tout surpris de se retrouver en face des mêmes difficultés réciproques.

Qu'on ne vienne pas dire qu'aujourd'hui la guerre est entre le peuple et la bourgeoisie! C'est la bourgeoisie avec le peuple qui a fait la révolution de Juillet, et c'est la bourgeoisie qui a fait avec le peuple la révolution de Février.

Où donc était l'ennemi? Qui donc agitait ainsi les populations et fomentait leurs colères?

Charles X? En vérité, non; il était lui-même victime!

Louis-Philippe? Pas davantage. Il sympathisait plus peut-être que Charles X avec les abus administratifs, il les comprenait mieux sans doute, il s'en accommodait pour en tirer parti, je le crois; mais il n'était pas plus un moteur que ne l'était Charles X; il surmontait la pyramide administrative et il y vivait de son mieux avec ses ministres; voilà tout. La place est périlleuse parce qu'elle est étroite et qu'on y est vu de tout le monde. On renverse facilement un clocher, mais on laisse l'église, et l'église rétablit son clocher dans une autre forme et sous un autre nom.

FIN DE LA DEUXIÈME PARTIE.

TROISIÈME PARTIE.

PROJET DE CONSTITUTION.

DÉCLARATION DES DROITS DE L'HOMME ET DU CITOYEN.

Le peuple français, convaincu que l'oubli et le mépris des droits naturels de l'homme sont les seules causes des malheurs du monde, a résolu d'exposer dans une déclaration solennelle ces droits sacrés et inaliénables, afin que tous les citoyens, pouvant comparer sans cesse les actes du gouvernement avec le but de toute institution sociale, ne se laissent jamais opprimer, afin que le peuple ait toujours devant les yeux les bases de sa liberté et de son bonheur, le magistrat la règle de ses devoirs, le législateur l'objet de sa mission.

En conséquence, il proclame en présence de l'Être suprême les droits de l'homme et du citoyen, fondements de la constitution.

Art. 1er. Le premier droit de l'homme est celui de vivre; il précède toutes les conventions et toutes les associations. La vie n'est pas susceptible de plus ou de moins; elle est ou elle n'est pas, voilà tout. La vie comprend tous les attributs de l'homme, ses forces, son intelligence, son activité, son courage, ses passions; elle s'exerce à l'égard de toutes les substances, de toutes les créatures, de tous les éléments extérieurs pour les appliquer à son usage : c'est en ce principe que tous les hommes sont parfaitement égaux. Le droit de vivre leur donne un droit égal aux choses de la vie.

Art. 2. Pour vivre, il faut que l'homme mette en action ses facultés. S'il est dans l'état sauvage, il faut qu'il s'empare des animaux dont il a besoin par la vitesse, par la force, par la ruse et l'adresse; il faut qu'il parcoure les forêts et les champs pour y trouver les végétaux ou les fruits qui lui sont nécessaires... S'il est en société, il faut qu'il *travaille*. *Travailler*, c'est produire les objets de consommation. *Consommer*, c'est *vivre*. Pour vivre, il faut travailler.

Art. 3. Le travail peut être plus ou moins persévérant, plus ou moins énergique, plus ou moins intelligent. Celui qui travaille peut se contenter de produire une valeur égale à sa consommation journalière; il peut, au contraire, produire en un jour pour fournir à ses besoins pendant plusieurs jours; il peut en produire tous les jours autant, et accumuler des valeurs qui sont sa *propriété*. La propriété est le travail accumulé et mis en réserve. Cette réserve, épargne, capital ou propriété, sont sacrés; ils sont l'émanation de l'individu, ils font partie de lui-même.

Art. 4. L'homme seul n'est qu'une moitié du genre humain, la femme constitue la seconde moitié; l'union de l'homme et de la femme forme l'unité génératrice de l'espèce. Le père, la mère et les enfants sont un seul et même être collectif appelé famille. Les produits du travail destinés à la consommation journalière ou mis en réserve sous le nom de propriété sont communs; le père les distribue ou les administre, la mère à défaut du père; à défaut du père et de la mère, les enfants les partagent.

Art. 5. L'homme qui vient pour constituer un acte d'association avec d'autres hommes se présente à l'état complexe imposé par la nature aux nécessités matérielles de la vie et à la perpétuation de la chaîne humaine, c'est-à-dire avec le droit antérieur, inaliénable et imprescriptible à la possession des fruits de son travail, consommés ou épargnés, et à leur libre et perpétuel usage pour lui et sa famille. Le triple droit à la propriété, à la famille et à l'hérédité est antérieur et supérieur à tout contrat social; le citoyen résume et représente ce triple droit.

Art. 6. Le but de la société est le bonheur commun aux individualités et aux familles.

Art. 7. L'administration sociale est instituée pour garantir à l'homme la jouissance de ses droits naturels, l'égalité, la liberté et la propriété; cette garantie implique la sûreté.

Art. 8. Tous les hommes sont égaux par la nature, ils doivent l'être par la loi.

Art. 9. La loi est l'expression libre et solennelle de la volonté générale; elle est la même pour tous, soit qu'elle protége, soit qu'elle punisse; elle ne peut ordonner que ce qui est juste et utile à la société; elle ne peut défendre que ce qui est nuisible.

Art. 10. Tous les citoyens sont également admissibles aux emplois publics; la capacité, la moralité, l'activité et l'énergie sont les seuls motifs de préférence.

Art. 11. La liberté est le pouvoir qui appartient à l'homme de faire tout ce qui ne nuit pas aux droits d'autrui; elle a pour principe la nature, pour règle la justice, pour sauvegarde et pour limite la loi.

Art. 12. Le droit d'exprimer sa pensée et ses opinions sur et contre les pouvoirs et le gouvernement, le droit de discuter leurs actes, soit par la voie de la presse, soit dans des réunions paisibles, ne peuvent être interdits. Le libre exercice des cultes est un droit également garanti.

Art. 13. Le droit de propriété est celui qui appartient à tout individu de conserver ses biens et revenus, fruits de son travail et de son industrie; d'en jouir et d'en disposer à son gré. La propriété ne confère aucun droit et aucun titre politique; elle ne peut s'établir ou s'augmenter par aucun privilége.

Art. 14. Nul ne peut être privé de la moindre portion de sa propriété sans son consentement, si ce n'est lorsque la nécessité publique, légalement et judiciairement constatée, l'exige, et sous la condition expresse d'une juste et préalable indemnité.

Art. 15. Sont considérées comme propriétés les créations de la pensée et du génie inventif, toutes les fois qu'elles réalisent une œuvre utile à laquelle la société attache une valeur vénale ou rémunératrice.

Art. 16. Tout homme peut engager ses services ou son temps, mais il ne peut ni se vendre, ni être vendu; nul ne peut prononcer des vœux, ni contracter des engagements qui aliènent sa personne à un autre homme ni à une corporation. Cette aliénation ne peut avoir lieu qu'à l'égard de la nation et pour le service militaire.

Art. 17. Nulle contribution sur les personnes et sur les propriétés ne peut être établie que pour l'utilité générale et par la loi.

Art. 18. Le travail est l'élément principal de la vie; aucun impôt ne doit l'atteindre.

Art. 19. L'homme adulte et valide n'a droit à d'autres ressources que celles qu'il trouve dans son travail et dans la protection accordée à tous les citoyens en général par la loi.

Art. 20. Les secours aux enfants, aux malades, aux débiles, aux invalides sont une dette sacrée, que doivent acquitter les citoyens valides propriétaires.

Art. 21. La sûreté consiste dans la protection accordée par la société à chacun de ses membres pour la conservation de leurs droits à la vie, à la famille et à la propriété.

Art. 22. La loi doit protéger la liberté publique et individuelle contre les attentats particuliers et contre l'oppression de ceux qui gouvernent.

Art. 23. Nul ne doit être accusé, arrêté ni détenu que dans les cas déterminés par la loi et selon les formes qu'elle a prescrites. Tout citoyen doit obéissance immédiate et sans résistance à la loi.

Art. 24. Tout acte exercé par l'autorité contre un homme hors des cas et sans les formes que la loi détermine, est arbitraire et coupable; il doit être sévèrement puni.

Art. 25. Tout homme étant présumé innocent jusqu'à ce qu'il ait été légalement déclaré coupable, doit être respecté dans les formalités et les conséquences de son arrestation. Toute injure, tout mauvais traitement est un délit; toute violence corporelle, toute blessure est un crime; la mort infligée sans jugement régulier est un assassinat.

Art. 26. Nul ne doit être jugé et puni qu'après avoir été entendu ou légalement appelé, et qu'en vertu d'une loi promulguée antérieurement au délit.

Art. 27. Les peines portées par la loi doivent être assignées d'avance et proportionnées aux infractions.

Art. 28. La garantie sociale consiste dans l'action de tous pour assurer à chacun la conservation et la jouissance de ses droits. Cette garantie repose sur la souveraineté du peuple.

Art. 29. La souveraineté du peuple réside également dans chaque citoyen. Elle s'entend du droit qu'ont tous les citoyens de concourir à la formation de la constitution, des lois, décrets, arrêtés, décisions nationales, départementales et communales, par leurs conseillers, délégués, mandataires, représentants; c'est-à-dire qu'elle constitue, par délégation, le pouvoir législatif dans tous ses degrés. Elle s'entend également du droit de sanctionner la constitution et les modifications de la constitution.

Art. 30. Le peuple ne peut déléguer deux fois sa souveraineté pour l'accomplissement d'une même volonté; en déléguant le pouvoir de faire les lois, il délègue le droit de les faire exécuter. Le pouvoir législatif nomme le pouvoir exécutif. Le peuple ne peut opposer une souveraineté exécutive à sa souveraineté législative.

Art. 31. Le pouvoir judiciaire est l'interprète et le gardien de la constitution, des lois, décrets, arrêtés, décisions; il est l'arbitre et le juge des citoyens, des dépositaires et agents des pouvoirs : les citoyens et les pouvoirs doivent concourir à sa nomination.

Art. 32. Aucune portion du peuple ne peut attaquer ni exercer la souveraineté du peuple tout entier. Le peuple tout entier lui-même ne peut exercer légalement sa souveraineté pendant la période de temps où il a consenti à en faire la délégation, période prévue par la constitution. Si les pouvoirs violent la constitution pendant cette période, le peuple ne peut reprendre sa souveraineté que par l'insurrection.

Art. 33. Les garanties sociales ne peuvent exister si les limites des fonctions publiques ne sont pas clairement déterminées par la constitution et par les lois, si la responsabilité des fonctionnaires n'est pas assurée.

Art. 34. Les fonctions publiques sont essentiellement temporaires, sauf les fonctions conservatrices et modératrices des sommités du pouvoir judiciaire et des conseillers d'État. Elles ne peuvent jamais être considérées comme des distinctions, ni comme des récompenses, ni comme des propriétés, ni comme des droits acquis, mais seulement comme des charges et des devoirs.

Art. 35. Tous les citoyens et tous les fonctionnaires publics sont également soumis aux lois et sujets à leur application; sauf les représentants du peuple et le président de la République, qui sont inviolables pendant toute la durée de leurs fonctions. Tous les citoyens et tous les individus sont poursuivis et jugés devant les mêmes juges, avec les mêmes formes et punis des mêmes peines pour crimes et délits communs. Le pouvoir judiciaire est tenu de poursuivre les délits ou crimes relatifs aux fonctions et pouvoirs publics.

Art. 36. La résistance à l'oppression est la conséquence des autres droits de l'homme et du citoyen. Il y a oppression contre le corps social lorsqu'un seul de ses membres est opprimé. Il y a oppression contre chaque membre lorsque le corps social est opprimé.

Art. 37. Quand le gouvernement viole les droits du peuple, l'insurrection est pour le peuple et pour chaque portion du peuple le plus sacré et le plus indispensable des devoirs (*).

(*) Cette déclaration des droits de l'homme est une simple modification de la déclaration du 24 juin 1793. Cette déclaration étant la plus juste et la plus vraie de toutes celles qui ont été faites jusqu'ici, j'en ai conservé le texte partout où il était d'accord avec ma conscience.

ACTE CONSTITUTIONNEL (*).

ORGANISATION SOCIALE.

ART. 38. Tout homme âgé de plus de 21 ans, né en France ou à l'étranger de parents français, ou né de parents étrangers et établi en France depuis cinq ans au moins, est *citoyen français*, s'il fait, en présence de l'autorité municipale du lieu de son domicile, la déclaration suivante, dont acte est dressé aux registres de l'état civique :

« Je veux faire partie du peuple français constitué sur des bases posées par la volonté de la majorité, et je m'engage à respecter la constitution et les lois. »

ART. 39. Tout citoyen s'oblige ainsi, comme être collectif, au nom de sa femme et de ses enfants présents ou à venir.

ART. 40. Tout individu âgé de 21 ans, habitant la France, refusant de faire cette déclaration ou ne produisant pas un extrait des registres civiques constatant qu'elle a été faite par lui, est considéré comme étranger.

ART. 41. Un étranger ne peut exercer aucun

(*) L'acte constitutionnel qu'on va lire diffère essentiellement de la constitution en vigueur aujourd'hui : naturellement il a toutes mes préférences ; mais je m'empresse de déclarer que je regarde le maintien et le respect de la constitution votée comme le devoir le plus sacré.

droit civique ni remplir aucune fonction publique en France.

Art. 42. Le peuple français se compose de l'universalité des citoyens.

Art. 43. Le peuple français est *souverain ;* il exerce sa souveraineté par délégation ; il confère la délégation par l'élection. Tous les citoyens sont électeurs. Tout pouvoir, toute autorité émane de leur volonté souveraine, exprimée par la majorité absolue des suffrages.

Art. 44. Le peuple, en ce qui concerne ses intérêts locaux, est souverain dans ses divisions, comme il l'est dans son ensemble en ce qui concerne ses intérêts généraux.

Art. 45. Les citoyens sont réunis en communes, les communes en cantons, les cantons en arrondissements, les arrondissements en départements, et les départements en nation. Les citoyens délèguent leur souveraineté à l'égard de la commune, à l'égard du département et à l'égard de la nation. Les divisions de canton et d'arrondissement sont purement judiciaires, administratives et d'enseignement civil et militaire.

Art. 46. Les citoyens délèguent le soin de régler leurs intérêts communaux par l'élection directe à sept conseillers au moins par commune, et à vingt et un au plus. Il est formé autant de sections par quartier qu'il y a de conseillers à élire : chaque section nomme un seul conseiller à la majorité absolue des suffrages et au scrutin secret. Le conseiller municipal doit habiter la commune.

Art. 47. Les conseillers régulièrement élus constituent le conseil municipal, qui traite et décide toutes les questions communales.

Art. 48. Les citoyens nomment leurs mandataires départementaux et leurs représentants nationaux par l'élection à deux degrés (*). A cet effet :

Tous les électeurs des communes sont groupés, dans l'ordre de voisinage, par séries de douze citoyens. Les douze électeurs formant une série nomment *entre eux* un délégué. Mille délégués réunis au lieu central désigné pour l'élection constituent un collége. Chaque collége nomme quatre mandataires départementaux, par bulletin de listes, au scrutin secret et à la majorité absolue des suffrages. Il nomme ensuite, au scrutin secret et à la majorité absolue des voix, un représentant national. Les mandataires départementaux et les représentants nationaux sont élus pour trois ans. Le mandataire doit résider dans le département; le représentant peut être choisi

(*) On semble croire et l'on publie partout aujourd'hui que le suffrage à deux degrés assurerait le triomphe du parti légitimiste ou monarchique : c'est, selon moi, une erreur capitale, démontrée d'ailleurs par l'élection prussienne qui vient d'avoir lieu. Le suffrage à deux degrés est plus direct que celui de la constitution de 1848, qui est à quatre ou cinq degrés, s'il est consciencieusement donné, et qui se donne le plus souvent sur la rumeur publique. Le suffrage à deux degrés est le seul sérieux, le seul solennel, le seul *républicain;* c'est le tombeau des intrigues, des influences et des agitations, de quelque part qu'elles viennent.

parmi tous les citoyens et dans toute la France, pourvu qu'il soit âgé de 25 ans.

Art. 49. Les mandataires départementaux régulièrement élus et réunis au chef-lieu de leur département constituent le conseil général, qui traite et qui décide des intérêts départementaux.

Art. 50. Les représentants nationaux de tous les colléges de France, ou des deux tiers des colléges au moins, réunis, forment l'*Assemblée nationale*, qui traite et décide de toutes les questions d'intérêt national.

Des pouvoirs de l'État.

Art. 51. Le gouvernement de la nation française se compose de trois pouvoirs : le pouvoir *législatif*, le pouvoir *exécutif* et le pouvoir *judiciaire*. L'universalité des citoyens vivant et fonctionnant à l'abri de leurs propres lois sur le territoire français constitue la *République*; la réunion des trois pouvoirs procédant de la souveraineté du peuple constitue le gouvernement *républicain*.

Du pouvoir législatif.

Art. 52. L'Assemblée nationale, siégeant en assemblée délibérante régulière, organisée par ses propres résolutions, constitue le *pouvoir législatif*. Soumise à la constitution seule, elle est en dehors et au-dessus de tout autre pouvoir : elle représente le peuple dans sa souveraineté absolue.

Art. 53. L'Assemblée nationale fait les lois et rend les décrets dans les limites de la constitution sanctionnée par le peuple.

Art. 54. L'Assemblée nationale peut modifier la constitution, en soumettant les modifications à la sanction du peuple.

Art. 55. L'Assemblée nationale nomme le président de la République.

Art. 56. L'Assemblée nationale est permanente; néanmoins, elle peut ajourner ses séances à trois mois au plus, une fois par année. Les séances de l'Assemblée sont publiques en général; elles ne peuvent être secrètes que par exception motivée.

Art. 57. La durée des fonctions de l'Assemblée nationale est de trois années : elles commencent et se terminent au 1er novembre de chaque période triennale. Pendant toute la durée de leur mandat, les membres de l'Assemblée nationale sont inviolables. L'Assemblée nationale ne peut ni se dissoudre ni être dissoute.

Art. 58. Le 1er octobre de chaque époque triennale, les électeurs procèdent de droit à la nomination de leurs délégués, qui, dans les huit jours de leur nomination, se constituent en collége pour procéder à de nouvelles élections.

Art. 59. Les représentants sont rééligibles : leurs fonctions de membres de l'Assemblée nationale sont incompatibles avec toute autre fonction publique saus aucune exception.

Art. 60. Chaque représentant reçoit un traitement *annuel* auquel il ne peut renoncer.

Du pouvoir exécutif.

Art. 61. Le *président de la République*, nommé pour trois ans par l'Assemblée nationale, le 1er du mois de mars qui précède l'expiration de la période triennale, est le chef suprême, unique, indépendant et inviolable du *pouvoir exécutif.*

Art. 62. Il est essentiellement responsable des actes de son gouvernement. A l'expiration de ses fonctions, il peut être arrêté et mis en jugement sur décret de l'Assemblée nationale ou sur arrêt du pouvoir judiciaire.

Art. 63. Il ne peut être réélu qu'après un intervalle de trois années.

Art. 64. L'Assemblée nationale délègue au président de la République le pouvoir de faire observer la constitution et les lois, le pouvoir de faire la paix ou la guerre, de disposer de l'armée de terre et de mer, de passer des traités avec les gouvernements étrangers ; elle lui donne le pouvoir de choisir ses ministres et généralement tous les agents du pouvoir exécutif, soit immédiatement, soit hiérarchiquement; enfin, elle lui donne le pouvoir de rendre toutes les ordonnances nécessaires pour assurer l'exécution des lois et pourvoir aux éventualités.

Art. 65. Le chef du pouvoir exécutif promulgue les lois au nom du peuple français; mais il n'a point à leur donner ou à leur refuser sa sanction : il est agent passif et soumis de la constitution et des lois.

Art. 66. Le 15 février de chaque année, le président de la République vient en personne rendre compte de l'état des affaires et de sa gestion annuelle à l'Assemblée nationale, par un message écrit, qu'il dépose après en avoir donné lecture ; l'Assemblée nationale donne son avis sur l'état des affaires et sur leur gestion, par une adresse au peuple français, adresse dont copie est officiellement envoyée au président de la République.

Art. 67. Le président de la République n'a le droit de se présenter à l'Assemblée nationale que le jour de la séance annuelle du message. Il ne peut être appelé par l'Assemblée.

Art. 68. Le président de la République a le droit d'initiative, au même titre et sans autre prérogative que chacun des représentants, pour proposer à l'Assemblée nationale des projets de lois ou décrets.

Art. 69. Il fait présenter, discuter et soutenir ces projets par celui de ses ministres que le projet concerne. Les ministres seuls ont le droit d'assister aux séances de l'Assemblée nationale et de prendre part à la discussion ; mais ils ne peuvent ni prendre part au vote, ni faire partie de l'Assemblée. Les sous-secrétaires d'État sont supprimés.

Art. 70. Le président de la République peut nommer un commissaire spécial pour suivre et discuter les lois ou décrets qu'il propose dans le sein de l'Assemblée ou dans l'intérieur des comités ou des bureaux. Ce commissaire est admis seulement pendant la durée et pour l'objet de sa mission.

Art. 71. Le président de la République ne peut augmenter le nombre, ni changer les titres et les traitements fixés par les lois aux agents du pouvoir exécutif de tous les degrés.

Art. 72. Le nombre des ministres est fixé à sept, savoir : le *ministre de l'intérieur*, le *ministre de la justice*, le *ministre de l'enseignement public*, le *ministre de la force publique*, le *ministre de la marine et des colonies*, le *ministre des affaires étrangères* et le *ministre des finances*. Chacun des ministres est tenu, sous la responsabilité du président, de déposer à l'Assemblée nationale, le 20 février de chaque année, un compte exact et détaillé des dépenses et des recettes de son administration, plus un état raisonné des économies ou des dépenses à faire pour l'année suivante. Le ministre des finances dépose, outre son budget spécial, le budget général des dépenses et des recettes.

Art. 73. Sont considérés comme agents du pouvoir exécutif, outre les ministres :

Les préfets, maires et adjoints ;

Les ingénieurs des départements et des arrondissements ;

Les inspecteurs de toutes les spécialités ;

Les maîtres des requêtes au conseil d'État ;

Les référendaires à la cour des comptes ;

Les procureurs et avocats généraux au parlement, aux cours d'appels; les avocats nationaux et leurs substituts ;

Les inspecteurs de l'université, les recteurs d'académie, les doyens des facultés, proviseurs et principaux ;

Les officiers de l'armée de terre et les officiers de la marine ;

Les agents diplomatiques ;

Les agents de la perception des impôts, ceux de la trésorerie;

Et enfin tous les employés des ministères ou centres administratifs qui en dépendent.

Art. 74. Tous les agents du pouvoir exécutif sont nommés directement par le président de la République, ou hiérarchiquement par les agents d'un grade supérieur à l'emploi. Ils doivent être choisis et nommés suivant des règles et des principes de candidature qui seront déterminés par des lois spéciales. Les maires et adjoints doivent être choisis dans les conseils municipaux, et les préfets dans les conseils généraux.

Art. 75. Tous les agents du pouvoir exécutif sont responsables de leurs actes à l'égard des citoyens, à l'égard des communes, du département et de la nation ; ils sont responsables également à l'égard les uns des autres ; ils sont essentiellement amovibles.

Art. 76. Tous les agents du pouvoir exécutif sont

rétribués sur le budget de l'État ; leurs traitements et frais sont réglés et fixés par l'Assemblée nationale.

Art. 77. Le président de la République reçoit un traitement annuel de 600,000 fr. ; il dispose de 400,000 fr., dont il doit rendre compte ; il est logé dans un des palais nationaux, aux frais de la nation.

Du pouvoir judiciaire.

Art. 78. Le pouvoir judiciaire est l'interprète et le gardien de la constitution et des lois. Juge impassible, régulateur impartial entre la constitution et le pouvoir législatif, entre le pouvoir exécutif et les lois, entre les lois, décrets, ordonnances et les citoyens, les communes, les départements et la nation, il maintient chacun dans les limites de ses devoirs et de ses droits écrits. Le pouvoir judiciaire appuie ses arrêts sur la lettre et sur la forme.

Art. 79. Le pouvoir judiciaire réside dans les cours et tribunaux, depuis le tribunal de paix jusqu'au tribunal de cassation, cour suprême ou parlement.

Art. 80. Chaque canton aura un juge de paix, élu tous les trois ans par les conseillers municipaux de la circonscription. Chaque arrondissement aura un tribunal de première instance composé de trois juges élus parmi les licenciés en droit, tous les trois ans, par le collége électoral. Chaque département aura une cour d'appel composée de cinq membres, plus un par 50,000 âmes au-dessus de 250,000 ; ils seront élus à vie par une assemblée électorale, composée des juges de première instance, des conseillers d'appel et des conseillers généraux du département, des membres des parquets, des avocats, avoués et notaires de la circonscription ; parmi les juges, avocats, avoués, notaires, âgés d'au moins trente-cinq ans, et comptant six années d'exercice dans leur profession. Enfin la cour de cassation prendra le nom de parlement; elle sera composée de soixante membres élus à vie par l'Assemblée nationale, sur une liste triple du nombre des membres à nommer, dressée par le président de la République. Cette liste ne pourra comprendre que les magistrats des cours d'appel, les procureurs, avocats généraux, référendaires, maîtres des requêtes et anciens membres des assemblées législatives, ayant rempli leurs fonctions pendant six années au moins.

Art. 81. Le parlement enregistre les *lois* et *décrets* du pouvoir législatif; il enregistre les *ordonnances* du pouvoir exécutif et les *règlements* d'administration publique. Cet enregistrement est la sanction nécessaire de ces actes avant leur promulgation ; le parlement ne peut le refuser que pour vice de forme et pour violation de la constitution et des lois ; et, dans ce cas, la loi, le décret, le règlement, sont cassés par un arrêt motivé.

Art. 82. Le parlement conserve toutes les attributions de la cour de cassation ; il a en outre l'initiative des poursuites à exercer contre tous les fonctionnaires publics supérieurs, jusques et y compris les représentants et le président de la République, après l'expiration de leurs fonctions. Le parlement délègue cette initiative contre les fonctionnaires publics inférieurs aux cours d'appel, aux tribunaux de première instance et aux justices de paix, dans les limites de leur ressort.

Art. 83. Chaque degré du pouvoir judiciaire constitue le sommet d'une justice arbitrale correspondante. Les *prud'hommes* correspondent à la justice de paix, les *arbitres* au tribunal de première instance, les *jurés* aux cours d'appel, et enfin les *grands jurés* ou jurés nationaux au parlement. Les *prud'hommes* sont nommés par tous les citoyens, en même temps que les conseillers municipaux, dans la proportion de trois par commune, plus un par mille âmes de population; les *arbitres* et les *jurés* sont tirés au sort parmi les délégués : les *arbitres* parmi les délégués de l'arrondissement, les *jurés* parmi les délégués du département. Les *grands jurés*, au nombre de quatre-vingt-six, sont tirés au sort parmi les conseillers généraux du département, un par conseil général.

Art. 84. En matière criminelle et correctionnelle, le pouvoir judiciaire ne peut prononcer la culpabilité ni le degré maximum ou minimum de la peine correspondante. La déclaration de culpabilité et la détermination du degré de la peine appartiennent à la conscience de la justice arbitrale.

Art. 85. Les tribunaux de commerce, les tribunaux de police et les tribunaux administratifs sont supprimés.

Art. 86. Il sera créé une justice militaire pour l'armée soldée de terre et de mer et pour toutes les troupes en campagne.

Du conseil d'État.

Art. 87. Entre le pouvoir législatif et le pouvoir exécutif sera institué un conseil appelé *conseil d'État*. Il sera composé de soixante membres élus par le parlement, sur une liste triple présentée par le président de la République, parmi les hommes les plus distingués ayant fait partie, pendant six ans au moins, de l'Assemblée nationale, des fonctions supérieures du pouvoir exécutif, des cours d'appel, de la cour des comptes et des parquets de ces cours, du parlement et du conseil d'État lui-même.

Art. 88. Les membres du conseil d'État, comme ceux du parlement, ne pourront être élus avant quarante ans, et leurs fonctions actives et obligatoires cesseront à soixante-cinq ans.

Art. 89. Le conseil d'État n'est pas un pouvoir, mais une commission supérieure, préparant, annotant, révisant tous les projets de lois et décrets émanant de l'initiative soit de l'Assemblée nationale, soit du président de la République; préparant, annotant, révisant tous les projets d'ordonnances et règlements du pouvoir exécutif. Le conseil d'État n'a aucune initiative. Son travail habituel et fondamental est la fusion de toutes les lois, décrets, ordonnances, règlements régissant la même matière en une seule et même formule, abrogeant toutes les autres dispositions antérieures et éparses. Le conseil d'État n'a aucune fonction judiciaire.

De la formation des lois.

Art. 90. Tout projet de loi nouvelle émanant de l'Assemblée nationale sera proposé, examiné et voté une première fois dans son sein, suivant ses propres règlements. Le projet de loi voté sera transmis au conseil d'État, qui l'examinera, l'annotera et le renverra, avec un rapport écrit, à l'Assemblée nationale. Les maîtres des requêtes, représentants du pouvoir exécutif, seront admis à présenter leurs observations au conseil d'État; mais ces observations ne seront pas présentées au nom du pouvoir exécutif dans le rapport, qui ne doit exprimer que les opinions acceptées par le conseil. Le projet ainsi rapporté sera mis à l'ordre du jour, pour être discuté et voté définitivement, puis transmis par message officiel au parlement, qui l'enregistrera. Par le fait de l'enregistrement, le projet passe à l'état de loi. La loi enregistrée est officiellement envoyée par le parlement au président de la République, qui doit la promulguer dans les vingt-quatre heures.

Art. 91. Toute refonte, concentration, révision des lois, décrets, ordonnances et règlements anciens, régissant une même matière, sera envoyée directement à l'Assemblée nationale par le conseil d'Etat; l'Assemblée votera l'ensemble, en le modifiant si elle le juge convenable. Le projet sera envoyé au parlement pour être enregistré, et devenir ainsi loi nouvelle de l'État, abrogeant toutes les autres dispositions antérieures relatives à la même matière.

Art. 92. Tout projet de loi nouvelle émanant du pouvoir exécutif sera transmis au conseil d'État, revêtu de l'approbation du président de la République et d'un ministre, par un maître des requêtes. Le conseil d'État l'examinera, l'annotera et le renverra, avec un rapport écrit, à l'Assemblée nationale, pour y suivre la marche indiquée à l'article 90.

Art. 93. Toute ordonnance, tout règlement d'administration publique, émanant du pouvoir exécutif et signé du président et d'un ministre, sera soumis à l'examen du conseil d'État par un maître des requêtes, et renvoyé au pouvoir exécutif avec un rapport du conseil, puis soumis par le pouvoir exécutif à l'enregistrement du parlement.

Art. 94. Jusqu'à ce que la codification des anciennes lois soit complète, celles de ces lois qui resteront à abroger continueront à être en vigueur; mais, en aucun cas et sous aucun prétexte, le pouvoir exécutif ni le pouvoir judiciaire ne pourront invoquer des lois qui violent la présente constitution.

De l'enseignement public.

Art. 95. L'enseignement communal gratuit sera ouvert à tous les enfants.

Art. 96. L'enseignement d'arrondissement, de département et l'enseignement supérieur sont donnés gratuitement par l'État aux enfants qui l'emporteront sur leurs camarades par l'aptitude, l'activité, l'intelligence et le savoir, dans tous les degrés successifs de l'enseignement.

Art. 97. L'État ouvrira des enseignements spéciaux et généraux dans les cantons, les arrondissements et les départements, pour les lettres, les sciences, les arts, l'industrie, les métiers, l'agriculture et le commerce. Ces enseignements seront gratuits et ouverts à tous les habitants.

Art. 98. L'enseignement donné par l'État ne constitue aucun privilége, ne confère aucun grade, aucune fonction, aucune place; il conduit à les mériter et à les remplir dignement.

Art. 99. L'enseignement public donné par l'État sera constitué, sous une forme régulière et semblable pour toutes les parties de la France, par un personnel d'institutrices, d'instituteurs et de professeurs hiérarchisés, fonctionnant sous la direction de l'État, et constituant par leur ensemble l'*université de France*.

Art. 100. L'université de France se divise en *académies*, les académies en *facultés*. Elle a la haute surveillance de la capacité et de la moralité de tous les enseignements publics ou privés établis par des particuliers.

Art. 101. Sous la surveillance et le contrôle de l'État, l'enseignement est libre ; il ne peut être frappé d'aucun impôt, d'aucune proscription autre que celle qui serait justifiée par l'incapacité ou l'immoralité.

Art. 102. La capacité s'établit par des examens, des épreuves, des concours. Tous les individus sont admis à subir les examens, les épreuves, les concours, et les titres qui constatent leur capacité ne peuvent leur être refusés sous aucun prétexte. Ces titres sont les mêmes pour un même genre de capacité, quels que soient les modes d'enseignement employés pour l'acquérir.

De la force publique.

Art. 103. La force publique se compose de la *garde nationale*, de l'*armée de terre* et de l'*armée maritime*.

Art. 104. La *garde nationale* comprend quatre divisions : la *recrue*, la *mobile*, la *sédentaire* et la *réserve*. La recrue et la mobile sont exercées aux manœuvres militaires dans le département. La mobile seule peut être transportée, en cas de guerre, audelà des frontières. La sédentaire garde ses foyers et fait la police ; elle défend le territoire en cas d'invasion ; la réserve la remplace alors dans la police et la garde des foyers. La sédentaire et la réserve nomment leurs sous-officiers et officiers, jusqu'au grade de colonel inclusivement; elles sont commandées par les autorités civiles. La recrue et la mobile sont commandées par l'autorité militaire, qui nomme tous leurs sous-officiers et officiers, commandants et instructeurs. Néanmoins la recrue et la mobile nomment un cadre spécial de leurs compagnies, cadre soumis à l'acceptation de l'autorité militaire et au commandement des cadres officiels.

Art. 105. L'armée de terre se recrute par les engagements volontaires; il en est de même des équipages et des soldats de la marine. La conscription et l'inscription sont abolies.

Art. 106. Les enrôlements ne peuvent être moindres de dix ans. La cavalerie, le génie, les équipages de mer constituent des professions à vie; les grades de l'armée de terre et de mer, ceux des cadres officiels de la recrue et de la mobile sont garantis à vie; les règlements qui les confèrent seront révisés de façon qu'ils ne soient attribués, autant que possible, qu'au mérite réel et à des services authentiques rendus dans la spécialité.

Des impôts.

Art. 107. Il ne sera établi à l'avenir aucun impôt autre que l'impôt direct et proportionné à l'avoir de chacun; le taux de cet impôt aura pour base les besoins de l'Etat, ceux des départements et ceux des communes : il sera chaque année fixé par l'Assemblée nationale.

Art. 108. Une fraction des biens, mobiliers ou immobiliers, donnés à titre gratuit ou abandonnés par les morts, feront retour à l'État pour être vendus à son profit et le produit de la vente être versé au Trésor public. L'Assemblée nationale fixera la quotité de ce retour pour les divers cas.

Art. 109. Il sera établi, en dehors de l'impôt sur l'avoir de chacun, et sans préjudice à cet impôt, un droit annuel sur toutes les terres. Toutes les terres qui donneront un produit annuel seront déchargées de cet impôt ; toutes les terres en jachère en payeront la moitié, et toutes les terres abandonnées ou incultes le paieront tout entier.

Art. 110. Tous les impôts directs établis sur d'autres bases, tous les impôts indirects, tous les monopoles seront successivement abandonnés à mesure que les circonstances le permettront.

Art. 111. Le gouvernement ne pourra jamais appliquer à des services particuliers, à des départements, à des communes, les fonds du Trésor public destinés exclusivement aux services et dépenses générales.

Art. 112. Le gouvernement républicain encouragera le travail, les associations, les grandes entreprises ; mais il n'aura pour son compte ni ateliers nationaux, ni travaux publics ou particuliers, ni colonies agricoles, ni institutions de crédit. Il ne lui est pas permis de favoriser des fractions, des spécialités avec l'argent de tous ; il ne lui est pas permis de risquer l'avoir public dans des entreprises ruineuses ou lucratives. S'il y gagne, il fait tort à l'industrie ; s'il y perd, il fait tort à la nation.

ART. 113. La constitution sera soumise à la sanction du peuple (*).

(*) La constitution de 1848 aurait dû être sanctionnée avant l'élection du Président ; mais demander sa sanction après sa mise en pratique par le vote du 10 décembre, c'est proposer une double sanction, c'est chercher à ébranler nos institutions, c'est perpétuer l'anarchie.

FIN DE LA TROISIÈME ET DERNIÈRE PARTIE.

Pièces annexées.

Profession de foi prononcée le 25 *mars* 1848 *devant le corps médical du département de la Seine.*

Je veux la République : je veux du calme et non du trouble, je veux du pain et non du sang.

Je veux la Souveraineté du peuple dans l'État, dans le département, dans la commune.

Je veux que la Souveraineté du peuple s'exerce par l'élection et par la sanction.

Je veux que l'élection appartienne aux individus et non aux propriétés ; je veux qu'elle soit facile, sincère, sans influence du pouvoir, sans cabale étrangère ou opposée au pouvoir ; je veux qu'elle résulte de la connaissance établie entre l'électeur et l'élu, soit par une carrière appréciée de tous, soit par des professions de foi orales ou écrites.

Je veux que l'élection radicale s'applique aux conseillers départementaux et communaux.

Je veux que la sanction du peuple s'applique surtout à la Constitution.

Je veux l'incompatibilité absolue des fonctions du pouvoir législatif et du pouvoir exécutif ; je veux l'abolition complète du cumul des fonctions salariées.

Je veux l'égalité des droits et des charges ; je veux une accession égale pour tous à l'instruction et aux bénéfices sociaux.

Je veux que l'inégalité dans l'intelligence, dans la capacité, dans le travail, dans la force, dans la sagesse, dans courage, dans la vertu, soit acceptée comme naturelle et légitime. Je veux que l'inégalité dans le salaire soit reconnue comme la conséquence nécessaire de l'inégalité dans la capacité et dans le travail.

Je veux que chaque membre de la société soit libre et maître de son sort; je veux qu'il subisse les conséquences de ses vertus ou de ses vices; je veux la liberté absolue des transactions : l'État administre, il n'opprime et ne soutient personne ; il ne distingue ni maîtres, ni ouvriers, ni banquiers, ni commerçants; il ne connaît que des citoyens libres et égaux.

Je veux que tous les subsides de l'État soient perçus directement en proportion de l'avoir de chacun, tant en foncier qu'en mobilier; je veux que le numéraire portant rente aussi bien que le numéraire industriel et commercial, concoure dans la même proportion que le foncier et le mobilier aux charges de l'État.

Je veux que les habitants des villes, des communes, des départements supportent directement et en proportion de leur fortune les frais de leurs monuments, rues, routes, embellissements, assainissements, agréments, commodités, etc. Je veux que les octrois soient supprimés et transformés en centimes additionnels sur les citadins.

Je veux que celui qui n'a rien ne paie rien à l'État, ni directement, ni indirectement.

Je veux l'abolition complète des entrées; je veux l'abolition complète des impôts sur le sel et sur les boissons; je veux l'abolition complète des impôts et des prohibitions de douane sur les céréales étrangères, sur les bestiaux étrangers, sur les sucres exogènes et indigènes.

Je veux que la nourriture du peuple soit abondante et à bon marché comme en Suisse et dans tous les pays francs; je veux qu'une très-petite somme de travail représente une grande quantité de nourriture; je veux que le capital foncier s'abaisse par l'entrée des blés et des bestiaux, pour qu'il puisse être acquis aussi par une moindre somme de travail; je veux que le capital cesse d'être un intermédiaire trop onéreux entre le travail et ses produits.

Je veux que le libre échange de leurs produits naturels entre les peuples, reçoive promptement sa plus large application, sauf à l'égard des tissus et de leurs éléments travaillés, en considération des villes entières malheureusement toutes composées de fabriques.

Je veux que la propriété soit respectée comme la représentation du travail et des services, soit matériels, soit intellectuels, rendus à la société, soit par le détenteur, soit par ses auteurs : la propriété acquise est aussi sacrée que la vie de l'homme.

Je veux que l'esprit qui unit le père au fils, lien sacré, dont la trinité chrétienne est la sublime apothéose, consacre le droit du fils à la propriété du père ; la succession directe est inviolable. Je veux que la femme hérite du mari, le mari de la femme, que le frère hérite du frère ; je veux que le neveu hérite de l'oncle ; mais au-delà, les liens du sang ne justifient plus la déshérence du peuple ; au quatrième degré le peuple héritera donc par les mains de l'État. Néanmoins, pour ne pas restreindre le droit du propriétaire, l'État laisse à tous le droit de donner et de léguer. Un impôt de trente-trois pour cent sera perçu sur les donations ou legs entre étrangers ; un impôt de vingt-cinq pour cent sera perçu sur les successions, donations ou legs en ligne collatérale, et un droit de dix pour cent sera prélevé sur les transmissions en ligne directe. Le fils auquel il naît un frère qui lui prend la moitié de son héritage a-t-il le droit de murmurer ? Pourquoi se plaindrait-il en abandonnant un dixième à tous ses frères déshérités ?

Ces impôts seront remboursables en argent ou prélevés en nature.

L'impôt sur les successions et les donations est le plus légitime des impôts, et le moins onéreux pour la société et pour les particuliers. Celui qui meurt ou celui qui donne, n'a plus ou n'a pas besoin des valeurs qu'il abandonne ; celui qui hérite ou celui qui reçoit entre en possession de valeurs qui ne sont pas le fruit de son travail, ni de son intelligence, il reçoit une aubaine : la société ne le prive donc pas ; elle lui assure au contraire la jouissance d'une faveur énorme, si elle admet que le travail et la capacité sont les principes du droit à la propriété. De plus ce prélèvement a lieu dans un moment de transition : il ne frappe la production d'aucun droit, il ne trouble aucune existence. C'est donc le plus juste et le plus légitime des impôts.

Je veux que les trois cents millions qui résulteront de cet impôt, remplacent les impôts sur les objets de consommation;

Les soixante-douze millions sur le sel ;

Les soixante-dix-huit millions sur les sucres ;

Les cinq millions sur les céréales et bestiaux ;

Les quinze millions sur les cafés ;

Les cent un millions sur les boissons ;

Les six millions produits du dixième des octrois.

Je veux que ces trois cents millions de propriétés foncières, mobilières, industrielles et commerciales, mises en vente par l'Etat, chaque année, sur tous les points de la France, viennent offrir un moyen d'affranchissement et de rédemption aux économies du travailleur ; je veux que cette offre de la propriété sur la place s'équilibre avec la demande à un taux très-modéré.

Je veux la liberté de l'enseignement sous le contrôle de l'État. Je veux que l'instruction primaire soit gratuite, et qu'elle ouvre aux enfants pauvres qui s'y distinguent, la voie de l'instruction secondaire, également gratuite pour les élus, et que ce second degré soit aussi pour les plus capables un acheminement à l'éducation supérieure, gratuite aussi pour eux.

Je veux qu'on adjoigne à chaque degré d'instruction un enseignement professionnel correspondant, et un grade ou brevet de capacité public, pour les arts, les sciences, l'industrie, aussi bien que pour les lettres. Je veux une réforme complète dans l'enseignement secondaire.

Je veux le respect et l'égalité pour tous les cultes.

Je veux que l'armée actuelle, maintenue dans sa constitution jusqu'à ce que la paix soit assurée, soit réformée, en chargeant chaque régiment, sous la direction de son colonel et d'un comptable, de sa nourriture, de ses vêtements, de ses équipements, de ses remontes, de ses recrues, etc. ; en supprimant toutes les manutentions, toutes les confections, tous les étbalissements et administrations accessoires, toutes les intendances, tous les états-majors départementaux et centraux inutiles; et en ne conservant que les officiers et administrateurs supérieurs, strictement nécessaires pour l'activité et le commandement des troupes.

Je veux que la marine subisse la même réforme, en complétant les équipages de chaque navire, et en laissant aux capitaines-commandants le soin et la responsabilité de fournir à toutes les éventualités. Je veux que les constructions navales, les agrès, les fontes de canons, etc., soient donnés à l'entreprise ; que les administrations et établissements accessoires soient abandonnés, ainsi que toutes les fonctions inutiles.

Je veux une grande économie et une grande circonspection dans l'entreprise des travaux publics et dans leur poursuite : ces travaux ont contribué pour une forte proportion à la gêne qui pèse sur la France ; les mécontentements excités et les abus commis dans leur entreprise et dans leur exécution demandent des réformes radicales.

Je veux que le commerce, l'industrie, les arts et l'agriculture trouvent toute leur puissance, puisent toute leur activité dans la liberté, l'égalité et dans l'enseignement public et gratuit. Le gouvernement républicain donnera ces trois grands moteurs, mais rien au-delà ; il n'opprime et ne soutient personne, je le répète, il administre. Il vendra ses fermes et ses forêts, il vendra ses établissements industriels de luxe. L'État ne saurait exploiter sans faire du tort à l'industrie ou sans faire du tort à la nation.

Je veux, quand la paix sera bien assurée, que la force publique se compose de trois éléments compris sous le nom général de *Garde nationale*. Savoir : la *Recrue*, composée de tous les jeunes hommes de 18 à 21 ans : exercés sur place aux manœuvres et au maniement des armes et de l'artillerie, une fois par semaine, le dimanche, sans interruption des études, travaux, apprentissages quelconques ; la *Mobile*, ou armée active, composée de tous les jeunes citoyens de 21 à 24 ans, sans exception, exercés et employés par corps mobilisés aux manœuvres et travaux des armées, sans préjudice à des travaux d'utilité publique et d'instruction privée ; enfin la *Réserve*, mobilisable à l'intérieur de la France seulement, de 24 à 40 ans, chargée spécialement du service actuel de la garde nationale.

Nul ne sera dispensé du service de la garde nationale ; la conscription et le rachat sont abolis.

Je veux que la police appartienne exclusivement aux autorités municipales, qu'elle soit ostensible et protectrice des propriétés et des personnes.

Je veux que la justice soit rendue par une seule ligne hiérarchique de magistrats, juges de paix, de première instance, d'appel et de cassation, associés, pour certains crimes et délits, à des jurés élus par le peuple. Les deux premiers degrés de la magistrature doivent être élus à temps, les deux degrés supérieurs doivent être élus à vie. La procédure sera réformée ; les lois diverses et règlements sur une même matière seront fondus et réunis en une seule loi, pour former, par leur ensemble un corps du droit français qui abrogera toutes lois ou dispositions antérieures. Le Conseil d'État reconstitué sera spécialement chargé de cette codification du passé et de l'avenir.

Je veux que les administrateurs et employés du gouvernement aient la responsapilité de tous leurs actes; je veux qu'ils soient peu nombreux, qu'ils expédient rapidement et sans limites d'heures toutes les affaires, à mesure qu'elles se présentent; je veux qu'ils soient exacts, fermes et polis avec le public; je veux, qu'en raison de la capacité remarquable qu'ils doivent toujours avoir dans leur spécialité, et la somme de travail que la nation exige d'eux, leur traitement soit assez élevé pour qu'un homme de même capacité et d'un travail moindre dans la vie privée, ne puisse obtenir facilement une position d'existence plus avantageuse.

Je veux....... m'expliquer sur ce ton absolu que je prends en exposant sommairement les améliorations ou changements dont j'entends poursuivre l'adoption avec toute l'énergie d'une conviction profonde.

Dans une révolution, dans une assemblée constituante, l'incertitude du représentant du peuple est fatale: le représentant doit savoir ce qu'il veut; il doit vouloir ce qu'il croit juste et bon. Ce n'est pas à dire qu'il doive rester sourd à la voix de la raison et de la justice se révélant par la bouche de ses collègues; mais s'il a une volonté ferme et consciencieuse, il comprendra vite, et se rangera sans sophisme et sans hésitation du côté de la vérité. L'homme qui n'a point d'idées arrêtées attaque, altère la vérité, et ne se décide jamais ni pour le bien ni pour le mal; il entrave, il dénature tout, faute de décision, faute de volonté.

Je veux donc, mais je veux par dessus tout, ce que je voulais et ce qu'on nous a refusé depuis dix-huit ans, ce n'est pas l'organisation du travail, qui enchaîne le maître à l'ouvrier, qui détruit la liberté de l'un et de l'autre, qui distingue des classes de citoyens, qui entrave toutes les opérations du commerce, de l'industrie, de l'agriculture même; ce que je voulais et ce que je veux, c'est l'affranchissement du travail par l'abondance et le bas prix des substances alimentaires, par l'abaissement du capital foncier et par la vente des portions d'héritages offrant sans cesse au travailleur intelligent et économe un moyen permanent de rédemption ; ce que je voulais et ce que je veux, c'est, avec la liberté et l'égalité morale et politique pour l'ouvrier et le petit propriétaire, c'est l'indépendance matérielle! car le pire esclavage de tous les esclavages, c'est celui du besoin, c'est celui de la faim qui met un homme à la merci d'un autre, et lui fait vendre son travail et sa liberté contre le morceau de pain qui doit l'empêcher de mourir de faim, lui, sa femme et ses enfants.

Dr JULES GUYOT.

Le corps médical du département de la Seine, dans une réunion solennelle du 26 mars dernier, pour nommer ses candidats à la représentation nationale, a donné son adhésion à cette profession de foi, en plaçant le nom de son auteur en tête de sa liste avec ceux des citoyens Bouillaud, doyen de la Faculté, Recurt et Buchez. (Voir l'*Union médicale* des 28 et 30 mars 1848.)

Le Comité électoral du canton d'Argenteuil aux Comités électoraux des autres cantons du département de Seine-et-Oise.

Le comité électoral du canton d'Argenteuil a été définitivement constitué en séance générale, du jeudi 23 mars, tenue dans la salle de la justice de paix, maison commune d'Argenteuil.

Les onze communes du canton ont réuni, à son de caisse, leurs électeurs, lesquels ont élu régulièrement et par scrutin de listes, leurs délégués au comité cantonnal, dans la proportion d'un délégué par cent électeurs. Tous les délégués se sont rendus au chef-lieu de canton. Avec leur approbation, l'appel des communes, le dépôt des procès-verbaux, l'appel nominal et la vérification des pouvoirs ont été faits par le bureau du comité de la commune d'Argenteuil, précédemment constitué.

NOMS DES MEMBRES COMPOSANT LE COMITÉ ÉLECTORAL DU CANTON D'ARGENTEUIL.

Argenteuil.

CITOYENS :
DREUX (Louis), cultivateur.
BÉRINGIER (Gustave), docteur-médecin.
JOLY, entrepreneur de serrurerie.
FUMERAN, maître marinier.
LHERAULT (Justin), propriétaire.
LAMBERT, instituteur.
BERTHOULT, propriétaire.
LANDRIN, marchand de nouveautés.
DAVID, cultivateur.
CLÉMANCY, restaurateur.
VICTOR (Blaise), ouvrier serrurier.
GUYOT, docteur-médecin.
LANGLOIS, ouvrier peintre.
POTHRON-RAOUL, tonnelier.
RAGUIS, ouvrier.

Bezons.

BORDE (François-Nicolas), propriétaire.
LEMAIRE (Achille-Nicolas), id.

Carrières.

RACT (Claude-Joseph-Auguste), maire, propriétaire.
GAILLARD (Élie), propriétaire.
PAUREAU (Barthélemy), cultivateur.
ROUSSEL (Athanase), propriétaire.

Cormeilles.

CITOYENS :
LISERAY (Claude), propriétaire.
HÉBERT (Élie-Eustache), buraliste.
VIOLETTE (Eugène), notaire.
DELAPLACE (François), propriétaire.
ROUSSEL (Charles-Adrien), cultivateur.

Herblay.

MACAIRE (Barthélemy), entrepreneur de maçonnerie.
BERTRAND (François-Marie), curé.
FRAPART (François-Alexandre-Hilaire), instituteur.
PAULMIER (Louis-Gabriel), plâtrier.
CARTIER (Pierre-Charles), épicier.

Houilles.

GILLET (Jean-Louis), propriétaire.
HANRIOT (Louis-Étienne-Marie), docteur-médecin.
DOMÈRE (Paul), propriétaire.
SÉNÉCHAL (Jean-Baptiste-Louis), adjoint au maire, maréchal-ferrant.

Lafrette.

JOUVIN (Jean-Louis), propriétaire.
VIELLE (Gabriel) fils, entrepreneur de maçonnerie.

Montesson.

CITOYENS :
LAMBERT (Patrice-Antoine), épicier.
ROSSET (Jacques), maire, propriétaire.
BONTEMS (Jean-Philippe), maître maçon.
GOSSELIN (Maurice), curé.

Montigny.

PAULMIER (Benoît), fabricant de tuiles.
FOULLON, entrepreneur de maçonnerie.

Sannois.

DUHOMME (Charlemagne-Stanislas-Isaac), maire, propriétaire.
MUTREL (Jacques-François-Charles), propriétaire.

CITOYENS
DUMONT (Pierre), propriétaire.
ROSÉ (Gabriel) père, id.
VAUCONSENT (Toussaint) père, id.
GUÉRIN (Nicolas-Joseph), géomètre-arpenteur.

Sartrouville.

LEFÈVRE (Louis-Joseph), propriétaire.
ANCELIN (Hildevers), marchand de bois.
PÉCHIN (Louis-Julien), ancien adjoint, propriétaire.
NICOLE (Jean), percepteur.
DARON (Benjamin), curé.

Sur les 54 délégués, 52 sont présents.

Le bureau, composé d'un président, d'un vice-président et de deux secrétaires, est nommé par bulletins, portant chacun la désignation des quatre membres du futur bureau.

Le dépouillement du scrutin donne 52 bulletins. Le citoyen Jules Guyot réunit 51 suffrages pour la présidence; le citoyen Béringier, 51 suffrages pour la vice-présidence; le citoyen Landrin, 48 suffrages comme secrétaire, et le citoyen Lambert, 47, comme sous-secrétaire. Un délégué est nommé par chaque commune, ce sont :

LES CITOYENS :
LEMAIRE, à Bezons.
RACT, à Carrière-Saint-Denis.
LISERAY (Claude), à Corneilles.
VIELLE, à Lafrette.
PAULMIER (Gabriel), à Herblay.
HANRIOT, à Houilles.

LES CITOYENS :
PAULMIER, à Montigny.
GUÉRIN (Nicolas-Joseph), à Sannois.
LEFÈVRE, à Sartrouville.
DREUX (Louis), à Argenteuil.
ROSSET, à Montesson.

Le comité décide 1° qu'il sera donné avis, par lettre circulaire imprimée, de la constitution définitive du comité cantonnal, séant à la maison commune d'Argenteuil, aux autres comités électoraux du département de Seine-et-Oise; 2° qu'il invitera chaque comité à lui faire connaître, par lettres motivées, les candidats qu'il préférera, le comité d'Argenteuil prenant l'engagement de faire la même communication; 3° qu'il sera donné, à chaque comité cantonnal, de nommer ou faire nommer cinq délégués pour former un comité central, qui se réunirait à Versailles le 3 avril prochain. Ces délégués devront s'exclure de toute candidature personnelle;

4° que les frais d'impression et de publication seront couverts par souscription volontaire, tant des membres du comité cantonnal que des citoyens électeurs du canton; le maximum de la souscription est fixé à 5 francs ; les fonds qui resteraient sans emploi seront distribués aux pauvres du canton.

Adresse aux Citoyens membres des Comités électoraux.

CITOYENS,

La loi d'élection dont nous allons faire l'application présente de grandes difficultés. Elle réclame à la fois de notre part une activité prodigieuse et une attention réfléchie dans tous nos actes; c'est assez vous dire que la sincérité des élections et la fidélité de la représentation ne seront assurées que par l'accord le plus parfait entre nous. Vous avez tous compris comme nous qu'il était à peu près impossible, dans notre département, que chaque candidat pût se faire apprécier par chacun des cantons; quelques-uns pourraient atteindre ce résultat en dépensant des sommes importantes, mais ceux-là sont-ils les meilleurs? D'autres porteront toute leur action dans les grands centres de population, les campagnes ne les connaîtront point; comment serons-nous représentés? Cette première difficulté est grave : il en est une autre plus insoluble encore.

Le département de Seine-et-Oise renferme environ 120,000 électeurs; nous devons nommer 12 représentants : 10,000 électeurs nommeraient donc un représentant. Supposons que notre département renferme ou accueille 12 hommes connus, estimés et adoptés par chacune des circonscriptions de 10,000 électeurs, chacun des hommes représentant véritablement le département aura donc 10,000 suffrages. Eh bien! il pourrait arriver, il arrivera que la plupart de ces hommes d'élite, nos véritables représentants, ne seront pas nommés.

En effet, chacun de nous, dans la circonscription supposée, mettra en tête de sa liste le citoyen de son choix, puis il ajoutera onze noms qui lui seront communiqués, onze noms de remplissage; ces onze noms, colportés on adoptés sur la rumeur publique, ou bien encore tout écrits sur des listes qu'on nous enverra, auront d'autant plus de chances d'être adoptés partout, qu'ils seront jugés sans conséquence. Chacun de ces onze noms de rencontre pourrait donc réunir 120,000 voix, moins les 10,000 données au véritable représentant. Aucun électeur, ou du moins la grande majorité des électeurs ne serait donc pas représentée! Et qu'on ne vienne pas dire que l'administration provisoire, bien qu'elle ait toute notre adhésion et notre concours le plus absolu, puisse nous donner des listes! Il est impossible que 10 hommes, 30 hommes, 100 hommes puissent indiquer 900 hommes irréprochables, capables, sans ambition, sans intrigue, sans mauvaises passions, surtout si vous remarquez que la question d'incompatibilité des places occupées ou à occuper avec la fonction de représentant n'est point prononcée dans la loi; que le changement nécessaire dans les administrations après une révolution, présente des positions importantes à prendre, et que le marchepied le plus sûr, pour y arriver, est de faire partie de l'Assemblée nationale.

Nous signalons deux moyens à opposer à ces graves difficultés, savoir : d'engager tous les électeurs à ne porter sur leurs listes que les hommes dans lesquels ils ont toute confiance; à ne point compléter leurs listes par des noms de remplissage, ou s'ils veulent à toute force la compléter, à les compléter par les noms sur lesquels aucun doute n'est permis, par les noms des grands hommes connus et aimés du peuple depuis longues années; d'exiger de tout candidat fonctionnaire ou en place quelconque, l'engagement de se démettre s'il est nommé représentant, et l'engagement formel de tout représentant de donner sa démission, s'il est obligé de prendre ou d'accepter une charge quelconque pour le service de l'État : la mission de représentant est assez belle et assez importante pour qu'elle soit incompatible avec toute autre charge publique.

Telles sont les réflexions que nous soumettons à vos consciences ; nous réclamons pour nous aussi vos conseils et vos observations.

Salut et fraternité.

Au nom du Comité électoral d'Argenteuil,

Le Président,	Dr JULES. GUYOT.
Le Vice-Président,	BÉRINGIER.
Le Secrétaire,	LANDRIN.
Le Sous-Secrétaire,	LAMBERT.

Manifeste du Comité électoral du canton d'Argenteuil.

Nous voulons la République avec la liberté, l'égalité et la fraternité.

Nous voulons l'ordre dans le progrès, la justice et la paix civile.

Nous repoussons la tyrannie, sous quelque forme qu'elle se présente.

Nous voulons la souveraineté du peuple exercée par l'élection.

Nous voulons que la Constitution soit sanctionnée par le peuple.

Nous voulons que le droit d'élection appartienne aux individus et non aux propriétés.

Nous voulons l'incompatibilité des fonctions publiques avec la fonction de représentant.

Nous voulons que chaque membre de la société soit libre et maître de son sort ; nous voulons qu'il subisse les conséquences de ses vertus et de ses vices ; nous voulons la liberté absolue des transactions : l'État ne doit opprimer ni soutenir personne ; il se contente d'administrer. L'État ne distingue ni maîtres, ni ouvriers, ni commerçants, ni banquiers ; il ne connaît que des citoyens libres et égaux.

Nous voulons que le sentiment religieux soit respecté et honoré.

Nous voulons que les subsides de l'État soient fournis directement en proportion de l'avoir de chacun ; nous voulons qu'il en soit de même pour le département et la commune.

Nous voulons que tous les impôts indirects qui tendraient à élever le prix des substances alimentaires soient abolis, et que la nourriture du peuple soit abondante et à bon marché.

Nous voulons la garantie des personnes, des propriétés et de la dette publique.

Nous voulons la liberté de l'enseignement sous le contrôle de l'État ; l'instruction primaire gratuite ouvrant aux enfants pauvres, qui s'y distinguent, la voie de l'instruction secondaire, également gratuite pour les élus ; enfin, l'instruction supérieure, sans frais aussi, pour les élèves qui se distingueraient aux écoles secondaires.

Nous voulons, dans les deniers de l'État, la plus scrupuleuse économie : nous voulons que l'entreprise et la continuation des travaux publics soient confiées à l'industrie privée ; nous voulons la réforme la plus immédiate et la plus radicale dans ces corporations administratives, organisées, non pour servir, mais pour opprimer la nation, tant par leurs dépenses que par les pouvoirs tyranniques qu'elles s'arrogent. Nous protestons contre le cumul des places rétribuées.

Nous demandons que les élections et la convocation de l'Assemblée nationale soient maintenues aux époques fixées par les décrets du gouvernement provisoire.

Le manifeste du comité électoral du canton d'Argenteuil a été adopté à l'unanimité.

Ont été nommés ensuite délégués pour le département, les citoyens Hanriot, Béringier, Violette, Ract, Duhomme.

Argenteuil, 25 mars 1848.

Le Président du Comité électoral, JULES GUYOT.
Le Vice-Président, BÉRINGIER.
Le Secrétaire, LANDRIN.
Le Sous-Secrétaire, LAMBERT.

TABLE DES MATIÈRES.

Pages

PREMIÈRE PARTIE.

Réformes économiques.

Page

PROJETS DÉDUITS DES POINTS DE VUE QUI PRÉCÈDENT.

DEUXIÈME PARTIE.

TROISIÈME PARTIE.

PIÈCES ANNEXÉES.

www.ingramcontent.com/pod-product-compliance
Ingram Content Group UK Ltd.
Pitfield, Milton Keynes, MK11 3LW, UK
UKHW012007240726
13965UKWH00001B/206